Multilingualism and Mobility in Europe

Language, Multilingualism and Social Change

Series Editor: Jürgen Erfurt

Volume 21

*Zu Qualitätssicherung und Peer
Review der vorliegenden Publikation*

Die Qualität der in dieser Reihe
erscheinenden Arbeiten wird
vor der Publikation durch
den Herausgeber der Reihe geprüft.

*Notes on the quality assurance
and peer review of this publication*

Prior to publication,
the quality of the work
published in this series is reviewed
by the editor of the series.

Kristine Horner / Ingrid de Saint-Georges /
Jean-Jacques Weber (eds.)

Multilingualism and Mobility in Europe

Policies and Practices

Bibliographic Information published by the Deutsche Nationalbibliothek
The Deutsche Nationalbibliothek lists this publication in the Deutsche
Nationalbibliografie; detailed bibliographic data is available in the
internet at http://dnb.d-nb.de.

Library of Congress Cataloging-in-Publication Data
Multilingualism and mobility in Europe : policies and practices / Kristine Horner,
Ingrid de Saint-Georges, Jean-Jacques Weber (eds.). — Peter Lang Edition.
pages cm.
Articles in English and French.
Includes bibliographical references and index.
ISBN 978-3-631-64892-6 — ISBN 978-3-653-03938-2 (E-Book) 1. Multilingualism—
Europe. 2. Language policies—Europe. 3. Multilingual education—Europe. 4. Europe—
Languages. I. Horner, Kristine, editor of compilation. II. Saint-Georges, Ingrid de, 1973-
editor of compilation. III. Weber, Jean Jacques, editor of compilation.
P115.5.E85M8475 2014
306.44'6094—dc23
2014010652

Fonds National de la
Recherche Luxembourg

This publication has been supported
by the Fonds National de la Recherche, Luxembourg.

ISSN 1610-143X
ISBN 978-3-631-64892-6 (Print)
E-ISBN 978-3-653-03938-2 (E-Book)
DOI 10.3726/978-3-653-03938-2

© Peter Lang GmbH
Internationaler Verlag der Wissenschaften
Frankfurt am Main 2014
All rights reserved.
Peter Lang Edition is an Imprint of Peter Lang GmbH.

Peter Lang – Frankfurt am Main · Bern · Bruxelles · New York ·
Oxford · Warszawa · Wien

This book is part of the Peter Lang Edition
list and was peer reviewed prior to publication.

www.peterlang.com

ACKNOWLEDGEMENTS

We would like to thank Ulrike Klemmer, Jürgen Erfurt and the Peter Lang staff for their editorial support and expertise. Most of the contributions in this volume were presented at a workshop on Multilingualism and Mobility in Europe that took place at the University of Luxembourg in July 2013. Many colleagues contributed to make this event possible, and we would like to express our special appreciation to Marianne Graffé, Andrea Hake, and Solange Wirtz for their kind assistance during the workshop and beyond. The workshop was made possible by generous financial support from the Fonds National de la Recherche Luxembourg in the form of a RESCOM Exploratory Workshops grant, the LCMI (Language, Cultures, Media, Identities) Research Unit of the University of Luxembourg, the University of Luxembourg Doctoral School in Educational Studies and the Centre for Luxembourg Studies at the University of Sheffield. We also thank the Fonds National de la Recherche Luxembourg for financial support of this publication.

January 2014

Kristine Horner, Ingrid de Saint-Georges and Jean-Jacques Weber

Fonds National de la
Recherche Luxembourg

CONTENTS

KRISTINE HORNER

Introduction:
Multilingualism and mobility in European context

1 Language policies and practices in contemporary Europe

Given the historical trajectories and present-day configurations of multilingualism in Europe as a whole and the ways that multilingualism currently is being managed and experienced in different European states and territories, the European context provides a fruitful location to explore questions situated at the cutting edge of sociolinguistic inquiry, in particular research on language policies and practices. Ricento (2000, 208) maintains that it is agency or "the role(s) of individuals and collectivities in the processes of language use, attitudes and ultimately policies" that distinguishes recent studies on language policy from earlier work in the field. Moreover, Shohamy (2006) encourages us to explore the interface between policy and practice as well as the multiple devices or "mechanisms" that function to implement language policy. The objective of this volume is to contribute to our understanding of the interface between language policy mechanisms and practices in educational and additional sites, as well as the ways that individuals experience multilingualism and mobility in the context of Europeanization and globalisation.

Against this backdrop, we are spotlighting the interface between multi-lingualism and mobility because this interface raises questions and yields findings that have the potential to forge new directions in sociolinguistics. By placing the emphasis on the identity and power relations between social actors, this volume responds to Bauman's (1998) call for exploring how global processes are impacting on the lives of real people in diverse ways, particularly in relation to various aspects of mobility. The contributors study the language policies and practices that shape and are shaped by these social, political and economic processes. The interface between the conceptual axes of multilingualism and mobility prompts contributors to grapple with forms of cognitive, social and spatial mobility in relation to linguistic practices and policies, as well as the valorisation and stigmatisation of multilingual repertoires. Interactions, identities and ideologies are the sociolinguistic lenses through which rich qualitative data is analyzed and related to the broader research context. While many of the chapters are focused on sites in France, Germany and Luxembourg, other chapters take us to La Réunion, Hungary and Moldova and therewith broaden the scope of inquiry. The contributors are sensitive to particularities of countries and regions due to their specific socio-historical contexts; yet, the volume as a whole reveals certain points of intersection across research sites.

2 Perspectives on multilingualism and mobility

Each chapter of the book explores how individuals are experiencing multi-lingualism and mobility in relation to social, political and economic change. Inspired in large part by pioneering work in sociolinguistics (e.g. Gumperz/ Hymes 1972), contributors take a fine-grained approach to the study of multilingual repertoires and language in social context. In this way, the chapters in this volume also resonate with more recent studies within the ambit of the sociolinguistics of globalization (e.g. Blommaert 2010) and similar approaches that call for recognition of language as resource and encourage creative forms of language use. At the same time, the contributions in this volume grapple with the fact that social actors often encounter multiple constraints or even barriers when trying to make full use of their multilingual repertoires in certain contexts. As a result, we gain insights into the varying and sometimes conflicting perceptions of multilingualism that impact on the lives of real people. The chapters are informed by interdisciplinary impulses which in particular draw on cognate work in educational studies, psychology, sociology and cultural geography. In this way, the concept of mobility is also explored from multiple perspectives including cognitive, social and spatial ones.

Building on early and contemporary research on language in society as well as research in related fields, the following chapters provide fresh insights on key issues in sociolinguistics and language policy via discussion of original data from multiple sites. The book is divided into two main parts: educational sites and additional sites. The chapters in part one investigate educational sites and cover pre-school, primary and secondary education. The chapters in part two offer a wide range of additional sites, encompassing the study of language policies at the level of the state, diverse multilingual practices in families and also the complex interface between multilingualism and space.

2.1 Multilingualism and mobility in educational sites

Focused on language acquisition and linguistic resources of children of Turkish descent in Berlin, the opening chapter by Carol Pfaff sketches key findings from multiple studies conducted over a period of 35 years. Her discussion underlines three sets of transformations impacting on this line of research: demographic fluctuations in Germany and especially in Berlin, changes in policies and perceptions vis-à-vis people of non-German origins in Germany and, finally, shifts in sociolinguistic paradigms and research priorities. This chapter flags up the value of taking a holistic approach to the study of multilingual repertoires and it highlights the ways that forms of cognitive, social and spatial mobility overlap. With a focus on aspects of development among children of Turkish descent in France, Büşra Hamurcu explores the myriad links between gesturing and language acquisition and cogently argues that gesturing constitutes a key aspect of languaging. Highlighting the need to break away from a monolingual norm in research on gesturing, this chapter shows how pre-school children's use of gesture is linked to multilingual family practices and how gesture is bound up with the children's multilingual repertoires. The chapters by Hamurcu and Pfaff demonstrate that people make use of their complex multilingual repertoires and aspects of cognitive mobility if they are provided with the opportunity to do so.

The following two chapters discuss language-in-education policy with specific reference to bilingual programmes in France in the context of European and global transformations that are shaping these localized policies. Yan-Zhen Chen focuses on the increased interest in teaching Chinese as a foreign language and reveals tensions inherent to the implementation of the programmes in Chinese sections. Chen explains how the Chinese that is being taught is not necessarily what would be most useful in everyday communication. In other words, the programmes do not correspond to the diverse linguistic practices of Chinese speakers despite official discourses explicitly promoting pluri-lingualism. In a related vein, Christine Hélot and Valérie Fialais zone in on bilingual French-German programmes in Alsace and demonstrate that these programmes tend to ignore the rich multilingual repertoires of the people participating in them. The one teacher/one language policy implemented in these programmes is rooted in a "monoglossic ideology" that stigmatizes translanguaging. Hélot and Fialais argue that it is only by allowing and encouraging translanguaging that one best enables the development of multilingual repertoires. These chapters reveal how polices that claim to promote bi-/multilingualism can somewhat ironically impede people from using and developing multilingual repertoires due to monolingual norms with their roots in European politics of the long nineteenth century.

French language-in-education policy is explored in relation to issues of empowerment and disempowerment in the final two chapters of this section. Tímea Kádas Pickel underlines the importance of encouraging immigrant children to reconstruct and negotiate identity by means of their multilingual repertoires. Taking a cooperative project with young people in Mulhouse as a convincing example, she shows how various aspects of the project enable participants to "break the silence" by drawing on their full linguistic resources. Kádas Pickel's research reminds us of the complex links between language and identity and also that people can and do make productive use of their first language(s) to acquire additional ones. Taking us to the periphery of the French state, the chapter by Pascale Prax-Dubois zones in on the colonial legacy and language-in-education policy in La Réunion. She shows how students and teachers experience degrees of linguistic and professional insecurity and makes the argument that the local "assistantes de maternelle" can play a key role in fostering positive self-identity and language development, and in improving the overall well-being of various social actors in La Réunion. Together, the chapters by Prax-Dubois and Kádas Pickel signal the need for cooperation between teachers, students and other participants in educational settings, and also underline the importance of valorizing diversified linguistic repertoires and the creative use of these resources.

2.2 Multilingualism and mobility in additional sites

Part two begins with two chapters that focus on institutionalized policies of the state and related issues of language and power as well as language and nation. Anna Weirich takes us to Moldova where there has recently been significant social, political and economic change, which is bound up with "majorizing" processes impacting on forms of linguistic valorization and stigmatization. She shows how the Moldovan Military Academy – which on the surface promotes multilingualism – covertly works to marginalize speakers of linguistic repertoires that are regarded as different to those of the majorized core. Joanna Kremer's chapter explores the recent policy requiring applicants for Luxembourgish nationality to pass a formalized language exam in Luxem-bourgish, which is not clearly regarded by all as the "majority" language in trilingual Luxembourg. Her analysis of semi-structured interviews reveals that some participants echo dominant discourse that normalizes the policy of testing Luxembourgish, whereas other participants diverge from this perspective and challenge the normalization of this recently implemented policy. These chapters highlight the continued role of the state apparatuses in shaping language policy in the late modern era while they also underline diverse reactions to language policies perpetuated by the state.

Shifting to what is often considered to be one of the most "private" sites of language policy, the focus of the next two chapters is on the negotiation of language use in the family. Annie Flore Made Mbe's chapter discusses how couples living in Luxembourg use languages before and after the birth of their children, in particular how they tend to initially prioritize the language(s) of their initial encounters in the early years. Although in most cases there are attempts to implement the one-parent-one-language strategy due to perceived benefits of this approach, Made Mbe shows how family language policy can and does change once children develop social networks beyond the family sphere. Angélique Bouchés-Rémond-Rémont explores family language policy among francophone parents residing in France, with specific focus on why and how they have opted to include and prioritize the use of English in their family sphere. Bouchés-Rémond-Rémont shows that the parents' motivations are linked to personal experiences and utilitarian reasons alike. These chapters both flag up the significance of a multilayered approach to language policy and show that policies propagated at the level of the state do not necessarily coincide with those in the family. At the same time, it appears that these layers of language policy can potentially co-exist harmoniously although this depends on various contextual factors.

The final chapters in part two grapple with the interface between language and space in various ways. Stefan Karl Serwe and Ingrid de Saint-Georges take us to a small immigrant-owned shop in Germany and discuss the multilingual practice of designing shelf labels – with German and Thai handwritten on them – and the significance of this practice for the shopkeeper in catering to her diverse clientele. Their geosemiotic analysis provides insights on the internationalization of local markets, scales of multilingualism and individual geographical mobility through the lens of the shopkeeper's personal multilingual trajectory and how she navigates everyday transculturality. Jenny Carl examines how ethnic Germans in Sopron/Oedenburg on the Austro-Hungarian border talk about the town and the languages they speak and, in particular, whether they use place names in different languages in their narratives. The focus on place names and mental maps in different languages shows how descriptions of ways of life position the individual not just in a geographical but also a social environment that permits or prohibits them from moving, acting or belonging.

Patrick Stevenson's closing chapter explores migration and multilingualism though the analysis of language biographies of inhabitants of one apartment building in an inner city district in Berlin. He demonstrates how the biographical perspective allows us to obtain a highly refined and multi-dimensional understanding of multilingual societies marked by various forms of mobility. Indeed, the three final chapters suggest that the interface between language and space can best be understood by means of ethnographic methods in combination with a high degree of researcher reflexivity.

3 Further avenues of exploration

The chapters in this volume contribute to developments in the field of sociolinguistics, on the one hand by means of insights obtained from findings across a range of European sites through the lens of perspectives on multilingualism and mobility and on the other hand, by casting these findings in relation to paradigms in different disciplines in the humanities and social sciences. Taken as a whole, the chapters underline the importance of situating the study of language policy and practice in relation to three key points. First, it is essential to identify the broader social, political and economic transformations that are impacting on language policies and practices, for example migration patterns within Europe and to/from Europe as well as the spread of global English. Second, taking a fine-grained approach to exploring how these transformations are bound up with the ways that individuals experience the relationship between multilingualism and mobility yields valuable insights on the nuances of language policies and practices. Third, the identification of certain disjunctures between language policies and practices enables us to explore issues of power and identity and it can even enable researchers to play a role in empowering participants by providing them with more of a voice.

Future research should continue to consider how paradigms informing sociolinguistic research can be adapted so that we are best equipped to grapple with fluctuations in the European and global contexts. Language policy is a multilayered process and it is therefore necessary to consider events unfolding above and below the level of the state, while bearing in mind the continued importance of the state even if it is being challenged during the late modern period. Insights obtained from the interdisciplinary interface between sociolinguistics, education studies and cultural geography appear to be particularly crucial because educational experiences and spatial configurations constitute key points of orientation in relation to language policies and practices. To this end, it is desirable for researchers in cognate fields with shared goals to work together, so that we can obtain a more holistic understanding of the ways that real people are experiencing diverse forms of multilingualism and mobility in an era marked by significant transformations.

References

Bauman, Zygmunt (1998): Globalization: The Human Consequences. Cambridge: Polity Press

Blommaert, Jan (2010): The Sociolinguistics of Globalization. Cambridge: Cambridge University Press

Gumperz, John/Hymes, Dell (eds) (1972): Directions in Sociolinguistics: The Ethnography of Communication. London: Blackwell

Ricento, Thomas (2000): Historical and theoretical perspectives in language policy and planning. Journal of Sociolinguistics 4, 2, p. 196-213

Shohamy, Elana (2006): Language Policy: Hidden Agendas and New Approaches. Abingdon: Routledge

PART I

MULTILINGUALISM AND MOBILITY IN EDUCATIONAL SITES

CAROL W. PFAFF

Multilingualism and mobility:
Reflections on sociolinguistic studies of Turkish/German children and adolescents in Berlin 1978-2013[1]

Abstract

This chapter focuses on three aspects of mobility which emerge from my research on the development of Turkish, German and English in Berlin 1978-2013: physical, social and cognitive mobility. It documents the social policies and the effects on language practices of children and adolescents as well as their developing cognitive mobility, as reflected in their sociolinguistic abilities to shift appropriately within their verbal repertoires.

1 Introduction

In the 50 years since the initial recruitment and migration of workers from Turkey to Germany there have been changes in many areas, including changes in the demography of Germany, changes in social policies and perceptions about the non-German population and changes in sociolinguistic research priorities. Further, the time depth of three or four generations has resulted in changes in the linguistic varieties of Turkish and German current in Berlin and more widely in Germany and throughout North Western Europe.

The studies of language development of Turkish, German and English discussed in this chapter were conducted in Berlin over a period of 35 years, 1978-2013. They can be seen as part of the attempt to relate particular local sociolinguistic phenomena of language practices and linguistic variation to developments in global, sociopolitical circumstances, as has been at the forefront of sociolinguistic work in the past half century in the foundational work by Gumperz, Hymes, Labov and Fishman, and in recent articulations of

[1] I am grateful to the participants in the studies, their schools and teachers and to the funding agencies, acknowledged individually for each study in section 4, and to invaluable work of the research teams. Responsibility for the interpretations and discussion here rests with me.

these goals are found in Auer and Hinskens (2005), Collins and Slembrouck (2009), Blommaert and Backus (2011), Eckert (2012) and Léglise and Chamoreau (2013). In this paper I take a personal view, incorporating the formative academic research impulses and work experiences I brought with me to Berlin and my expansion of these approaches and blending of these methods to encompass the widening scope of my research questions as I became more aware of the historical, political and educational situations. My focus on this paper is on issues of mobility that have emerged in my studies.

Mobility is conceived here not only in the literal sense, to refer to the physical mobility, emigration/immigration from one country to another and within regions within countries before and after immigration. Social mobility, the desire to improve one own and one's family's social and economic position plays an important role in motivating the decisions of the migrant families – and of the receiving countries, as particularly reflected in educational language policies. In addition, I consider cognitive mobility, the abilities of the children and adolescents to take on the perspective of their interlocutors or others who figure in their narratives about the "not-here, not-now", as reflected in their sociolinguistic abilities to shift appropriately within their verbal repertoires.

The paper is organized as follows: Section 2 gives a brief historical and demographic overview of Berlin, highlighting the relevant changes for the population with migration background from Turkey,[2] since the initial migration starting in 1961 and since the fall of the Berlin wall in 1989 and German reunification in 1990. Section 3 sketches the notions of cognitive mobility within verbal repertoires and how these and other aspects of linguistic variation can be investigated. Section 4 is an overview of my studies on pre-school and school-age Turkish/German bilinguals, which illustrates some of the research methods used to investigate how their social experiences bear on their linguistic development in both Turkish and German. Section 5 recapitulates the major conclusions on mobility of the Turkish/German bilingual population in Berlin and offers some perspectives on future work and collaboration on the empirical investigation of this and other minority languages populations.

2 Geographical mobility: Historical developments, their demographic and sociolinguistic consequences

With the influx of speakers of regional minority languages, immigrant minority languages and international languages of wider communication, urban areas in Germany, as elsewhere in Europe, have developed into paradigm examples of

---

[2]   Up to 1/3 of the population with migrant background in Turkish are estimated to be part of the Kurdish minority in Turkey (Ammann 2001). In the studies discussed here, my focus is on the development of L1 Turkish, though in fact some of the families use Kurdish in addition.

linguistic diversity, or "superdiversity", as discussed by Vertovec (2007). In Berlin, space has played a particularly important role in this development, due to its recent history as geographically divided and enclosed as an island within East Germany until 1989 and its subsequent reunification in 1990. The resulting demographic developments have given issues of the foreign or non-German background population particular importance, resulting in changes in social and language policies.

After WW II Germany was divided and Berlin, the former capital located well inside East Germany, was also divided into American, British and French sectors in the West and the Russian sector in the East. Subsequently, many East Germans and East Berliners left the Eastern sectors, "voting with their feet", until, in 1961, the Berlin wall was erected. Most of the participants in the studies to be discussed lived in Kreuzberg and neighboring districts, close to the west side of the wall, the areas which came to have the highest proportions of migrants as a result of the recruitment of "Gastarbeiter" to provide labor in the West which began in 1960; the agreement with Turkey was signed in 1961. In Berlin, the majority of Turks settled in Kreuzberg and the neighboring districts of Wedding, Tiergarten and Neukölln. By 1973 when the recruitment of labor was officially ended, approximately 20% of the foreign worker population lived in Kreuzberg, 16% in Wedding, 10% in Neukölln, Schöneberg and Charlottenburg (Hinze 2013, 114). Table 1 below shows most recent available figures for population with migrant background[3] in 2012.

2.1 "Ghettoization" and its sociolinguistic consequences

In an attempt to limit the concentration of non-Germans in cities, including West Berlin, the Ministry for Labor and Social Order (Bundesminister für Arbeit und Sozialordnung) passed a regulation in 1975 excluding non-Germans from settling in districts in which more than 12% of the residents did not have German citizenship (plataforma-berlin). In Berlin, this "Zuzugsperre" affected the districts Kreuzberg, Tiergarten and Wedding. In the rest of Germany, this ruling was reversed in 1977 but in Berlin, it lasted until 1990, though it clearly was not effective; in fact, as shown in Table 2 below, the proportion of non-Germans in Kreuzberg, the district most associated with a high proportion of residents with Turkish background, continued to grow.

---

[3] As many immigrants acquired German citizenship, they disappeared from the statistics on "foreigners". This has been remedied, in part by the introduction of "Microcensuses" in 2005 which survey a sample of the population, collecting information on former citizenship, languages spoken in the home and details of educational and occupational background. Naturalization has not changed the pattern of geographical concentration of the population, as can be seen in maps showing non-German population and population with migration background ("Einwohner im Land Berlin am 31. Dezember 2012" 2013, 36).

Table 1: Population of Berlin by district (with and without migration background) 2012

District[4]	Total Population	Migration Background	Percent with Migration Background	Sector Prior to reunification
Berlin-all districts	3,469,621	949,183	27.4	
Mitte	339,974	158,277	46.6	British, French, Russian
Neukölln	318,356	130,922	41.1	American
Friedrichshain-Kreuzberg	269,471	101,360	37.6	American, Russian
Charlottenburg-Wilmersdorf	319,289	114,867	36.0	British
Tempelhof-Schöneberg	328,428	103,924	31.6	American
Spandau	223,305	61,916	27.7	British
Reinickendorf	247,887	63,838	25.8	French
Steglitz-Zehlendorf	295,746	70,139	23.7	American
Lichtenberg	260,505	41,855	16.1	Russian
Pankow	370,937	50,785	13.7	Russian
Marzahn-Hellersdorf	251,879	30,828	12.2	Russian
Treptow-Köpenick	243,844	20,472	8.4	Russian

Source: Statistischer Bericht A I 5 – hj 2/12. 2013. Tabelle 7 Einwohnerinnen und Einwohner mit bzw. ohne Migrationshintergrund in Berlin am 31. Dezember 2012

Table 2: Development of the population of Kreuzberg 1956-1996

Year (as of December 31st)	1956	1966	1973	1982	1989	1996
Total population of Kreuzberg	203,700	176,000	166,897	140,917	151,541	153,680
Germans			134,059	100,333	106,225	101,828
Non-Germans			32,778	40,584	45,316	51,852
% non-Germans			19.7%	28.8%	29.9%	33.7%
Turkish citizens			20,521	27,210	29,261	28,639
% Turkish citizens of total population			12.3%	19.3%	19.3%	18.6%

Source: adapted from Kleff (1999) based on data compiled by the Statistisches Landesamt Berlin

---

4 Administrative redistricting in 2001 has obscured the statistics for the non-German and population of former east and west districts; the two former West Berlin districts Tiergarten and Wedding and the former East Berlin district Mitte were fused into one district, "Mitte"; the combination of the east district, Friedrichshain and the west district Kreuzberg into "Friedrichshain-Kreuzberg" obscures the continued high proportion of people with migration background in the former Western Areas.

The growth of the non-German population was due both to the natural increase of the population of migrants and to the fact that families with German background relocated to the western districts or left Berlin altogether. The outcome was particularly high proportions of non-Germans in neighborhoods such as Mariannenplatz, where non-German citizens comprised up to 60% of the population, and a skewed distribution with respect to age (Kleff 1999, Table 2).

2.2 Consequences for language input and development

It was at first assumed that the children of migrant workers growing up in Germany would automatically acquire German and no thought was given to the potential need for special educational measures to accommodate children whose exposure to German was very limited or non-existent. However the fear that the education of German-speaking children would suffer if too many children in the class were unable to follow the classes, led to the establishment of "Vorbereitungsklassen" (preparatory classes) for children with insufficient German, after which they were supposed to be able to join regular classes. These classes, which were not conceived as bilingual education, often had assistant teachers who were speakers of the children's family language. In Berlin, this regulation was established in 1971 and, although such classes were supposed to be limited to two years, in practice they continued indefinitely as "Ausländerregelklassen" (regular foreigner classes), until the regulation was officially changed in 1995.

According to the regulations in the version of 1985, the proportion of minority children in regular classes was limited to 20% (50% if half of the minority children could follow classroom instruction in German without difficulty). Thus migrant children in neighborhoods with high proportions of non-Germans would be assigned to *Ausländerregelklassen* even if they had high proficiency in German (Pfaff 1981; Kardam/Pfaff 1993).

Table 3: Proportion of non-German pupils in Ausländerregelklassen in Berlin

School type	1986/1987	1989/1990
Primary schools	25.96%	18.96%
Secondary schools (*Hauptschulen*)[5]	36.60%	42.03%

Source: Kardam and Pfaff (1993, 57)

---

[5]   See the OECD (2011) report for discussion of the tripartite German secondary school system prior to the reforms in response to poor results on the international PISA tests and for the bipartite system which has replaced it. In the old system, now in its final stages, *Hauptschulen*, generally ending with 10th grade, had disproportionately high proportions of non-German language background pupils and disproportionately poor results on the PISA tests. The reform, implemented in 2010/2011 in Berlin, merged all but the *Gymnasium* into "Integrierte Sekundarschule" (integrated secondary school).

Even after the *de jure* elimination of *Ausländerregelklassen* in 1995, the demographic distribution of non-Germans and German citizens with non-German language background led to preschools, schools and individual classes which *de facto* were *Ausländerregelklassen*. Slupina and Klingholz (2013, 12) report that up to 57% of pre-school children in Berlin attended *Kitas* in which the majority of children came from homes in which German was not the primary language of the family ("nicht-deutscher Herkunftssprache"), as was the case in the preschool we studied in the KITA project, discussed in 4.4 below.

Primary and secondary schools in districts such as Kreuzberg also have high proportions of pupils with non-German family language; this is particularly true of the *Hauptschule*[6], the secondary school type with the lowest academic level. However, even individual schools of the prestigious *Gymnasium* type in Kreuzberg may have a disproportionate percentage of pupils with migration background or non-German family language. In one secondary school in Kreuzberg which was part of our LLDM/MULTILIT study, discussed in 4.5, the current proportion of pupils with non-German family language is 97.1%.

3 Sociolinguistic and cognitive mobility

3.1 Verbal repertoires

In his classic article on the speech community, Gumperz (1968) defines verbal repertoire as "the totality of dialectal and superposed variants regularly employed within a community", allowing for multilingual, multidialectal and homogeneous communities. He distinguishes compartmentalized repertoires, without mixing, from fluid repertoires, when transitions between adjoining vernaculars are gradual or when one speech style merges into another in such a way that it is difficult to draw clear borderlines (Gumperz 1968, reprinted in Duranti 2009, 72).

Soares and Grosjean (1984) introduce the terms "monolingual mode" and "bilingual mode" to refer to the speech styles that bilingual participants used in different contexts. Adapting these terms to our contexts, the varieties in the verbal repertoires of Turkish children and adolescents living in Germany can be represented in the following figure:

---

[6]   Statistics on individual schools are available at the website: https://www.berlin.de/sen/
      bildung/schulverzeichnis_und_portraets/ (accessed: 15.11.2013).

Figure 1: Monolingual and polylingual modes

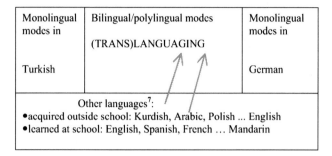

Monolingual modes in Turkish	Bilingual/polylingual modes (TRANS)LANGUAGING	Monolingual modes in German
	Other languages[7]: •acquired outside school: Kurdish, Arabic, Polish ... English •learned at school: English, Spanish, French ... Mandarin	

In their critical reconsideration of the notion of "verbal repertoires" and how they develop in "superdiverse" multilingual societies, Blommaert and Backus (2011, 7) argue that verbal repertoires are best regarded as the property of individual speakers which can be understood in a usage based approach to linguistic competence, pointing out that competence is a cognitive phenomenon. It is in this sense that I discuss participants' movement within their fluid verbal repertoires as cognitive mobility in my studies.

3.2 Research methods

When I arrived in Berlin in 1977 to teach sociolinguistics of North America at the John F. Kennedy Institute of the Freie Universität Berlin, I brought along research interests stemming from my linguistic studies at UCLA and from exposure to a wide range of linguistic scholarship at the 1966 Linguistics Institute held at UCLA when I was beginning my graduate studies. Notable influences on my future work include Slobin's experimental cross linguistic studies of first language acquisition, Labov's work linking sociolinguistic variation and language change, and work on language contact and language change in pidgin/creole studies and bilingualism. This theoretical background was then supplemented in my own research and teaching on linguistic minorities in California and Texas, areas of great linguistic diversity.

Thus on arrival I was interested in learning about the local research on language development of recent immigrants to Germany. Work on the issues of "Gastarbeiterdeutsch", the acquisition of German L2 of the adult immigrants, was current but at that time there was as yet little focus on the consequences for the linguistic development of children born in Germany or who entered as a result of family reunification policies. My choice of Turkish/German was

---

[7]   Note that English is both a school language and one acquired informally outside of school. For further discussion of the mixed language varieties of Turkish children, see Jørgensen (2008).

determined by both linguistic and social factors: as Turkish is typologically and genetically unrelated to German, it makes an especially interesting case for investigating language contact phenomena and the fact the population from Turkey was the largest minority group in Germany and regarded as posing social and educational problems for the mainstream society made issues of language development of children and adolescents with Turkish L1 an obvious target for educational linguistic research as this population had not been the subject of much attention to this point.[8] In my work, I attempted to integrate several of these aspects into my empirical studies, as conceptualized in Figure 2.

Figure 2: Nested elicitation contexts

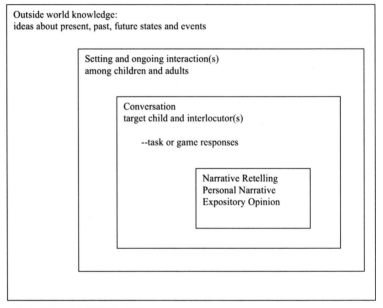

Source: adapted from Pfaff (2001, 155)

Tasks included psycholinguistic "games" designed to elicit specific linguistic features such as case marking or production and comprehension of plurifunctional article or pronominal forms. Aspects of discourse proficiency were elicited by tasks representing verbal interaction, or including prompts for personal narratives and expository texts in spoken and written modes (Pfaff

---

[8]   Subsequently the linguistic analysis of language development of Turkish children and adolescents in Northwestern European children received much attention (see Backus 2004; Backus/Jørgensen/Pfaff 2010).

1981a, 1987, 2001, 2009). Certain of these tasks were adapted from existing studies of first language acquisition (Karmiloff-Smith 1979; Slobin 1982; Berman/Verhoeven 2002). Others were devised explicitly for these studies, using picture stimuli, relevant to the multilingual setting in Berlin, as in the train station scene in Figure 3, which we used as a prompt for recreating interaction between the actors represented in the picture and for prompting personal narratives about getting lost and about earlier travel experiences.

Figure 3: Train Station picture (SES)

Source: Portz and Pfaff (1981)

4 Overview of Berlin studies of Turkish/German bilinguals: Language policies, goals, research methods

My investigation of the language development of Turkish/German bilingual children began in 1978, initially focusing on the relationship of their language biographies and practices to their proficiency in German L2 and then, from 1983, including Turkish L1 to study the intertwined cross-linguistic influences and linguistic universals in varieties of Turkish as well as German. Later, starting in 2007, I also added English, the first foreign language of children and adolescents which was part of their informal verbal repertoires. The studies of preschool children to 12th graders are summarized in Table 4 below.

4.1 Study 1: *Ausländerregelklassen* 1978

In 1978 teachers at a school with "Ausländerregelklassen" (regular foreigner classes, discussed above) were eager to find a systematic measure of their pupils' level of proficiency in German to facilitate planning and implementing

Table 4: Summary of studies

Languages investigated	Year	Name of study	Age/Grade Language Background	N	Methods
German	1978	Ausländer-Regel-klassen	9-13-year olds; Turkish, Arabic, Greek, Serbo-Croatian L1	35	Directed conversation about pictures
German	1978 - 79	SES	•Turkish 7th graders in experimentally integrated class •Greek children – afternoon class	42	Directed conversation about pictures
Turkish, German	1983 - 86	EKMAUS	5-12-year olds •3 Turkish/German bilingual groups with differing degrees of contact to German •2 Monolingual comparison groups	80	Games: toys, books free conversation ...
Turkish, German	1987 - 92	KITA	longitudinal study; 2-8 year olds •Turkish children •German children •Children of mixed marriages	34	Games: toys, books free conversation
Turkish, German, English	2007 - 13	LLDM MULTILIT	11-20 year olds •Turkish pupils in Germany & France •Monolingual comparison groups	200 +	Video film: Oral and written personal narratives expository opinions

instruction. I was invited to conduct an investigation[9] using a translated version of the Bilingual Syntax Measure (Burt/Dulay/Hernandez-Chavez 1975), which was then being used to determine language proficiency and dominance in Spanish and English in the USA.

In addition to documenting the morphosyntactic and lexical proficiency of the pupils in the *Ausländerregelklasse*, we investigated the hypothesis that the setting in which children of different linguistic backgrounds had no common language other than German might lead to contact phenomena suggestive of creolization of L2 German in this mixed language environment.

Examples (1)-(3) illustrate frequent nonstandard morphosyntactic features, such as overgeneralized verb and plural forms, expression of indirect object, colloquial expression of possession with preposition+dative rather than genitive as well as nonstandard gender marking (see Pfaff 1980, 1981b for discussion):

---

[9] I am indebted to Prof. Dr. Ulrich Steinmüller, then teaching at the Freie Universität Berlin and subsequently at the Technische Universität Berlin, for facilitating my access to this site and to the experimentally integrated secondary school in Kreuzberg. I was unaware of the prevailing negative attitudes toward quantitative assessment which led many German (socio)linguists to avoid work in language "testing". The situation changed in succeeding years and language testing has since become a significant instrument of social policy directed at adults as well as children in European countries, as discussed in Stevenson and Schanze (2009) and Pfaff (2010).

(1) TF 01 Aslı[10] girl, age 10, 8 years in Germany   wir ham gekommt
"we came"

(2) TM 09 Mehmet boy, age 10, 8 years in Germany die von den Frau seine Tochter
"the woman's daughter"

(3) TM 11 Ali boy, age 15, 7 years in Germany   der bringt zu seine Kinds Futter
"she brings food to her children"

Although the children in this class lived in a heavily foreign neighborhood and attended class without any German peers, we found little linguistic evidence of the emergence of a creolized German. Certain syntactic features supposedly characteristic of creoles, such as SVO word order, invariant verb stems, zero copula, and analytic rather than inflectional case marking, were present to a limited extent, but they also occur in L2 German of adults and were probably part of the children's input. There is no evidence of the development of a new system. Instead, these features are "errors" typical of early second language learners, with colloquial forms of native Berlin dialect speakers. Utterances of children with Greek or Serbocroatian L1 contain similar interlanguage forms, with similar frequencies for most types, with the exception of natural gender marking; Turkish L1 speakers, whose L1 has no gender marking at all, have notably higher frequencies of nonstandard realizations.

Creolization did not appear to be occurring here for the following reasons: foreign children's contact with German society and thus native speakers' varieties of German is present in day-care centers and kindergartens, where caregivers make an effort to use German, which becomes one of the languages of primary socialization, continuing in the German-preparatory and special classes, which did not provide bilingual support. Partly as a result of their greater knowledge of German through schooling, older children often assume responsibility for their families' interactions with the surrounding society, either directly or functioning as interpreters, developing a range of communicative competence beyond the limited domain of the school. The children's communication patterns during school breaks were primarily in L1 with peers with the same L1s. Thus neither the social isolation from the dominant society nor the necessity for communication with other non-native speakers of German of different L1 were present in this setting.

4.2 Study 2: Integrated classrooms (SES) 1978

Pupils who attended *Ausländerregelklassen* had disproportionately poor school results and high drop-out rates. Dissatisfaction with this situation led the Berlin school senate to approve a three year experimentally integrated program at a

---

[10]   All participant names are pseudonyms.

secondary school in Kreuzberg, with the consultation of a group of scholars at the Berlin Technical University (Steinmüller 1987). The classes were comprised of 2/3 German pupils and 1/3 pupils with Turkish migration background whose development was followed in grades 7-10.

My colleague Renate Portz and I developed a new assessment measure for German L2[11], the *Soziolinguistisches Erhebungsinstrument zur Sprachstandsmessung* (SES; Sociolinguistic elicitation instrument for language proficiency assessment), comprised of questions on language practices and a set of directed conversation elicitation procedures which probed for personal narratives of related experiences, described above. The SES was used as the pre-test for 7th graders near the beginning of the experimentally integrated classes in 1978. We also conducted a parallel study with a group of children with Greek L1 attending integrated classes with German peers to investigate nature and extent of effects of linguistic transfer from L1 to L2 cross-linguistically. Results are discussed more fully in Pfaff and Portz (1981) and Pfaff (1984).

Most of these pupils were born in Turkey and some started school there before migrating to Germany.[12] The self-reported language practices reported reflect their limited contact with German peers in their neighborhood, as in (4) and (5) in response to questions about what language they use with their friends after school:

(4) Tbd Lut Turkish boy, age 13
Türkisch, ich spreche auch gern Deutsch wenn ich deutsche Freunde habe, aber ich hab keine deutsche Freunde, da in unser-Strasse oder wie da spreche ich immer Türkisch

"Turkish, I like to speak German too when I have German friends, but I don't have any German friends since in our-street or whatever - there I always speak Turkish"

(5) Tbu Yaşar Turkish boy, age 13
INT:	Deutsche oder türkische Freunde?	German or Turkish friends?
TBU:	Nee, arabische.	No, Arabic
INT:	Welche Sprache sprichst du mit denen?	What language do you speak with them?
TBU:	Die kann Deutsch	They know German

According to their self-reports even pupils born in Turkey have come to German at home with family, either mixing German in Turkish to fill vocabulary gaps even when one parent does not understand as in (6) or alternating of Turkish and German with siblings, for different types of interaction, as in (7):

---

[11]   Under contract to the Pädagogisches Zentrum Berlin.
[12]   The question about length of residence in Germany may have been misunderstood by some participants.

(6) Taa Rüya Turkish girl, age 13

Türkisch Manche Tage spreche ich-ich weiss türkisches Wort nicht so genau - und spreche ich dieses Wörter deutsch. Und meine Mutter versteht nicht Deutsch, sie versteht nicht, ich sage es mein Vater. Manche Wörter spreche ich Deutsch.

"Turkish Some days I speak - I - I don't know a Turkish word exactly - and I say these words in German. And my mother doesn't understand German, she doesn't understand, I say it to my father. Some words I say in German."

(7) Tbr Murat Turkish boy, age 12

INT:	Wann Türkisch?	When Turkish?
TBR:	Wenn's komisch is.	When it's funny
INT:	Wann Deutsch?	When German?
TBR:	Naja, wenn ich mit meiner Brüder Streit habe	Well, when I argue with my brothers.

Turkish pupils' variation reflects their familiarity with local varieties, as in the alternation of more standard *Hochdeutsch* pronunciation and local Berlin dialect realizations of the word *weiß* "know" in the response to a request to say what the persons depicted in the train station scene illustrated above are saying. In (8), the Turkish boy Şahin uses the *Hochdeutsch* pronunciation when he is describing the situation of the woman asking for directions, but the dialect pronunciation in his frame side remark to the interviewer:

(8) Tbc Şahin Turkish boy, age 14

Die Frau weiß nicht wo sie sollen gehen hier rechte Seite oder die linke Seite und der, die Frau sagte dem Polizisten oder - die weeß ich ja nicht - also sagt se, und Mann zeigt wo sie soll gehen

"The woman doesn't know where she should go here right side or the left side and he, the woman, says to the policeman – or I don't know, so she says and man points where she should go."

Linguistically, the German L2 varieties undeniably contain non-standard realizations: omitted function words, nonstandard morphology and word order, confounding lexical items with similar meanings. However, in many utterances, they also show that many of the basic syntactic variables are in place, if variably, as in the instances of inversion of subject and verb in (6) above.

Comparison of the Greek and Turkish participants indicates that Greek children's varieties were overall closer to standard German than those of Turkish children. This finding is probably due to both social and linguistic factors. Socially, the Greek children in our sample had had contact with German peers in more integrated neighborhoods and attendance in integrated classes from the outset in contrast to the Turkish pupils who had just started the integrated class after having attended foreigner classes or classes with very few native speakers of German. Further, linguistically, Greek is typologically closer to German than Turkish, leading to lower frequencies of nonstandard features such as null copular, article or prepositions. However, the very parallelism of Greek and German appears to have been responsible for the limited amount of transfer of L1 features, such as nonstandard choice of prepositions or case marking in collocations with verbs.

4.3 Study 3: EKMAUS 1983-1986

Following the indications from the SES study, particularly with respect to effects of contact with German peers, and to pursue the investigation of transfer from Turkish L1 on the development of German L2 as well as the extent of attrition or transfer from German in Turkish, the EKMAUS study investigated the Turkish as well as the German of three groups of bilingual children, ranging in age from 5 to 12.[13]

Group A: Turkish children born in Berlin but with little contact to German peers
Group B: Turkish children born in Berlin with more contact to German peers than Group A
Group C: Turkish children who started school in Turkey before coming to Berlin
Group D: Turkish monolinguals in Ankara
Group E: German monolinguals in Berlin

In addition to background information and probes for "not-here, not now" as in the SES study, we employed psycholinguistic methods, adapted from the cross-linguistic investigation of L1 by Karmiloff-Smith (1979) and Slobin (1982) to investigate the acquisition patterns in both languages of the bilingual individuals. Some results are discussed in Pfaff (1990), Kardam and Pfaff (1993) and Pfaff and Dollnick (forthcoming).

The hypothesized effects of contact and date of first contact with German in Berlin were confirmed, particularly for contact phenomena involving frequential copying (Johanson 2006) in typologically disparate features. One prominent example is prodrop in Turkish vs. explicit subjects in German; Group A children, with little contact to German peers, used more prodrop both in German, where it is ungrammatical, and in Turkish, where it is usual wherever subjects are recoverable; the reverse held for Group B children, with more

---

[13]   The EKMAUS project on "Linguistische und kognitive Entwicklung: Die Beziehung zwischen Erst- und Zweitspracherwerb" (Linguistic and cognitive development: the relationship between first and second language acquisition) was one of a group of EKMAUS projects funded at the Freie Universität Berlin 1983-1986 (Entwicklung von Konzepten und Materialien für die Förderung ausländischer Kinder und Jugendlichen im schulischen und außerschulischen Bereich). This project grew out of an interdisciplinary in-service educational program at the Freie Universität Berlin for Turkish and German teachers who worked with children with Turkish migration background.

contact to Germans, who were found to use more overt subjects both in German, where they are obligatory, and in Turkish, where they are not.

Language mixing, particularly mixing of German elements into Turkish, also shows qualitative as well as the expected quantitative effects of contact with German peers. Mixing of German nouns in Turkish is found for both Groups A and B, as in the examples (9) and (10):

(9) Hayriye, Group A girl, age 9 Ben *Vorschule*'de hep biliyodum
"I knew everything in preschool"

(10) Özden, Group B girl, age 8 *Neubau*'daki evde oturuyorum
"I live in a house in the new building"

Other types of mixing include German verbs, particularly infinitives, incorporated into Turkish with the Turkish light verb *yapmak* "make, do" as in (11):

(11) Elif, Group B girl, age 8   ondan sonra überdenken yapiyo
"and then (s/he) reconsiders"

Such incorporated German verb forms are not found in the Turkish of any Group A children, though they are found in the Turkish utterances of most of the Group B children, although with notably lower frequency than for German nouns, as shown in Table 5 below (Pfaff 1991).

4.4 Study 4: KITA[14] Study 1987-1992

One of the *Kindertagesstätte* or "Kitas" in Kreuzberg, where we had conducted interviews with some of the 5-year-olds in the EKMAUS study, invited us to conduct a longitudinal study as they implemented their bilingual program which followed the explicit language policy designed to value and support both Turkish and German language and culture, employing both German and Turkish caregivers who spoke their first languages to all children, whether German or Turkish (or, in a few cases, other languages) was predominantly used in the family.

---

[14]   This study, "Natürlicher bilingualer Spracherwerb von Kita-Kindern: Vom Krippenalter bis zu den ersten Grundschuljahren" (Natural bilingual language acquisition of Kita-children: from early day care to the first primary school years), was funded 1987-1992 by the Deutsche Forschungsgemeinschaft (DFG), the German National Science Foundation.

Table 5: German elements in Turkish: EKMAUS subsamples Group A and Group B

Group	Name, sex, age	Inter-jection	Noun	Noun + TR suffix	Adj	Mixed comp	Verb	Prep Phrase
A	Murat boy 5	1	--	2	--	--	--	--
A	Ayşe girl 7	--	16	14	--	--	--	--
A	Hüsniye girl 7	1	16	13	1	--	--	--
A	Hayriye girl 9	1	1	2	2	--	--	--
A	Seda girl 9	6	5	2	--	--	--	--
A	Cemil boy 11	--	7	2	--	--	--	--
B	Deniz girl 6	3	42	3	4	1	2	4
B	Serhat boy 6	2	17	6	--	--	--	--
B	Nurcan girl 7	1	40	19	14	1	6	--
B	Özden girl 8	2	12	4	1	2	--	--
B	Elif girl 8	4	98	18	4	4	15	2
B	Nilay girl 10	2	36	9	2	--	1	--
B	Hasan boy 10	4	20	3	--		2	--

The KITA study 1987-1992 was a four-year longitudinal investigation of the speech of preschool and early school-age children who attended the day-care center in Kreuzberg. About 90% of the children in the Kita spoke Turkish at home with their families, though there were a few children of mixed marriages who were already German dominant at the outset of our study.

The children's linguistic and interactional development in both languages was analyzed, including a large number of morphosyntactic, lexical and discourse-interactional variables (see Pfaff et al. 1987-1992; Pfaff 1994, 1998, 2001 for discussion). Here I limit my remarks to a few examples of the development of language mixing which illustrate mobility in the development of verbal repertoires.

As I discuss in Pfaff (1991, 1998) all the children mixed languages in observed interactions with each other and Kita staff and also in their recorded interactions with our adult interviewers, which were primarily in the monolingual mode in both languages, but which sometimes followed the children into their bilingual modes as these developed. In their monolingual mode interactions, the frequency of mixing was very low throughout but changed qualitatively over time. At the outset, when their competence in German was minimal, children sometimes participated by alternation to Turkish. At a later stage, they used syntactically minimal German structures with names for toys in Turkish. Finally, their use of Turkish items in German discourse was limited to names of foods and holidays, items also used by Germans and members of other ethnic groups familiar with them. The development of mixing German into Turkish discourse is the reverse. At first there is none, then gradually interjections, nouns, verbs and formulaic phrases are inserted. Non-formulaic phrases are inserted by children who had shifted to German in some domains, with the end point complete alternation to German, even in response to our interviewers who were attempting to maintain the conversation in monolingual mode Turkish.

A case in point is example (12) used by Orhan, a boy who appears to be shifting from Turkish dominance to German dominance in the course of our study and follow-up interviews with him after he entered primary school. An example from a late interview, at age 8;00, shows that although his utterances involve lexical mixing and alternation, the grammars of the two languages show no convergence here:

(12) Orhan 8;00 in conversation with Turkish interviewer about practices in school sports

INT:	siz de de var mı öyle bişey?	Do you have something like that too?
ORH:	nein *sie gratuliert*	no, she congratulates.
INT:	ne kim? anlamadım ama türkçe ko-	what? who? I didn't understand but speak Turkish
ORH:	bei Laufen, bei Lau ähm-	when running, when ru- um
	koşuda *on Runde'yi* yapa/ yapanlara	running to whoever does *ten laps*
INT:	mhm	mhm
ORH:	*gratulieren yapıyo*	(she) congratulate does
INT:	mhm kim yapıyo?	mhm who does that?
ORH:	ähm öğretmen *on Runde*, weil wirum	the teacher, *ten laps*, because we've
	zehn Runden gemacht haben	done *ten laps*

In the plural quantified NPs for "ten laps", Orhan follows the Turkish grammar in *on Runde'yi*, without a plural marker on the noun while in the German utterance, *zehn Runden*, the plural marker is present, as required in German grammar. Similarly, in incorporating the German verb "to congratulate", while the Turkish version (*gratulieren yapıyo*) has no explicit subject and the German verb occurs in the infinitive form with inflection on the light verb *yapmak,* in the German sentence (*sie gratuliert*) there is an explicit subject pronoun and the inflection occurs on the main verb.

The infinitive+light verb construction in Turkish is a construction which is widespread both in diaspora Turkish varieties and in varieties used in Turkey. In

Turkey, a wide range of light verbs are used, but in Northwestern Europe, the verb *yapmak* predominates, as in the above example from Orhan. However, in the following examples, we see that one of the most Turkish-dominant children initially prefers to use *etmek*, as in:

(13) Ilknur 6;10   ben *erinnern* edemedim   "I couldn't *remember*"

We observe variability in her choice of light verbs, with an increasing tendency to use the locally preferred *yapmak* in collocations in Turkish with the lexical items *kavga* "fight" and *piknik* "picnic" over time, shifting from *etmek-* in earlier recordings in (14)-(17) to *yapmak-* in later recordings (18)-(20), tending to conform with the diaspora variety of her peers:

earlier recordings:
(14) Ilknur 4;04   *kavga ediyo*   "s/he is fighting"
(15) Ilknur 5;02   *piknik ediyolardır*   "maybe they are presumably picnicking"
(16) Ilknur 5;02   *piknik etmek* için   "(in order) to picnic"
(17) Ilknur 5;02   *piknik etmeye*   "(in order) to picnic"

later recordings:
(18) Ilknur 5;10   *piknik yaparken*   "while they are picnicking"
(19) Ilknur 6;04   *kavga yapıyolar*   "they are fighting"
(20) Ilknur 7;02   *piknik yapmaya*   "(in order) to picnic"

Note that the shift to local norms takes place independently of which light verb would be found in (standard) varieties in Turkey. In the case of *piknik*, İlknur's first collocations with *etmek* that are unusual, the standard collocation is with *yapmak*, while, in the case of *kavga*, she shifts away from the standard collocation with *etmek* to the diaspora variety collocation with *yapmak*. Although we did not happen to catch this development in recorded interactions, it likely is the result of interpersonal accommodation, as discussed by Auer and Hinskens (2005).

4.5 Study 5: LLDM/MULTILIT
    (Later Language Development of Multilinguals) 2007-2009, 2013

The final study[15], still ongoing, returns to a cross-sectional, pseudo-longitudinal design, investigating pupils at several Berlin primary and secondary schools,

---

[15] Die Sprachkompetenz bilingualer Schüler türkischer Herkunft in Frankreich und Deutschland (The language competence of bilingual pupils of Turkish background in France and Germany). Funded 2007-2009 DAAD-PROCOPE-PHC (German & French Academic Exchange Programs – research grant); 2010-2013 DFG and ANR (German & French National Science Foundations); project leader in Germany: Prof. Dr. Christoph Schroeder in association with Prof. Carol W. Pfaff; project leader in France: Prof. Mehmet-Ali Akıncı.

ranging in age from 11 to 20. Some attend schools with Turkish/German bilingual programs, some with only German as the language of instruction. Our interest here was to investigate oral and written modes in two genres, personal narrative and expository opinion.

Pupils were shown the video film representing everyday problems in school used by Berman and Verhoeven (2002) to elicit oral and written texts with personal narratives and expository opinions about situations similar to those represented in the film in Turkish, German and English. In addition, an extensive written questionnaire on background and language practices was completed by all pupils. In addition to the investigation in Berlin, a parallel study was conducted in France with Turkish pupils in Rouen.

In a preliminary analysis of the questionnaire data for 10th and 12th graders in Germany and France, Akıncı and Pfaff (2008) discuss the similarities and differences in France and Germany, where the social situations of the Turkish populations differ considerably. Migrants from Turkey are by far the largest group in Germany, but not in France and get requisitely more attention from the majority population in Germany. In both countries, however, the pupils have frequent contact with Turkish relatives on trips to Turkey and much input from Turkish media when they are at home in France or Germany. In their self-reported language practices with grandparents, parents, siblings and peers, usage tends to be reciprocal for all but mixing or alternation with grandparents and parents is more typical of Turkish/German bilinguals than of Turkish French bilinguals. Mixing is common with peers in both groups but Turkish/German bilinguals report more use of Turkish only while Turkish French bilinguals more frequently report using French only.

The analysis of structural features in different genres and modes is still in progress. Some preliminary results on morphosyntax and lexicon can be found in Pfaff (2009), on discourse competence in oral and written texts in Dollnick and Pfaff (forthcoming) and on Turkish written texts in Schroeder and Dollnick (2013). The following examples of the English of Emine, an 18-year old 12th grade girl from the pilot study conducted in 2007, illustrate one aspect of sensitivity to mode in the verbal repertoire in English. These examples all pertain to the concept of cheating on tests in school. The colloquial lexical items are not likely to have occurred either in their input in the context of school classes in English foreign language or in informally encountered input from the media. As we see, the German colloquial nouns or verbs based on *spicken* "cheat" are used in the oral texts but only after checking to be sure that the English-speaking interviewer understands the term in (21)–(22):

(21) Emine 18;07: English Oral Narrative
*EMI: In the past as I um went um to the school um I didn't um *spicken*.
*EMI: do you understand, "*spicken*"?

*ISH: mhm

...

*EMI: I saw that everybody, really everybody, has a *Spicker* [laugh].

(22) Emine 18;07: English Oral Expository
*EMI: in the past, *also früher*, I ha- I hated people who *spick*, uh sp-, uh who uh do this, who use this uh *spicker* ... but uh it's uh *leider* uh I became a *spicker* too.

In contrast, Emine employs English paraphrases in her written texts in (23)–(24):

(23) Emine. 18;07: English Written Narrative
*EMI: *It's more getting a better mark by tricking.*

(24) Emine 18;07: English Written Expository
*EMI: *but the others, who used the "little help" get better marks and grades than me!*

Clearly, this participant controls norms of appropriateness in oral and written modes in her English.

5 Caveats, conclusions, and perspectives

While the studies discussed in this paper cover a relatively long period of time, 35 years (or even the 50 years since initial labor migration from Turkey) is not a very long time for thoroughgoing social and language changes to work themselves out. The apparently limited amount of mobility in the urban space in Berlin is, to some extent, an artifact of the investigations, almost all of which were carried out in sites in Kreuzberg; these represent just a few pieces of the mosaic of Berlin – or even of Turks in Berlin. The picture would surely change if more neighborhoods other than ethnic enclaves were to be investigated. Further, it should be re-emphasized that these studies have almost exclusively investigated the speakers' monolingual modes in semi-formal interactions. With these caveats in mind, we can make the following observations on mobility and multilingualism for this group.

With respect to geographical mobility, if we look at the areas of concentration of Turks in Berlin, we find, after the initial migration of the children or their parents or grandparents, there is rather less spatial mobility than might have been expected within the city. Of course there are many individual biographies which show more mobility, but the groups of children and adolescents we have investigated do not move much within the city. On the other hand, they rather frequently make trips back to Turkey. Both the lack of movement in Berlin and the back and forth movement to Turkey tend to reinforce the maintenance of Turkish here. The situation is reinforced by the local overt, or more frequently, covert social and educational policies which have resulted in school profiles with high proportions of pupils "with migration background", often though not exclusively Turkish-speaking.

Social mobility is linked above all to education, which for these children and adolescents is crucially dependent on language proficiency in German. In the early years, children who immigrated to Berlin after having started school in Turkey, such as many of the participants in the *Ausländerregelklassen* and SES studies, and those who were relatively isolated from native German-speaking peers, such as the Group A children in the EKMAUS study, had notably poor academic achievement. There were many drop-outs who left school without any diploma, few going on to *Abitur*, even fewer to study at universities. In the meantime, all these tendencies have been improving, though there is still far to go to achieve parity of representation with those without migration background or even with other ethnic minority groups. However, our studies have demonstrated increasingly strong proficiency in German, also for those who maintain strong skills in Turkish – and are developing good academic English. According to statistics published by the Berlin Department of Education, in 2013 14.1% of the pupils who attained the *Abitur* in 2012 had migration background, of these 8% German citizens, 6.1% non-German citizens, of which 926 pupils with migration background in Turkey comprised the largest group (http://www. berlin.de/sen/bildung/bildungswege/schulabschluesse). Likewise more students with Turkish background are attending universities. Statistics for all of Germany reported that in 2012, 26% of students with migration background who have acquired German citizenship have a background in Turkey, as do 29% of "Bildungsinländer", students with non-German citizenship educated in Germany (BMBF 2013, 525-526).

Cognitive mobility, in turn, is linked to social mobility and expanding social networks with concomitant expansion of verbal repertoires in sociolinguistic space. Among the aspects we have illustrated here are: perspective taking in narratives (here and now vs. not-here, not-now) in the EKMAUS and MULTILIT studies; sensitivity to speaker, addressee relations, genre and mode in formal vs. colloquial phonological realizations in German L2 in the SES study; accommodation to local norms in the changing lexical choice of light verbs in Turkish verbal constructions in the longitudinal KITA study; use of German colloquial lexical items or English paraphrases in the LLDM study in the oral vs written modalities. There are segments of recorded iterations outside the frame of the tasks themselves in which the participants spoke "off the record" to the interviewers to make side remarks to other participants in the room. It would be highly desirable to supplement this work with studies of casual conversation of bilinguals with each other.

Fortunately, sociolinguistic studies in several Northwestern European countries permit worthwhile comparisons; some focused on the developing diaspora varieties of Turkish have been discussed in Backus (2004) and Backus, Jørgensen and Pfaff (2010). Work on other languages in other historical contexts, other settings, in other countries contribute as well to the ongoing sociolinguistic project which attempts to elucidate the intricate many-faceted relationship of global, sociopolitical circumstances to particular local phenomena of language practices and linguistic variation. Finally, much more remains to be mined from the corpora collected by these investigators, which include varieties of the national majority languages as well as varieties in the verbal repertoires of the minority populations. To facilitate comparison with the materials I have collected, the audio files and transcripts will shortly be made available through the Child Language Data Exchange (CHILDES), now part of the TalkBank data base.

References

Akıncı, Mehmet-Ali/Pfaff, Carol W. (2008): Language choice, cultural and literacy practices of Turkish bilingual adolescents in France and in Germany. Paper presented at the International Association for Applied Linguistics (AILA), Essen

Ammann, Birgit (2001): Kurden in Europa. Ethnizität und Diaspora. Münster: Lit Verlag

Amt für Statistik Berlin-Brandenburg (2013): Einwohner im Land Berlin am 31. Dezember 2012. Statistischer Bericht A I 5 – hj 2/12. Potsdam: Amt für Statistik Berlin-Brandenburg

Auer, Peter/Hinskens, Frans (2005): The role of interpersonal accommodation in a theory of language change. In: Auer, P./Hinskens, F./Kerswill, P. (eds): Dialect Change. Convergence and Divergence in European Languages. Cambridge: Cambridge University Press, p. 333-357

Backus, Ad (2004): Turkish as an immigrant language in Europe. In: Bhatia, T./Ritchie, R. (eds): The Handbook of Bilingualism. Oxford: Blackwell, p. 689–724

Backus, Ad/Jørgensen, Jens Normann/Pfaff, Carol W. (2010): Linguistic effects of immigration: Language choice, codeswitching and change in Western European Turkish. In: Language and Linguistics Compass 4, 7, p. 481–495

Berlin Senate (2013): School leaving certificates. http://www.berlin.de/sen/ bildung/bildungswege/schulabschluesse/ (accessed: 30.11.2013)

Berlin Senate (2013): School population statistics and portraits. https://www.berlin.de/sen/bildung/schulverzeichnis_und_portraets/ (accessed: 02.11.2013)

Berman, Ruth/Verhoeven, Ludo (2002): Developing text-production abilities across languages, genre and modality. In: Written Languages and Literacy 5, 1, p. 1-43

Blommaert, Jan/Backus, Ad (2011): Repertoires revisited: "Knowing language" in superdiversity. In: Working Papers in Urban Language and Literacies 67

Burt, Marina K./Dulay, Heidi C./Hernández Chavez, Eduardo (1975): The Bilingual Syntax Measure. New York: Harcourt Brace Jovanovich

Collins, James/Slembrouck, Stef (2009): Goffman and globalization: Frame, footing and scale in migration-connected multilingualism. In: Collins, J./Slembrouck, S./Baynham, M. (eds): Globalization and Language in Contact: Scale, Migration, and Communicative Practices. London/New York: Continuum, p. 19-41

Dollnick, Meral/Pfaff, Carol W. (forthcoming): Entwicklung von Diskursorganisation in verschiedenen Sprachen: Einführung und Schluss in narrativen und in erörternden Texten in Türkisch, Deutsch und Englisch bei türkischstämmigen Schülern in Berlin. In: Becker, T./Wieler, P. (eds): Erzählforschung und Erzähldidaktik heute – Entwicklungslinien, Konzepte, Perspektiven. Tübingen: Stauffenburg, p. 149-164

Eckert, Penelope (2012): Three waves of variation study: The emergence of meaning in the study of variation. In: Annual Review of Anthropology 41, p. 87-100

Ellis, Elizabeth/Gogolin, Ingrid/Clyne, Michael (2010): The Janus face of monolingualism: A comparison of German and Australian language education policies. In: Current Issues in Language Planning 11, 4, p. 439-460

Erduyan, Işıl (forthcoming): Linguistic construction of identity across language classes. Unpublished Doctoral Dissertation, University of Wisconsin-Madison

Gumperz, John J. (1968) The speech community. In: International encyclopedia of the social sciences. New York: Macmillan, p. 381-386. Reprinted in: Duranti, A. (2009): Linguistic Anthropology: A Reader, 2nd ed. Malden, Mass: Wiley-Blackwell, p. 66-73

Hinze, Annika Marlen (2013): Turkish Berlin: Integration Policy and Urban Space. Minneapolis, MN: University of Minnesota Press

Johanson, Lars (2006): Turkic language contacts in a typology of code interaction. In: Boeschoten, H./Johanson, L. (eds): Turkic Languages in Contact (Turcologica 61). Wiesbaden: Harrassowitz, p. 4-26

Jørgensen, Jens Normann (2008): Poly-lingual languaging around and among children and adolescents. In: International Journal of Multilingualism 5, 3, p. 161-176

Kardam, Filiz/Pfaff, Carol W. (1993): Issues in educational policy and language development of bilingual children in Berlin. In: Kroon, S./Pagel, D./Vallen, T. (eds): Multiethnische Gesellschaft und Schule in Berlin. Münster/New York: Waxmann, p. 51-68

Karmiloff-Smith, Annette (1979): A Functional Approach to Child Language. Cambridge: Cambridge University Press

Kleff, Hans-Günter (1999): Die Bevölkerung türkischer Herkunft in Berlin-Kreuzberg – eine Bestandsaufnahme. Berlin: Friedrich Ebert Stiftung http://www.fes.de/fulltext/asfo/00267009.htm (accessed: 29.10. 2013)

Léglise, Isabelle/Chamoreau, Claudine (2013): The Interplay of Variation and Change in Contact Settings. Amsterdam/Philadelphia: Benjamins

Milroy, Leslie (1980): Language and Social Networks. Oxford: Blackwell

Ohliger, Rainer und Ulrich Raiser (2005): Integration und Migration in Berlin. Zahlen – Daten – Fakten. Berlin: Der Beauftragte des Senats von Berlin für Integration und Migration. www.berlin.de/imperia/md/content/lb.../zahlen_ daten_fakten_bf.pdf (accessed: 20.10.2013)

OECD (2011): Germany: Once weak international standing prompts strong nationwide reforms for rapid improvement. http://www.pearsonfoundation. org/oecd/germany.html (accessed: 15.12.2013)

Pfaff, Carol W. (1980): Acquisition and development of "Gastarbeiterdeutsch" by migrant workers and their children in Germany. In: Traugott, E. et al. (eds): Papers from the 4th International Conference on Historical Linguistics. Amsterdam: Benjamins, p. 381-395

Pfaff, Carol W. (1981a): Incipient creolization in "Gastarbeiterdeutsch"?: An experimental sociolinguistic study. In: Studies in Second Language Acquisition 3, p. 165-178

Pfaff, Carol W. (1981b): Sociolinguistic problems of immigrants: Foreign workers and their children in Germany. Review Article. In: Language in Society 10, p. 155-188

Pfaff, Carol W. (1984) On input and residual L1 transfer effects in Turkish and Greek children's German. In: Andersen, R. (ed.): Second Languages. Rowley, Mass.: Newbury House, p. 271-298

Pfaff, Carol W. (1987): Functional approaches to interlanguage. In: Pfaff, C.W. (ed.): First and Second Language Acquisition Processes. Rowley, Mass.: Newbury House, p. 81-102

Pfaff, Carol W. (1990) Connatural and abnatural change in an unnatural system: The case of case-marking in German. In: Edmondson, J. et al. (eds): Development and Diversity: Linguistic Variation across Time and Space. Summer Institute of Linguistics and The University of Texas at Arlington, p. 547-585

Pfaff, Carol W. (1991): Mixing and linguistic convergence in migrant speech communities: Linguistic constraints, social conditions and models of acquisition. In: Code-switching and Language Contact: Constraints, Conditions and Models. Strasbourg: European Science Foundation, p. 120-153

Pfaff, Carol W. (1994): Early bilingual development of Turkish children in Berlin. In: Extra, G./Verhoeven, L. (eds): The Cross-linguistic Study of Bilingual Development. Koninklijke Nederlandse Akademie van Wetenschappen. Amsterdam: North-Holland, p. 75-97

Pfaff, Carol W. (1998): Changing patterns of language mixing in a bilingual child. In: Extra, G./Verhoeven, L. (eds): Bilingualism and Migration. Berlin: Mouton de Gruyter, p. 97-121

Pfaff, C. W. (2001): The development of co-constructed narratives of Turkish children in Germany. In: Verhoeven, Ludo/Strömquist, Sven (eds): Narrative Development in a Multilingual Context (Studies in Bilingualism 23). Amsterdam/Philadelphia: Benjamins, p. 153-188

Pfaff, Carol W. (2009): Parallel assessment of oral and written text production of multilinguals: Methodological and analytical issues. In: Ahrenholz, B. (ed.): DaZ-Forschung. Empirische Befunde zum Deutsch-als-Zweitsprache-Erwerb und zur Sprachförderung. Beiträge aus dem 3. Workshop Kinder mit Migrationshintergrund. Freiburg in Breisgau: Fillibach Verlag, p. 213-233

Pfaff, Carol W. (2010): Multilingual development in Germany in the crossfire of ideology and politics. In: Oklska, U./Cap, P. (eds): Perspectives in Politics and Discourse. Amsterdam: Benjamins, p. 328-357

Pfaff, Carol W. (2011): Multilingual development in Germany in the crossfire of ideology and politics: Monolingual and multilingual expectations, polylingual practices (TRANSIT online publication). University of California at Berkeley. http://german.berkeley.edu/transit/2011/articles/Pfaff.html

Pfaff, Carol W. (2012): Sociolinguistic practices and language policies for migrants in Germany. In: Koskensalo, Annikki/Smeds, John/de Cillia, Rudolf/Huguet, Angel (eds): LANGUAGE: Competence - Change - Contact. SPRACHE: Kompetenz - Kontakt - Wandel (Dichtung -Wahrheit – Sprache, Bd. 11). Berlin: LIT Verlag, p. 103-118

Pfaff, Carol W./Dollnick, Meral (forthcoming): Complex sentences in the written texts of Turkish trilingual adolescents in Germany and France. In: Csato, E./Karakoç, B./Menz, A. (eds): The Uppsala Meeting: Proceedings of the 13th International Conference on Turkish Linguistics. Wiesbaden: Harrassowitz

Pfaff, Carol W./Portz, Renate (1981): Foreign children's acquisition of German: Universals vs. interference. In: Dittmar, N./Königer, P. (eds): Proceedings of the Second Scandinavian-German Symposium on the Language of Immigrant Workers and their Children. Berlin: Freie Universität Berlin, p. 137-170

Plataforma (2011): Kleine Geschichte der Migration in Deutschland http://plataforma-berlin.de/8.geschichte-der-migration.html (accessed: 28.11.2013)

Portz, Renate/Pfaff, Carol W. (1980): Entwicklung und Erprobung des Soziolinguistischen Erhebungsinstruments zur Sprachentwicklung. Berlin: Pädagogisches Zentrum

Schroeder, Christoph/Dollnick, Meral (2013): Mehrsprachige Gymnasiasten mit türkischem Hintergrund schreiben auf Türkisch. In: Brandl, H./Arslan, E./ Langelahn, E./Riemer, C. (eds): Mehrsprachig in Wissenschaft und Gesellschaft. Mehrsprachigkeit, Bildungsbeteiligung und Potenziale von Studierenden mit Migrationshintergrund. Bielefeld, p. 101-114. http://biecoll.ub.uni-bielefeld.de/volltexte/2013/5274/index_de.html (accessed: 03.09.2013)

Slobin, Dan I. (1982): Universal and particular in the acquisition of language. In: Wanner, E./Gleitman, L. (eds): Language Acquisition: The State of the Art. Cambridge University Press, p. 128-170

Slupina, Manuel/Klingholz, Reiner (2013): Bildung von klein auf sichert Zukunft. Warum frühkindliche Förderung entscheidend ist. Berlin: Berlin-Institut für Bevölkerung und Entwicklung

Soares, Carlos/Grosjean, François (1984): Bilinguals in a monolingual and a bilingual speech mode: The effect on lexical access. In: Memory and Cognition, 12, 4, p. 380-386

Steinmüller, Ulrich (1987): Sprachentwicklung und Sprachunterricht türkischer Schüler (Türkisch und Deutsch) im Modellversuch "Integration ausländischer Schüler in Gesamtschulen". In: Thomas, H. (ed.): Modellversuch "Integration ausländischer Schüler in Gesamtschulen" (1982-1986). Berlin: Pädagogisches Zentrum Berlin, p. 207-315

Stevenson, Patrick/Schanze, Livia (2009): Language, migration and citizenship in Germany: Discourses on integration and belonging. In: Extra, G./Spotti, M./Van Avermaet, P. (eds): Language Testing, Migration and Citizenship: Cross-national Perspectives on Integration Regimes. London/New York: Continuum, p. 87-106

Van Coetsem, Frans (2000): A General and Unified Theory of the Transmission Process in Language Contact. Heidelberg: Universitätsverlag C. Winter

Vertovec, Steven (2007): Super-diversity and its implications. In: Ethnic and Racial Studies 29, 6, p. 1024-54

BÜŞRA HAMURCU

Le rôle de la gestualité dans l'acquisition du langage des enfants d'origine turque scolarisés en maternelle, en France.

Résumé

Ce chapitre a pour objet l'étude de la gestualité dans les productions orales de deux enfants issus de familles immigrées turques de 3 à 5 ans. L'objectif de l'étude est d'observer la gestualité de ces enfants en fonction des pratiques langagières de leurs familles. Nous avons observé l'évolution de leur gestualité sous deux angles: la nature des énoncés produits par l'enfant et la gestualité liée au confort ou à l'insécurité de l'enfant.

1 Introduction

Selon Werner et Kaplan (1963, 66), «les représentations linguistiques émergent et sont ancrées dans des formes de représentation non linguistique»[1]. Les hommes font des gestes pour communiquer quel que soit leur âge, sexe, culture et le contexte dans lequel ils produisent de la parole. Ce phénomène a attiré l'attention de nombreux chercheurs dans différents domaines jusqu'à nos jours, notamment Efron (1941), Birdwhistell (1952), Ekman et Friesen (1969), Kendon (1972, 1980), Scheflen (1973), Wundt (1973), Cosnier (1974), McNeill (1992, 2000) et Colletta (2000). Certains d'entre eux ont tenté d'expliquer, de définir et de catégoriser ces gestes en fonction de plusieurs critères, ce que nous allons détailler plus loin. Ce qui est plus récent est de reconnaître que ces gestes jouent un rôle dans l'acquisition du langage.

La description du développement langagier de l'enfant a longtemps été réduite aux premières vocalisations et au développement des capacités phoniques au détriment des capacités motrices et de la gestualité du bébé. C'est grâce aux travaux de certains chercheurs pionniers, notamment Bruner (1975, 1983) que les gestes des enfants ont été sérieusement pris en compte dans les

---

[1] "Linguistic representation emerges from, and is rooted in, non-linguistic forms of representation." Traduit de l'anglais vers le français par Morgenstern (2009, 124).

observations du développement langagier. Les chercheurs ont d'abord considéré que la gestualité était un système de communication qui précédait le système verbal. D'autres ont mis en valeur la relation entre gestes et mots et ont affirmé que les gestes constituaient un système complémentaire au système verbal.

Nous savons qu'avant d'en connaître le lexique et la syntaxe, l'enfant acquiert d'abord le langage dans des objectifs sociaux de communication. Dès sa naissance, avant même d'acquérir le langage parlé, le bébé communique avec son entourage par le moyen de gestes. Ces derniers sont simples au départ, à savoir les mouvements arbitraires, les regards et les sourires (vers 2 mois) et sont souvent accompagnés de vocalisations arbitraires (Iverson/Thelen 1999). Ces gestes se compliquent ensuite et changent de rôle au fil de l'âge. Petit à petit, l'enfant se fait une place active dans les interactions avec son entourage, qu'il apprend également à susciter, toujours par le moyen de ses gestes (Florin 1999). Cette capacité sociocommunicative semble être innée car le bébé vient au monde avec «un répertoire d'expressions faciales et de gestes» (Kail 2012, 79).

2 Qu'est-ce qu'un geste?

Tout d'abord, selon le dictionnaire, le geste «désigne une activité corporelle particulière d'une personne». C'est un «mouvement extérieur du corps (ou de l'une de ses parties), perçu comme exprimant une manière d'être ou de faire (de quelqu'un)» (Le Trésor Informatisé de la Langue Française 2013)[2]. Le geste signifie également «un mouvement des mains, des bras, de la tête, etc. pour exprimer une idée ou un sentiment» (Cambridge Dictionary 2013)[3].

Les spécialistes définissent plus finement le geste. Selon McNeill (1992, 2), «Les gestes font partie intégrante de la langue autant que les mots, les syntagmes et les phrases – les gestes et le langage sont un système». Kendon (1981) désigne les gestes comme des «actions visibles employées dans la production d'un énoncé»[4].

Nous savons que la gestualité ne peut être considérée séparément des capacités linguistiques et que leur développement est intimement lié à celui du langage. Nous allons donc reprendre les quatre différentes périodes de l'acquisition du langage et rappeler leurs caractéristiques vis-à-vis de la gestualité, tels qu'ils sont décrits dans Cartmill et al. (2012).

---

[2]   Dictionnaire en ligne accessible à l'adresse: http://atilf.atilf.fr/ (consulté: 13.10.2013)
[3]   "A movement of the hands, arms, or head, etc. to express an idea or feeling." Notre traduction. Dictionnaire en ligne accessible à l'adresse: http://dictionary.cambridge.org/ (consulté: 13.10.2013).
[4]   "Visible actions employed in processing an utterance." Notre traduction.

3 La gestualité aux différentes étapes du développement langagier

La période prélinguistique (entre 6 et 10 mois) est caractérisée par la primauté du geste sur la parole. Les enfants, ne pouvant communiquer par les mots, se servent des gestes, notamment le pointage. Morgenstern (2009) qui consacre un chapitre entier au pointage dans son ouvrage y cite la description que Butterworth (2003, 29) en fait:

> Le pointage ne permet pas seulement de singulariser l'objet, il permet également d'établir un lien entre l'objet et la parole du point de vue du bébé. Le pointage apporte aux objets visuels des qualités auditives et c'est la voie royale (mais pas la seule voie) d'accès au langage.[5]

C'est donc grâce à ce geste de pointage que l'enfant trouve un moyen de désigner un objet en tant que lieu d'attention partagée et d'échange avec l'adulte de son choix. Les spécialistes de l'acquisition du langage ont commencé à s'intéresser plus particulièrement, depuis le milieu des années 1970, au geste de pointage qui est désormais une des formes gestuelles les plus étudiées. Les chercheurs affirment que l'utilisation du pointage permet d'anticiper le développement linguistique, notamment lexical de l'enfant (Bates et al. 1979). C'est un geste conventionnel qui apparaît très tôt chez l'enfant, avant l'âge de 12 mois et avant les tous premiers mots. Il est rapidement accompagné du regard que l'enfant utilise comme moyen de vérification visuelle (Morgenstern 2009).

Durant la période des énoncés à un mot (environ entre 10 et 24 mois), l'enfant commence à se constituer un répertoire lexical et à produire des énoncés à un mot qui sont souvent accompagnés de gestes. Ensuite durant la période des énoncés à deux mots (qui commence environ à 24 mois), en plus de l'acquisition de plusieurs structures linguistiques comme les prépositions, les déterminants, les démonstratifs, la conjugaison des verbes et les phrases complexes, les enfants emploient davantage de gestes iconiques[6] et des gestes marqueurs du discours. McNeill (1992) utilise le terme de *beats* pour décrire ces gestes marqueurs du discours. Enfin, la période du développement narratif (qui commence environ à 4 ans) est celle où les enfants commencent à bien maîtriser certains aspects de base du langage comme le vocabulaire et la syntaxe. Se développe dès lors un nouvel aspect: le discours narratif. A ce stade, la

---

[5] "pointing serves not only to individuate the object, but also to authorize the link between the object and speech from the baby's perspective. Pointing allows visual objects to take on auditory qualities, and this is the royal road (but not the only route) to language." Traduit de l'anglais vers le français par Morgenstern (2009, 117).

[6] Un geste iconique est un geste qui décrit une action, un mouvement ou la forme d'une entité.

gestualité commence à accompagner le discours, tout comme nous pouvons l'observer chez les adultes.

Cartmill et al. (2012) soulignent également que lorsqu'une étude a pour objet la gestualité chez les enfants, il ne faut surtout pas oublier de préciser la période du développement langagier dans laquelle se situent ces derniers. En ce qui concerne les enfants que nous avons étudiés, nous rappelons que nos sujets évoluent de 3 à 5 ans au cours de l'étude. Ils se situent donc entre les troisième et quatrième périodes du développement du langage. Cependant, la spécificité de notre étude concerne le fait que les deux enfants étudiés sont en situation de bilinguisme franco-turc. Or à ce stade, nous n'avons pas trouvé d'études menées sur la gestualité dans l'acquisition bilingue chez de jeunes enfants.

4 Le rôle de la gestualité dans le développement langagier

Depuis de longues années, les chercheurs analysent le rôle de ces gestes dans l'acquisition du langage en situation monolingue. Dans une étude récente réalisée à l'aide des productions orales des enfants de 3 à 6 ans et de 6 à 11 ans, Colletta et Pellenq (2009) se demandent si l'évolution de la gestualité est le résultat de l'acquisition du langage, qui serait donc un processus indépendant, ou si la gestualité joue un rôle dans le développement langagier de par ses caractéristiques de cohésion et de segmentation. Ils ont pu observer deux types de développement dans les explications des enfants: (a) le développement de la structure linguistique des explications qui évoluent de phrases en textes et (b) le développement des gestes accompagnant les explications qui évoluent du concret vers l'abstrait. D'après ces auteurs, les enfants font de plus en plus de gestes coverbaux (gestes qui accompagnent la parole) avec l'âge puisque l'augmentation de l'information gestuelle est parallèle à celle de l'information linguistique. Ils affirment également que chaque nouvelle acquisition linguistique est précédée d'un changement gestuel. En effet, l'émergence du pointage avant l'âge d'un an constitue une étape importante dans l'acquisition du lexique. Quelques mois plus tard, durant la période des énoncés à un mot, l'enfant commence à faire des combinaisons mot/geste. Parmi ces combinaisons, celles qui ne sont pas redondantes[7] seraient les précurseurs des énoncés à deux mots (Butcher/Goldin-Meadow 2000; Capirci et al. 1996, 2002; Goldin-Meadow/Butcher 2003; Özçaliskan/Goldin-Meadow 2005).

Quant à Iverson et Goldin-Meadow (1998), ils travaillent sur les gestes réalisés par les mères lors des interactions mère-enfant et expliquent que les

---

[7] Des énoncés redondants sont des énoncés coverbaux où les gestes et les mots expriment exactement le même contenu d'information. Il existe également des énoncés coverbaux supplémentaires et complémentaires où les gestes et les mots véhiculent d'autres contenus d'information.

mères font usage d'un «LAE[8] gestuel» caractérisé par l'utilisation relativement peu fréquente de gestes concrets redondants qui renforcent le message véhiculé dans le discours. Ils trouvent également des preuves des relations positives entre la production de gestes maternels et la production verbale et gestuelle des enfants et la taille du vocabulaire. Cosnier (1997) parle aussi de la multifonctionnalité des gestes discursifs.

D'autres études ont été réalisées sur le rôle de la gestualité dans la production et la compréhension langagière (Alibali et al. 2000; Goldin-Meadow 1999) et ses variations en fonction des langues (Kita/Özyürek 2003). Les gestes déictiques[9], par exemple, sont les précurseurs de l'émergence des noms chez les enfants (Iverson/Goldin-Meadow 2005) et les combinaisons mot/geste dans lesquelles chacun contient un élément sémantique précèdent les énoncés à deux mots, tout comme expliqué plus haut (Goldin-Meadow/Butcher 2003; Iverson/Goldin-Meadow 2005).

Comparer la gestualité des locuteurs monolingues parlant des langues différentes pendant la période d'acquisition du langage permet non seulement de révéler les similarités de ces gestes mais aussi de montrer les aspects de la gestualité modelés en fonction des spécificités linguistiques (So et al. 2010; Kita/Özyürek 2003). Comparer la gestualité en fonction de différents groupes d'âge permet d'en observer l'évolution au fil de l'âge et sa part de contribution aux étapes de l'acquisition du langage.

Toutes ces études montrent donc bel et bien que la gestualité joue effectivement un rôle important dans le développement langagier, rôle qui mérite encore d'être longuement et plus profondément observé. Or toutes ont été menées en contexte d'acquisition monolingue. Dans notre étude nous avons choisi d'analyser la gestualité de deux enfants bilingues franco-turcs dont les parents diffèrent dans leurs pratiques langagières familiales.

5 Notre étude

Cette recherche se situe dans le cadre d'une étude longitudinale observant le développement du turc et du français en situation de bilinguisme précoce, plus précisément le cas d'enfants d'origine turque scolarisés en maternelle dans une petite ville dans la région d'Alsace, en France.[10] La problématique de cette étude est de comprendre le développement langagier en L1 (turc) – langue de la maison – et en L2 (français) – langue de l'école de 12 enfants issus de familles immigrées turques. Notre question de recherche principale concerne la

---

[8] Langage adressé à l'enfant.
[9] Un geste déictique est un geste qui indique une entité physique.
[10] «Développement du turc et du français en situation de bilinguisme précoce. Le cas d'enfants d'origine turque scolarisés en maternelle en France», thèse de doctorat en cours, réalisée au sein du laboratoire de recherche DYSOLA, Université de Rouen, France.

comparaison du développement langagier de ces enfants selon les pratiques langagières de leur famille à savoir:

Familles Type 1: la pratique du turc uniquement dans la famille par les deux parents
Familles Type 2: la pratique du turc et du français très variable selon les familles

5.1 La méthodologie de recherche

Nous avons retenu deux de ces enfants, à savoir un pour chaque type de famille, et nous avons analysé leur gestualité à deux périodes: à la rentrée en petite section[11] (3 ans) et à la fin de la moyenne section[12] (5 ans), à partir d'un corpus vidéo d'interactions adulte-enfant collecté dans deux écoles maternelles de quartiers à forte immigration turque dans la petite ville alsacienne où la recherche a été menée.

Asli[13], enfant de Type 1 et Yelda, enfant de Type 2 ont toutes les deux 2;10 ans à la première séance d'enregistrement et 4;6 à la dernière. Elles ont toutes les deux des frères et sœurs et sont les dernières dans la fratrie. Leur sexe et âge identiques et leur place dans la fratrie nous permettent d'envisager des résultats comparables. Cependant ces deux enfants diffèrent au niveau des pratiques langagières de leurs familles. Asli est née d'une mère qui est elle-même née et a été scolarisée en France et d'un père né et scolarisé en Turquie, et arrivé en France suite au mariage. La langue dominante à la maison est le turc. Mais lors de l'entretien réalisé avec les parents, la mère d'Asli déclare également parler français de temps en temps avec ses enfants aînés depuis qu'ils ont commencé l'école. C'est en s'adressant à Asli que tous les membres de la famille parlent uniquement turc car elle ne comprend pas encore le français. Asli entre à l'école en ayant été très peu en contact avec le français. A l'école, elle n'a aucun soutien en turc et est en situation de submersion.

Quant à Yelda, ses parents sont tous les deux nés et ont été scolarisés en France. Lors d'un premier entretien réalisé avec le père[14], il déclare pratiquer indifféremment le turc et le français avec sa conjointe mais qu'ils s'adressaient le plus souvent en turc à leurs enfants dans un premier temps. Ensuite les parents

---

[11] La petite section qui commence environ à 3 ans est la première classe de l'école maternelle, avec deux objectifs principaux: la socialisation et le langage. Les activités proposées sont liées à des apprentissages qui favorisent l'éveil et l'autonomie de l'enfant (Cesaro Rouet et al. 2007; Passerieux 2009).

[12] La moyenne section qui commence à 4 ans est la deuxième classe de l'école maternelle. C'est l'année de l'acquisition de nouvelles compétences. Le langage oral est toujours privilégié mais le langage écrit commence également à être abordé (Cesaro Rouet et al. 2007; Passerieux 2009).

[13] Les prénoms des enfants ont été modifiés pour des raisons d'anonymat.

[14] Premier entretien réalisé au téléphone le 27/01/2012, quatre mois après le début de la scolarisation de Yelda.

ont pris la décision eux-mêmes – tient-il à préciser[15] – de leur parler uniquement français depuis qu'ils ont constaté que Yelda «avait plutôt besoin du français».[16] Lorsqu'elle entre à l'école, Yelda n'est donc pas dans la même situation qu'Asli. Même si ses parents s'adressaient à elle le plus souvent en turc dans un premier temps, elle avait également des interactions en français avec eux et témoignait régulièrement de leurs conversations en français entre eux. Ensuite, quatre mois après le début de sa scolarisation, les parents ont commencé à s'adresser à elle en français, ce qui a sûrement favorisé son intégration à l'école. La situation de submersion n'est donc pas valable pour Yelda. D'ailleurs, d'après nos observations, elle semble être plutôt à l'aise en classe dès les premiers jours de l'école alors que ce n'est pas absolument pas le cas pour Asli.

Le corpus analysé est constitué, au total, de 8 séances d'enregistrement vidéo de cinq à dix minutes chacune, à savoir une séance en turc et une séance en français pour chaque enfant au début et à la fin de l'observation. Les enfants ont été enregistrés lors d'une session de discussion avec un adulte non familier (expérimentateur), autour d'une image en couleurs représentant des enfants qui jouent dans une cour de récréation. La première séance a été réalisée en turc pour permettre à l'enfant de s'exprimer d'abord dans sa première langue. La deuxième séance a eu lieu avec au moins une semaine d'intervalle, en français, avec la même personne. Le corpus analysé contient donc pour chaque enfant, les deux premières et les deux dernières séances en turc et en français. Les premières et les dernières séances étant les plus significatives dans l'évolution de la gestualité, les séances intermédiaires n'ont pas été analysées pour la recherche que nous présentons ici. Les enregistrements vidéo ont été transcrits et toutes les productions des enfants à visée communicative ont été annotées. En analysant ces données, nos objectifs étaient de noter dans quelles mesures la gestualité pouvait jouer un rôle dans l'acquisition du langage par le biais des deux langues de ces enfants puis d'étudier la distribution de ces gestes en fonction des deux langues employées dans les interactions avec les enfants, à savoir le turc et le français.

5.2 Bilinguisme et développement langagier

Selon Hélot (2013, 41), «les enfants qui parlent d'autres langues que celle de l'environnement ne sont pas tous dans des situations de bilinguisme similaires.» Dans le cas de notre recherche, le bilinguisme de ces enfants est également très particulier. Les types d'enfant, provisoirement nommés Type 1 et Type 2, ont été définis en fonction des pratiques langagières de leurs parents. Les enfants

---

[15] Le père a précisé que la décision de parler uniquement français à leurs enfants a été prise par les parents eux-mêmes suite à ma question sur le rôle de l'enseignant de Yelda dans la prise de cette décision. Le père a déclaré que l'enseignant n'avait fait aucune remarque ni donné de conseil aux parents par rapport à leurs pratiques langagières à la maison.

[16] Discours du père de Yelda extrait du même entretien.

dont les parents parlent uniquement turc à la maison font partie du Type 1. Ceux dont les parents parlent les deux langues à la maison font partie du Type 2. Si nous essayons de mieux définir ces deux types d'enfants à la lumière de la littérature abondante sur l'acquisition du langage et du bilinguisme, nous pouvons y retrouver certaines des caractéristiques de deux types de bilinguisme précoce: le bilinguisme consécutif et le bilinguisme simultané.

Les sociolinguistes définissent, en général, le bilinguisme précoce simultané comme le bilinguisme qu'un enfant acquiert depuis sa naissance jusqu'à ses trois ans (Swain 1972; Mc Laughlin 1978; Meisel 1990; Varro 2004). Le rythme de développement du langage entre 8 et 30 mois est identique pour tous les bébés, qu'ils soient bilingues ou monolingues (Macrory 2006; De Houwer 2009). L'enfant bilingue atteint, par exemple, la phase des cinquante mots vers 18 mois, tout comme l'enfant monolingue. Cependant, son répertoire sera composé de mots des deux langues. Il ne fera donc pas sens de comparer le développement lexical des enfants bilingues et des enfants monolingues, au risque de conclure «un retard» pour les enfants bilingues, car les langues acquises n'auront pas les mêmes structures linguistiques et les tests utilisés pour mesurer les compétences langagières des jeunes bilingues n'ont pas été élaborés pour ces derniers, mais pour des monolingues.

Quant au bilinguisme précoce consécutif, il s'agit du cas où une seconde langue est introduite à partir de trois ans jusqu'à six ans. En France, cette situation se produit en général avec l'entrée à l'école maternelle où un enfant dont la première langue n'est pas le français entre en contact, pour la première fois, avec cette «nouvelle» langue. Dans ce deuxième cas, et plus particulièrement en ce qui concerne les familles immigrées turques, l'enfant passe en général d'un quasi-monolinguisme turc en famille à un autre monolinguisme à l'école où la seule langue autorisée est le français. Nous faisons le choix d'employer le terme «quasi-monolinguisme» pour le turc car même un enfant qui grandit dans une famille où la langue dominante est le turc est confronté au français par plusieurs moyens, ce qui exclut la possibilité de lui attribuer un monolinguisme total en turc.

En effet, nous avons opté pour la prudence en déterminant les catégories Type 1 et Type 2 plutôt que «bilingues consécutifs» et «bilingues simultanés» tout simplement parce que les caractéristiques des enfants ainsi que ceux de leur famille ne correspondent que partiellement aux descriptions habituelles de ces deux types de bilinguisme précoce.

En ce qui concerne les enfants Type 1 qui représentent plutôt le bilinguisme consécutif, la seconde langue qui est le français est parfois introduite dans une certaine mesure avant trois ans. Si nous prenons l'exemple de nos sujets Type 1, ils sont tous issus de couples endomixtes[17] où un des deux parents est né et a été scolarisé en France et l'autre en Turquie. Même si les parents déclarent qu'ils parlent uniquement turc en famille, lors des entretiens, il n'est pas difficile d'observer que le français a également sa place, comme dans l'exemple de la famille d'Asli. Chacun des enfants appartenant à la catégorie Type 1 a au moins un frère ou une sœur aîné(e) qui s'adresse à eux et à qui un des deux parents s'adresse souvent en français. L'enfant Type 1 est également confronté au français par le biais d'autres membres de sa famille (cousins, tante, oncle, etc.) et ses camarades de jeu même avant trois ans. Nous ne pouvons donc pas ignorer la place du français dans les familles des enfants Type 1.

Quant aux enfants Type 2 de notre étude, ils ne sont pas issus de couples mixtes comme les bilingues simultanés habituels mais de couples endogènes[18]. Ces derniers ne sont pas linguistiquement mixtes au vrai sens du terme car la première langue de chacun des deux parents est le turc. Ils sont tous les deux nés et ont été scolarisés en France, contrairement aux parents des enfants Type 1. Dans ces familles, le français semble avoir une place plus importante que dans les familles des enfants Type 1 mais une nouvelle fois, nous voyons que la dynamique entre l'usage des deux langues peut varier d'une famille à l'autre et que les discours des parents sur leurs pratiques langagières ne correspondent pas à leurs pratiques réelles. Par conséquent, nous ne pouvons pas affirmer que les enfants Type 2 correspondent parfaitement au profil des bilingues simultanés.

Il est donc possible de relever deux points essentiels à propos des pratiques langagières des familles: d'une part la prépondérance du turc sur le français quel que soit le type d'enfant et d'autre part la présence précoce du français même dans les familles des enfants Type 1. Cependant l'usage exclusif du turc en famille est reconnu comme la particularité de la communauté turque (Gonac'h 2012; Insee 2005; Akinci 2003). Avant de réaliser des observations sur cette communauté, nous devons donc admettre que «la forte vitalité du turc en famille» (Gonac'h 2012, 3) est une de ses réalités indiscutables.

Par conséquent, il sera plus aisé de comprendre que le bilinguisme simultané n'est pas tout à fait le modèle de bilinguisme précoce qui peut définir le cas particulier des enfants Type 2. De même, nous ne pouvons pas énoncer de façon catégorique que les enfants Type 1 correspondent au modèle de bilinguisme consécutif car le français est introduit d'une manière ou d'une autre dans la famille, le plus souvent avant trois ans. En effet, notre étude remet également en cause cette dichotomie établie par les chercheurs entre le bilinguisme simultané et le bilinguisme consécutif qui semble ne pas pouvoir décrire exactement le bilinguisme des enfants issus de familles immigrées turques en France.

---

[17] Le couple endomixte est un couple dans lequel chacun est issu d'une même culture, d'une même nationalité mais dont l'un a grandi dans le pays d'origine et l'autre dans un pays d'accueil.

[18] Le couple endogène est un couple dans lequel les deux membres sont issus de la même culture, d'une même nationalité.

6 Analyses

Nous avons analysé l'évolution de la gestualité dans nos données sous deux angles: la nature des énoncés produits par les deux enfants (linguistiques, mixtes verbo-gestuels ou gestuels) et la gestualité exprimant le confort ou l'insécurité chez l'enfant. En premier lieu, nous présenterons nos résultats concernant l'évolution et la distribution des différents types d'énoncés dans les productions orales des deux types d'enfant. Ensuite, nous étudierons les résultats sur l'insécurité chez l'enfant à travers la gestualité.

6.1 Les différents types d'énoncés

Les tableaux ci-après résument l'évolution et la distribution des différents types d'énoncés dans les productions orales de chaque type d'enfant en turc et en français:

Tableau 1: Nombre et pourcentage d'énoncés verbaux, mixtes verbo-gestuels et gestuels dans les productions orales en turc des deux types d'enfant en fonction de l'âge.

TURC	Asli (Type 1)		Yelda (Type 2)	
	2;10 ans[19]	4;6 ans[20]	2;10 ans	4;6 ans
Enoncés verbaux	7 (4,9 %)	21 (28 %)	24 (36 %)	24 (33 %)
Enoncés mixtes verbo-gestuels	56 (39 %)	47 (63 %)	43 (64 %)	34 (47 %)
Enoncés gestuels	80 (56 %)	6 (8 %)	0 (0 %)	14 (19 %)
Total d'énoncés	143	74	67	72

Tableau 2: Nombre et pourcentages d'énoncés verbaux, mixtes verbo-gestuels et gestuels dans les productions orales en français des deux types d'enfant en fonction de l'âge.

FRANCAIS	Asli (Type 1)		Yelda (Type 2)	
	2;10 ans	4;6 ans	2;10 ans	4;6 ans
Enoncés verbaux	0 (0 %)	22 (56 %)	5 (24 %)	38 (32 %)
Enoncés mixtes verbo-gestuels	0 (0 %)	8 (20 %)	15 (71 %)	58 (49 %)
Enoncés gestuels	10 (100 %)	9 (23 %)	1 (5 %)	21 (18 %)
Total d'énoncés	10	39	21	117

---

[19] Age de l'enfant à la première séance d'enregistrement réalisée, au début de la petite section de maternelle, au deuxième mois de scolarisation.

[20] Age de l'enfant à la dernière séance d'enregistrement réalisée, à la fin de la moyenne section de maternelle, vingt-et-un mois après le début de leur scolarisation.

6.1.1 Les énoncés gestuels

Colletta et Batista (2010) affirment que l'emploi des énoncés gestuels diminue fortement dans les productions des enfants monolingues français âgés de deux ans et plus où il ne dépasse pas 7 %. Même si le passage de 56 % à 2;10 à 8 % d'énoncés gestuels à 4;6 chez l'enfant Type 1 en turc semble confirmer ce résultat, le taux assez élevé de 23 % dans les productions en français nous interpelle. Est-ce la trace d'un processus d'acquisition du français en contexte scolaire encore très fragile? De plus, nous pouvons également observer que la proportion des énoncés gestuels passe de 0 % à 2;10 ans à 19 % à 4;6 ans en turc et de 5 % à 18 % en français aux mêmes périodes chez l'enfant Type 2. Cette augmentation chez l'enfant Type 2 nous empêche donc d'affirmer que l'emploi d'énoncés gestuels diminue avec l'âge. L'augmentation d'énoncés gestuels chez l'enfant Type 2 en turc et en français pose la question de l'acquisition bilingue. Dans ses deux langues, l'enfant Type 2 continue de produire une quantité d'énoncés gestuels pour s'exprimer, ce qui ne confirme pas les résultats des chercheurs. Cependant, à ce stade, il serait préférable de garder la prudence au niveau des analyses et observer les résultats des autres sujets Type 2 pour voir s'ils confirment ou infirment ce phénomène observé chez Yelda.

6.1.2 Les énoncés mixtes verbo-gestuels

Nous remarquons à nouveau des différences entre l'enfant Type 1 et l'enfant Type 2 au niveau des énoncés mixtes verbo-gestuels. Chez l'enfant Type 1, les énoncés mixtes verbo-gestuels augmentent visiblement avec l'âge dans ses productions en turc et en français alors qu'ils baissent chez l'enfant Type 2 dans les deux langues. En même temps, l'énoncé mixte verbo-gestuel est le type d'énoncé le plus produit par l'enfant Type 2 – malgré une baisse de sa proportion avec l'âge – dans ses deux langues à 2;10 ans comme à 4;6 ans. Ces résultats confirment ceux de Colletta et Pellenq (2009) qui notent une augmentation régulière des gestes coverbaux avec l'âge. Or chez l'enfant Type 1, c'est seulement dans ses énoncés en turc produits à 4;6 ans que les énoncés mixtes verbo-gestuels constituent la majorité des énoncés produits.

6.1.3 Les énoncés verbaux

Quant aux énoncés verbaux, nous pouvons noter une augmentation très nette avec l'âge chez l'enfant Type 1, dans ses productions à la fois en turc et en français. En turc, alors qu'ils ne constituaient qu'environ 5 % de ses énoncés à 2;10 ans, les énoncés verbaux constituent 28 % de ses énoncés à 4;6 ans. Le type d'énoncé que l'enfant Type 1 produit le plus à 4;6 reste cependant l'énoncé mixte verbo-gestuel avec une proportion de 63 % contre 8 % d'énoncés gestuels. En français, totalement absents à la première séance d'enregistrement, les énoncés verbaux n'apparaissent que très tardivement[21] mais constituent 56 % des énoncés de l'enfant Type 1 contre 23 % d'énoncés gestuels et 20 % d'énoncés mixtes verbo-gestuels. Autrement dit, l'enfant Type 1 remplace les énoncés gestuels par les énoncés verbaux en français, ce qui montre que le français est bien acquis vingt-et-un mois après le début de la scolarisation et ce qui rejoint également le développement gestuel typique décrit par les chercheurs. Or en turc, nous pouvons voir que l'enfant Type 1 remplace toujours les énoncés gestuels mais cette fois par des énoncés mixtes verbo-gestuels à la place des énoncés verbaux comme en français. La scolarisation ne contribuerait donc pas au développement du turc comme elle contribue à celui du français, ce qui nous permet de remettre en cause la place du turc à l'école française.

Quant à l'enfant Type 2, en turc, il produit déjà à 2;10 ans autant d'énoncés verbaux que l'enfant Type 1 qui ne commence à en produire qu'à 4;6 ans. En même temps, toujours en turc, nous n'observons presque aucune évolution du pourcentage des énoncés verbaux au fil de l'âge. L'enfant Type 2 ne produit pas plus d'énoncés verbaux en turc à 4;6 ans qu'il n'en produisait à 2;10 ans. Cependant, en français, nous pouvons observer une augmentation des énoncés verbaux avec l'âge, même si elle n'est pas si importante que l'augmentation observée chez l'enfant Type 1. Néanmoins le type d'énoncé le plus produit par l'enfant Type 2 demeure l'énoncé mixte verbo-gestuel dans les deux langues.

Si nous prenons en considération le fait que la proportion de pures verbalisations croît régulièrement avec l'âge chez l'enfant monolingue français (Colletta/Batista 2010), nous pouvons affirmer que les résultats des enfants bilingues franco-turcs rejoignent ceux des monolingues français. Effectivement, nous observons une augmentation des énoncés verbaux dans les productions des deux types d'enfant et ce pour les deux langues. Cependant, cette augmentation n'est pas identique chez l'enfant Type 1 et l'enfant Type 2. En effet, que ce soit en turc ou en français, cette augmentation est plus marquée pour l'enfant Type 1 qui part d'une quasi-absence d'énoncés verbaux. L'augmentation est moins importante, mais toujours présente, chez l'enfant Type 2 qui, lui, produit déjà des énoncés verbaux à 2;10 ans. De plus, malgré une augmentation des énoncés verbaux avec l'âge, le type d'énoncé le plus produit par l'enfant Type 2 reste l'énoncé mixte verbo-gestuel dans les deux langues à 2;10 ans comme à 4;6. Chez l'enfant Type 1, en turc, la proportion la plus importante appartient également aux énoncés mixtes verbo-gestuels à 4;6 ans. C'est uniquement en français que l'enfant Type 1 remplace avec l'âge ses énoncés gestuels en grande partie par des énoncés verbaux.

Un autre aspect qu'il faut prendre en compte est l'allongement et la complexification des énoncés verbaux au fil de l'âge. Colletta et Batista (2010)

---

[21] Une analyse approfondie des séances d'enregistrement intermédiaires serait nécessaire afin de mieux cerner le développement des énoncés verbaux et verbo-gestuels qui ne sont pas présents dans les productions orales en français de l'enfant Type 1 à la première séance d'enregistrement.

montrent, toujours pour l'enfant monolingue français, que la proportion de verbalisations à un mot décroît fortement au fil de l'âge, passant de 43 % des verbalisations de l'enfant de moins de deux ans à 20 % seulement chez l'enfant âgé de plus de trois ans, et ce essentiellement au profit des verbalisations longues qui passent d'un tiers des productions chez le jeune enfant à deux tiers des productions chez l'enfant âgé de plus de trois ans. Ce phénomène s'observe également chez les enfants bilingues franco-turcs mais à nouveau avec des différences inter-groupes. En effet, les verbalisations s'allongent et se complexifient pour les deux types d'enfants. Cependant, si nous analysons plus profondément, nous pouvons remarquer que l'évolution des verbalisations est davantage quantitative pour l'enfant Type 1 alors qu'elle est plutôt qualitative pour l'enfant Type 2. Autrement dit, l'enfant Type 1 connait une augmentation très importante de ses énoncés verbaux mais ces derniers n'augmentent pas en nombre de mots ni en complexité au même degré que les énoncés verbaux de l'enfant Type 2. Inversement, les énoncés verbaux de l'enfant Type 2 s'allongent et se complexifient davantage que ceux de l'enfant Type 1 mais leur augmentation reste plus modeste.

Pour résumer, nous pouvons déjà observer que les résultats diffèrent beaucoup en fonction des deux types d'enfant. Le type d'énoncé le plus employé par l'enfant Type 1 en turc (56 %) et en français (100 %) à 2;10 était l'énoncé gestuel. Ce dernier devient l'énoncé le moins employé (8 %) en turc et un des moins employés (23 %) en français à 4;6 ans. Ils cèdent leur place aux énoncés mixtes verbo-gestuels en turc (63 %) et aux énoncés verbaux en français (56 %). Or l'enfant Type 2 reste plutôt stable dans son usage et privilégie les énoncés mixtes verbo-gestuels à tout âge et dans ses deux langues.

6.2 Les gestes de confort et d'insécurité

En plus d'accompagner le développement langagier, la gestualité nous donne également des indications sur l'état psychologique de nos sujets. Il est important de s'y intéresser du moment où nous travaillons avec des êtres humains, voire indispensable lorsqu'il s'agit d'enfants. De plus, dans le cas de notre recherche, nos sujets sont dans une situation qui nécessite une attention particulière. En effet, il s'agit d'enfants de familles issues de l'immigration dont la langue première est une langue dévalorisée dans leur pays d'accueil. Déjà confrontés aux problèmes de statut des langues au quotidien, les enfants turcs ne trouvent aucune place à l'école pour la langue de la maison. Loin d'être accepté, voire toléré, le turc, comme toute autre langue en dehors du français, est interdit à l'école française, qui on le sait, ne présente pas les mêmes chances de réussite à tous les enfants (Larzul 2010). Ces enfants, qui sont pourtant des bilingues émergents dès leur rentrée en maternelle, n'y sont malheureusement pas considérés comme tels, leur bilinguisme restant ignoré et invisible (Helot 2007). Ceci signifie que ces enfants doivent gérer eux-mêmes le manque de contact entre leurs deux langues et passer d'une langue à l'autre lorsqu'ils sont à l'école où seul le français est permis. Plongés en submersion dès 3 ans, sans aucun soutien dans leur première langue à l'école, il n'est pas sans utilité d'en observer les effets sur leur gestualité.

Lorsque nous observons la gestualité des deux types d'enfant, il n'est pas difficile de repérer celui qui a le plus de mal à trouver sa place à l'école.[22] Avant même de commencer à observer la gestualité, le contact a été difficile avec l'enfant Type 1. Les deux premières séances d'observation ont été douloureuses car l'enfant n'était pas à l'aise en dehors de la salle de classe.[23] Inséparable de sa tétine et de son doudou, elle a souvent fait des gestes de refus (hochement de tête) et d'anxiété (succion accélérée de sa tétine à chaque tentative de prise de contact par l'expérimentateur) aussi bien lors de la séance en turc qu'en français. Aux dernières séances, même après vingt-et-un mois de scolarisation, la gestualité de l'enfant était toujours marquée par ce sentiment d'insécurité lors des séances en français mais aussi en turc. Elle a souvent exprimé de la crainte et de l'appréhension (en tirant sur les manches de ses vêtements), de l'anxiété (en mettant les doigts dans la bouche), de l'ennui (en se prenant la tête entre les bras) et un sentiment de défense (en croisant les bras) (Morris 1994). Nous pouvons expliquer ce sentiment d'insécurité lors des séances en français par le sentiment d'insécurité linguistique en français. Le même sentiment qui se poursuit lors des séances en turc peut être dû au fait de parler à l'école (même si nous ne sommes pas en classe) une langue dont l'enseignant essayait d'empêcher la pratique en classe. Quant à l'enfant Type 2, il n'a manifesté aucun geste d'insécurité à aucun moment donné. Bien au contraire, il a fait beaucoup de gestes de confort (croiser les bras derrière la tête, croiser les jambes, etc.).

Une étude de la gestualité corporelle est donc aussi très importante à prendre en compte car elle révèle l'état psychologique dans lequel se trouvent les sujets que nous étudions. Ce qui est étonnant est de constater, en ce qui concerne ces deux enfants, qu'ils agissent exactement de la même manière quelle que soit la langue de la séance d'observation ou l'âge de l'enfant. Evidemment, l'analyse gestuelle de la totalité de nos sujets nous permettra d'approfondir nos constats.

---

[22] Précisons que nous étions prévenues des conséquences de notre choix de contexte péri-scolaire pour la réalisation du recueil de données.

[23] Les séances d'enregistrement étaient réalisées dans l'école mais en dehors de la salle de classe, dans une salle dédiée à cette activité où nous nous rendions avec l'enfant pour chaque séance. Nous accompagnions ensuite l'enfant à la salle de classe en fin de séance.

7 Conclusion et discussion

Nos résultats montrent que la situation d'acquisition bilingue spécifique de chaque enfant à la maison ainsi que leur contexte scolaire monolingue impactent, d'une manière ou d'une autre, le développement de leur gestualité qui montre des différences sur deux aspects que nous avons analysés.

En ce qui concerne l'évolution des types d'énoncés produits par les enfants, elle ne présente pas les mêmes caractéristiques en fonction des pratiques langagières de leur famille. Deux phénomènes attirent particulièrement notre attention: premièrement, dans le cas de l'enfant Type 1, le pourcentage d'énoncés gestuels diminue remarquablement avec l'âge, confirmant les résultats des chercheurs. Par contre, chez l'enfant Type 2, ce pourcentage augmente sensiblement. A ce stade, nous nous limitons à nous demander à quoi peut être due cette augmentation qui va à l'encontre des résultats que présentent les enfants monolingues. Le second phénomène intéressant est que le pourcentage des énoncés verbaux qui augmentent chez les deux enfants, confirmant à nouveau les résultats des chercheurs pour les enfants monolingues, ne constitue pourtant pas la même proportion chez les deux enfants En effet, ce n'est que dans les productions en français de l'enfant Type 1 à 4;6 ans que les énoncés verbaux dominent alors que l'enfant Type 2 privilégie les énoncés mixtes verbo-gestuels à tout âge et dans chacune de ses deux langues. Notre prochain objectif est d'essayer de mieux comprendre ce phénomène en analysant le résultat de la totalité de nos sujets.

Quant à la question du sentiment d'insécurité ou de confort qui se reflète sur la gestualité des enfants, nous devons préciser que nous avons fait le choix de recueillir nos données dans un contexte scolaire monolingue avec des enseignants qui n'ont pas été formés pour accueillir des enfants bilingues et non pas en contexte informel à la maison. Ceci explique sans doute les gestes d'insécurité chez l'enfant Type 1, même en turc, d'où l'importance de relativiser les résultats pour les autres types de geste pour cet enfant. Par ailleurs, l'enfant Type 2, du fait des pratiques langagières familiales de ses parents, semble mieux préparé pour l'école maternelle française qui, rappelons-le, est une école et non pas un jardin d'enfants.

Ainsi l'étude de la gestualité des enfants bilingues demande une attention au contexte de développement langagier plus fine que pour les enfants monolingues puisque lorsque deux langues sont en contact, se jouent des rapports d'inégalité entre les langues et donc entre leurs locuteurs. Or nous le savons, les enfants sont sensibles à ces phénomènes d'inégalité dès leur plus jeune âge. Ceci dit, il nous semble que notre étude pourrait permettre une meilleure compréhension de la part des enseignants en maternelle envers les jeunes enfants bilingues franco-turcs: leur donner une sécurité affective leur permettant de s'exprimer dans leurs deux langues et admettre qu'il faut du temps pour que l'enfant Type 1 acquière la langue de l'école quand elle est peu utilisée en famille. Ceci veut dire que les enseignants devraient inclure le turc dans la classe, par exemple, sous formes d'albums bilingues de chants et comptines et de salutations journalières pour faciliter un développement harmonieux du bilinguisme chez leurs jeunes élèves.

Références

Akinci, Mehmet-Ali (2003): Une situation de contact de langues: le cas turc-français des immigrés turcs en France. In: Billiez, Jacqueline (dir.): Contacts de langues. Paris: L'Harmattan, p. 127-144

Alibali, Martha W./Kita, Sotaro/Young, Amanda J. (2000): Gesture and the process of speech production: We think, therefore we gesture. In: Language and Cognitive Processes 15, p. 593-613

Bates, Elizabeth/Benigni, Laura/Bretherton, Inge/Camaloni, Luigia/Volterra, Virginia (1979): The Emergence of Symbols: Cognition and Communication in Infancy. New York: Academic Press

Birdwhistell, Ray L. (1952): Introduction to Kinesics: An Annotation System for the Analysis of Body Motion and Gesture. Washington, DC: Foreign Service Institute, U.S. Department of State

Bruner, Jerome (1975): From communication to language: A psychological perspective. In: Cognition 3, p. 255-287

Bruner, Jerome (1983): Child's Talk: Learning to Use Language. New York: Norton

Butcher, Cynthia/Goldin-Meadow, Susan (2000): Gesture and the transition from one- to two-word speech: When hand and mouth come together. In: McNeill, D. (ed.): Language and Gesture. Cambridge: Cambridge University Press, p. 235-257

Butterworth, George (2003): Pointing is the royal road to language for babies. In: Kita, S. (ed.): Pointing: Where Language, Culture, and Cognition Meet. Hillsdale, NJ: Erlbaum

Capirci, Olga/Iverson, Jana/Pizzuto, Elena/Volterra, Virginia (1996): Gestures and words during the transition to two-word speech. Journal of Child Language 23, p. 645-673

Capirci, Olga/Caselli, Maria C./Iverson, Jana/Pizzuto, Elena/Volterra, Virginia (2002): Gesture and the nature of language in infancy: The role of gesture as a transitional device en route to two-word. In: Armstrong, D.F./Karchmer, M.A./van Cleve, J.V. (eds): Essays in Honor of William C. Stokoe. The Study of Signed Languages. Washington, DC: Gallaudet University Press, p. 213-246

Cartmill, Erica A./Demir, Özlem E./Goldin-Meadow, Susan (2012): Studying gesture. In: Hoff, Erika (ed.): Research Methods in Child Language: A Practical Guide. Oxford: Blackwell, p. 208-225

Cesaro Rouet, Lisa/Pinter, Béatrice/Gabriel, Evelyne-Esther/Tessier, Michèle (2007): L'école maternelle, enfin expliquée aux parents. Hachette: Paris

Colletta, Jean-Marc (2000): A propos de la catégorisation fonctionnelle des kinèmes co-verbaux. In: Actes des XXIIIèmes Journées d'Etude sur la Parole, Aussois-France, 19-23 juin 2000, p. 229-232

Colletta, Jean-Marc (2004): Le développement de la parole chez l'enfant âgé de 6 à 11 ans. Hayen (Belgique): Mardaga

Colletta, Jean-Marc (2009): Comparative analysis of children's narratives at different ages: A multimodal approach. In: Gesture 9, 1, p. 61-97

Colletta, Jean-Marc/Batista, Aurore (2010): Premières verbalisations, gestualité et conduites bimodales: données et questions actuelles. In: Rééducation orthophonique 241, p. 21-34

Colletta, Jean-Marc/Pellenq Catherine (2009): Multimodal explanations in French children aged from 3 to 11 years. In: Nippold, N./Scott, C. (eds.): Expository Discourse in Children, Adolescents, and Adults. Development and Disorders. New York: Psychology Press, p. 63-97

Cosnier, Jacques (1974): Les aspects non verbaux de la communication duelle. In: Bulletin audiophonologie 5, p. 193-209

Cosnier, Jacques (1997): Sémiotique des gestes communicatifs. In: Nouveaux Actes Sémiotiques 52, p. 7-28

De Houwer, Annick (2009): An Introduction to Bilingual Development. Bristol: Multilingual Matters

Efron, David (1941): Gesture, Race and Culture. The Hague: Mouton

Ekman, Paul/Friesen, Wallace V. (1969): The repertoire of nonverbal behavioral categories. In: Semiotica 1, p. 49-98

Goldin-Meadow, Susan (1999): The role of gesture in communication and thinking. In: Trends in Cognitive Science 3, p. 419-429

Goldin-Meadow, Susan/Butcher, Cynthia (2003): Pointing toward two-word speech in young children. In: Kita, S. (ed.): Pointing: Where Language, Culture, and Cognition Meet. Mahwah, N.J.: Erlbaum, p. 85-107

Gonac'h, Jeanne (2012): De l'effet des pratiques de la langue d'origine en famille sur la compétence dans la langue du pays d'installation. In: Les Cahiers du GEPE

Graziano, Maria (2009): Le développement de la relation entre les compétences verbale et gestuelle dans la construction d'un texte narratif chez l'enfant âgé de 4 à 10 ans. Thèse de doctorat, Université de Stendhal, Grenoble et Universita degli Studi Suor Orsola Benincasa, Napoli, juin 2009

Hélot, Christine (2007): Du bilinguisme en famille au plurilinguisme à l'école. Paris: L'Harmattan

Hélot, Christine (2013): Le développement langagier du jeune enfant en contextes bilingue et plurilingue. Quels enjeux éducatifs pour les structures d'accueil de la petite enfance? In: Hélot, C./Rubio, M.-N. (eds): Développement du langage et plurilinguisme chez le jeune enfant. Toulouse: érès, p. 41-60

INSEE (2005): Les immigrés en France. Paris: Insee

Iverson, Jana Marie/Goldin-Meadow, Susan (eds) (1998): The nature and functions of gesture in children's communication. In: New Directions for Child Development 79. San Francisco: Jossey-Bass

Iverson, Jana Marie/Goldin-Meadow, Susan (2005): Gesture paves the way for language development. In: Psychological Science 16, p. 367-371

Iverson, Jana Marie/Thelen, Esther (1999): Hand, mouth and brain: The dynamic emergence of speech and gesture. In: Journal of Consciousness Studies 6, 19-40

Kail, Michèle (2012): L'acquisition du langage. Paris: Presses Universitaires de France

Kendon, Adam (1972): Some relationships between body motion and speech. In: Siegman, A./Pope, B. (eds): Studies in Dyadic Communication. New York: Pergamon Press, p. 177-210

Kendon, Adam (1980): Gesticulation and speech: Two aspects of the process of utterance. In: Key, M.R. (ed.): The Relation between Verbal and Nonverbal Communication. The Hague: Mouton, p. 207-227

Kendon, Adam (ed.) (1981): Nonverbal Communication, Interaction, and Gesture. The Hague: Mouton

Kita, Sitaro/Özyürek, Asli (2003): What does cross-linguistic variation in semantic coordination of speech and gesture reveal? Evidence for an interface representation of spatial thinking and speaking. In: Journal of Memory and Language 48, p. 16-32

Larzul, Stéphane (2010): Le rôle du développement des théories de l'esprit dans l'adaptation sociale et la réussite à l'école des enfants de 4 à 6 ans. Thèse de doctorat non publiée. Rennes: Université de Rennes 2

Macrory, Gee (2006): Bilingual language development: What do early years practitioners need to know? In: Early Years: An International Research Journal 26, 2, p. 159-169

McLaughlin, Barry (1984): Second Language Acquisition in Childhood. Volume 1: Pre-school Children. Hillsdale, NJ: Erlbaum

McNeill, David (1992): Hand and Mind. What Gestures Reveal about Thought. Chicago: University of Chicago Press

McNeill, David (ed.) (2000): Language and Gesture. Cambridge: Cambridge University Press

Meisel, Jürgen M. (ed.) (1990): Two First Languages. Early Grammatical Development in Bilingual Children. Dordrecht: Foris

Morgenstern, Aliyah (2009): L'enfant dans la langue. Paris: Presses Sorbonne Nouvelle

Morris, Desmond (1994): Bodytalk: The Meaning of Human Gestures. New York: Crown Trade Paperbacks

Özçaliskan, Seyda/Goldin-Meadow, Susan (2005): Do parents lead their children by the hand? In: Journal of Child Language 32, p. 481-505

Passerieux, Christine (2009): La maternelle: Première école, premiers apprentissages. Lyon: Chronique Sociale

Scheflen, Albert E. (1973): Communicational Structure. Indiana University Press

So, Wing Chee/Demir, Özlem E./Goldin-Meadow, Susan (2010): When speech is ambiguous, gesture steps in: Sensitivity to discourse-pragmatic principles in early childhood. In: Applied Psycholinguistics 31, p. 209-224

Swain, Merrill (1972): Bilingualism as a first language. PhD dissertation, University of California at Irvine

Varro, Gabrielle (2004): Acquired knowledge and burning questions about family bilingualism. A new vernacular? In: Rodriguez-Yanes, X.P./Lorenzo-Suarez, A.M./Ramallo, F. (eds): Bilingualism and Education: From the Family to the School. Frankfurt: Lincom Europa, p. 75-91

Werner, Heinz/Kaplan, Bernard (1963): Symbol Formation. Hillsdale, NJ: Erlbaum

Wundt, Wilhelm (1973): The Language of Gestures. The Hague: Mouton

YAN-ZHEN CHEN

L'enseignement du chinois standard en France: politiques linguistiques et enjeux éducatifs[1]

Abstract

This chapter describes the teaching of Standard Chinese as a foreign language in France and analyses how the key notions of the Common European Framework of Reference for Languages (CEFR), such as *plurilingual repertoire* and *plurilingual competence*, are introduced in the official curricula, from elementary school to high school, since the integration of the CEFR in the teaching of foreign languages.

1 Introduction

Suite à l'intégration du CECRL (Cadre Européen Commun de Référence pour les Langues, Conseil de l'Europe 2001) dans l'enseignement du chinois standard[2] en tant que langue étrangère en France, nous aimerions montrer comment des notions clés du CECRL comme *le répertoire plurilingue* et *la compétence plurilingue* sont introduites dans les programmes officiels, de l'école primaire jusqu'au lycée. En analysant ces programmes officiels à l'aune de cette question, nous essayons de faire émerger les interprétations des décideurs de politique éducative concernant la notion de plurilinguisme dans l'enseignement du chinois standard en tant que langue étrangère en France.

Après une note terminologique, nous présenterons les différents modèles d'enseignement du chinois standard en France afin d'expliquer le contexte de notre recherche et nous analyserons ensuite comment l'enseignement de cette langue s'est organisé face au mouvement de promotion du plurilinguisme en Europe.

---

[1] Nous tenons à remercier chaleureusement le Dr. Marie Bizais, Directrice du Département d'Études Chinoises de l'Université de Strasbourg, pour ses conseils lors de la rédaction de cet article.

[2] Une note sur la terminologie sera abordée ci-dessous.

2 Note préliminaire: Terminologie

En France, quand on parle de «chinois», on désigne la langue officielle de la République Populaire de Chine (RPC) et de la République de Chine (Taïwan), langue qui est dénommée *pǔtōnghuà* 普通话 (langue commune) en RPC, et *guóyǔ* 國語 (langue nationale) à Taïwan.

En Chine, on classe également les langues par ethnie, avec par exemple le hànyǔ 汉语 (les langues de l'ethnie Han), le *miáoyǔ* 苗语 (les langues de l'ethnie Miao ou langues Hmong) ou le *ménggǔyǔ* 蒙古语 (les langues de l'ethnie mongole ou langues mongoles). Au sein des langues de l'ethnie Han, on trouve le *pǔtōnghuà* 普通话 (langue commune), le *wúyǔ* 吴语 (le wu), le *yuèyǔ* 粤语 (le cantonais), le *gànyǔ* 赣语 (le gan), le *kèjiāhuà* 客家话 (le hakka), le *mǐnyǔ* 闽语 (le min), et le *xiāngyǔ* 湘语 (le xiang). Enfin, chacune de ces langues compte encore des variétés/dialectes. D'après Paris (2011, 998) et Peyraube (2011, 979), ces langues ne sont pas intercompréhensibles à l'oral.

Nous nous intéressons ici au *pǔtōnghuà* 普通话 (langue commune). Sa prononciation a été standardisée en 1956 principalement selon les normes des langues nordiques de la Chine. Quant à sa grammaire, elle a été d'abord calquée sur le *báihuà* 白话 (langue vernaculaire littéraire utilisée depuis les dynasties Song – entre 960 et 1279 – et Yuan – entre 1279 et 1368) (Peyraube 2011, 979).

Certaines personnes font référence au «chinois» sous le terme de «mandarin». Mais ce terme ne lève pas non plus l'ambiguïté de dénomination. En effet, «mandarin» a d'abord été le terme occidental utilisé pour désigner les fonctionnaires de l'Empire Chinois. Puis, on a utilisé le même terme pour désigner leur langue de travail, soit le *guānhuà* 官话 (langue de mandarin) en *pǔtōnghuà* 普通话 (langue commune). D'après Coblin (2003), on compte au sein de *guānhuà* 官话 (langue de mandarin) une variété méridionale et une variété nordique. Au début du 18ème siècle, la variété méridionale de *guānhuà* 官话 (langue de mandarin) a été considérée comme une langue très prestigieuse et dans une position dominante par rapport à la variété nordique. Mais durant le 19ème siècle, la variété nordique du *guānhuà* 官话 (langue de mandarin) est devenue la langue préférée de la cour et des missionnaires occidentaux. La langue de mandarin ayant un registre soutenu, elle est très différente du *pǔtōnghuà* 普通话 (langue commune), une langue que l'on utilise dans la vie courante. De plus, entre le *guānhuà* 官话 (langue de mandarin) et le *pǔtōnghuà* 普通话 (langue commune), il existe également de nombreuses différences de prononciation.

Les recherches sinologiques francophones n'utilisent pas de terme fixe pour désigner le *pǔtōnghuà* 普通话 (langue commune). Nous trouvons des recherches employant des termes comme chinois (Alleton 1997), mandarin (Coyaud s.d.), chinois mandarin (Lam/Vinet 2005; Vinet/Zhou 2003) ou chinois standard (Saillard 2000; Belotel-Grenié/Grenié 1997). Pour faciliter la lecture du présent article tout en tenant compte de la complexité de la dénomination ainsi que pour respecter la diversité linguistique en Chine, nous avons décidé d'utiliser le terme «chinois standard» plutôt que celui de «chinois» tout court. Cependant, quand il s'agit d'une citation, l'emploi du terme utilisé par l'auteur sera respecté et cité tel quel.

3 Contextualisation: le chinois standard, un enseignement prenant de plus en plus d'ampleur en France

3.1 Historique

En 1814, le Collège de France a créé la première chaire de langues et littératures chinoises et tartares-mandchoues dont l'enseignement s'est élargi progressivement à l'ensemble de la sinologie (Annuaire du Collège de France 2010). En 1840, les cours de chinois moderne[3] se sont implantés pour la première fois dans l'enseignement supérieur à l'Institut National des Langues et Civilisations Orientales (Bergère/Pino 1995). Ensuite, l'enseignement du chinois standard a fait sa première apparition dans le secondaire en 1958 au lycée de Montgeron dans l'Essonne (Bel Lassen 2004).

3.2 Situation actuelle

L'enseignement du chinois standard est devenu de plus en plus courant en France et on trouve des traces du succès de cette langue dans la presse. *Le Monde* a même publié deux articles consécutivement en quatre mois (le 23 avril 2013 et le 3 septembre 2013) avec différents témoignages sur le fort développement de l'enseignement du chinois standard en France. Une des motivations la plus souvent mentionnée dans ces articles est la puissance économique et le développement actuel de la Chine. Considérant le chinois standard comme un atout sur le marché de travail, les jeunes Français seraient motivés pour apprendre cette langue. Sinon, l'apprentissage du chinois standard peut également être un choix stratégique pour rentrer dans une bonne école, autre que son école de quartier et ainsi contourner la carte scolaire. En dehors de ces deux motivations mentionnées dans la presse, selon notre expérience d'enseignement, nous avons également rencontré des apprenants qui s'intéressaient au chinois standard pour des raisons telles que la curiosité de découvrir une culture lointaine et l'envie d'affronter un défi linguistique.

Selon les statistiques du Ministère de l'Éducation Nationale (RERS 2013), à la rentrée en 2012, le chinois standard est la cinquième[4] langue la plus étudiée

---

[3]   Ce terme est utilisé pour désigner le chinois du XVe siècle au milieu du XIXe siècle (Peyraube 2011, 983-984).

[4]   Le nombre d'effectif est calculé sans tenir compte de statuts LV1, LV2 et LV3.

dans le secondaire en France (avec 27 188 élèves, soit 0,5 % des élèves du second degré), après l'anglais (98,5 %), l'espagnol (45,4 %), l'allemand (15,3 %), et l'italien (4,2 %). D'après le discours de l'Inspecteur général de chinois Joël Bel Lassen (cité dans *le Monde* du 3 septembre), à la rentrée 2013, le chinois standard se trouve enseigné dans toutes les académies de France, même celles des départements ou territoires d'Outre-Mer (hormis la Guadeloupe et Mayotte).[5] Aussi, en cette rentrée, les effectifs des élèves apprenant le chinois standard a-t-il augmenté de dix pour cent par rapport à la rentrée dernière (2012), soit 33 500 collégiens et lycéens et 4 500 écoliers, une croissance si forte que le Ministère de l'Éducation Nationale a ouvert une quarantaine de postes au CAPES (Certificat d'Aptitude au Professorat de l'Enseignement du Second degré) en 2013. Quant à l'enseignement du chinois standard dans l'enseignement supérieur, d'après le constat de Bel Lassen (2013), on trouve «28 départements universitaires dispensant un enseignement long LLCE[6] ou LEA[7], soit un total de 5 000 étudiants de spécialité environ … 150 universités, instituts et grandes écoles dispensant des cours de chinois (initiation, enseignement court, diplôme d'université), soit 12 000 étudiants non spécialistes».

En France, malgré le fait que le cantonais reste une langue utile pour faire du commerce en Asie, on apprend tout de même plus souvent le chinois standard. Concernant l'initiation à la prononciation, cet apprentissage est basé sur le *pinyin* et l'écrit, quant à lui, est basé sur le caractère simplifié. Le *pinyin* est un système de transcription phonétique utilisé en RPC, et les caractères simplifiés sont un système d'écriture utilisé en RPC et à Singapour. Ces deux systèmes ont été élaborés dans les années cinquante par la RPC à des fins politiques, notamment en vue de romaniser le chinois standard et de faciliter l'enseignement et la diffusion de cette langue en Chine et à l'étranger.

3.3 Les différents modèles d'enseignement du chinois standard en France

Sans mentionner les centres de langues privés ou financés par la RPC comme les Instituts Confucius, le chinois standard est enseigné en tant que 1ère, 2ème ou 3ème langue vivante étrangère[8] dans le système éducatif français. De l'école primaire jusqu'au lycée, le chinois standard est enseigné dans le cadre de différents dispositifs qui représentent différents choix d'enseignement du chinois standard selon le profil des élèves. Tous ces dispositifs sont complexes dans

---

[5]   D'après le recensement de l'Association Française des Professeurs de Chinois (http://afpc.asso.fr/).

[6]   Langues, Littératures et Civilisations Étrangères.

[7]   Langues Étrangères Appliquées.

[8]   Dénommé LV1 (langue vivante 1), LV2 ou LV3 dans les programmes d'enseignement officiels du Ministère de l'Éducation Nationale. Les LV1 et LV2 sont obligatoires pour tous les élèves et la LV3 est facultative.

leurs fonctionnements. Nous proposons de décrire dans les grands traits leurs spécificités à partir des bulletins officiels (BO) régissant ces enseignements. Enfin, dans l'enseignement supérieur, on distingue l'enseignement du chinois standard pour les étudiants spécialistes d'une part et pour les étudiants non-spécialistes d'autre part.

3.3.1 Les sections internationales[9]: sections chinoises

Les sections internationales sections chinoises ont été créées en 2008 (Bel Lassen 2013). Elles commencent dès le cours préparatoire et continuent jusqu'à la classe de terminale (de 6 à 18 ans). Nous trouvons à la rentrée 2012 trente sections chinoises, dont dix-sept dans le secondaire.

Après des tests d'entrée comme condition d'admission, les sections chinoises regroupent dans une même classe les élèves natifs de chinois standard qui sont capables de suivre des cours en français et les élèves français déjà bilingues français-chinois qui sont capables de suivre des enseignements en chinois standard.

Le programme des sections internationales est le fruit d'une coopération entre le Ministère de l'Éducation Nationale en France et celui de la RPC. Les spécificités de programme varient selon le niveau: à l'école, les élèves reçoivent trois heures de cours de chinois standard par semaine; au collège et au lycée, en dehors des heures de langue chinoise standard LV1, se rajoutent chaque semaine quatre heures de littérature en chinois standard ou classique[10]. Par ailleurs, une heure et demie de cours de mathématiques en chinois standard complètent les heures normales d'enseignement des mathématiques en français.

En résumé, les sections internationales sections chinoises constituent un enseignement bilingue pour les élèves déjà bilingues (français-chinois standard) et dispensent presque dix heures d'enseignements en chinois standard chaque semaine dans le collège et le lycée.

3.3.2 Les sections européennes ou de langues orientales (SELO)[11]

Les SELO commencent quant à elles plus tard: elles débutent en quatrième et continuent jusqu'en classe de terminale (de 13 à 18 ans). D'après Bel Lassen (2013), il existe une vingtaine de SELO chinois standard. Ce dispositif, calqué sur le modèle des sections internationales, est proposé pour les élèves non natifs qui sont motivés et souhaitent approfondir leur maîtrise du chinois standard en tant que LV1 ou LV2.

Dans le cadre des sections orientales, l'élève reçoit au collège (classes de quatrième et troisième, de 13 à 15 ans) deux heures de cours en plus des heures

---

[9]   BO n°47 du 20 décembre 2012 et BO n°33 du 4 septembre 2008.
[10]   La langue administrative et littérale qui existait avant la fondation de la dynastie Qin (221 av. J.-C.) et dure jusqu'à la réforme linguistique du début du XXe siècle (Djamouri 2011, 984).
[11]   BO n°33 du 3 septembre 1992 et BO hors-série n°7 du 26 avril 2007.

normales hebdomadaires du chinois standard LV1 ou LV2. Puis, au lycée, en plus de ces heures, une discipline non linguistique, comme par exemple l'histoire-géographie[12], les mathématiques[13] ou parfois l'enseignement physique et sportif[14], est assurée en chinois standard.

Pour résumer, les SELO chinois standard sont aussi un modèle d'enseignement bilingue. Cependant, elles sont proposées pour les élèves non natifs de chinois standard et représentent un nombre d'heures moins important, soit cinq à six heures par semaine.

3.3.3 Les classes bilangues[15]

Les classes bilangues et les classes bilingues sont deux dispositifs différents à ne pas confondre. La classe bilingue en France est un dispositif qui se trouve «à l'école et au collège, classes où l'enseignement en langue régionale est dispensé sur le principe de la parité horaire en français et en langue régionale» (glossaire du site *Eduscol*, http://eduscol.education.fr/).

Dans le cas des classes bilangues, si les références que nous citons sont multiples, c'est parce qu'il n'existe pas de texte fondateur spécifique pour ce dispositif bilangue. Nous trouvons des explications plus ou moins claires dans les circulaires préparatoires pour les rentrées scolaires. Dans les circulaires de 2003 et 2004, on parle d'un enseignement de la LV2 «anticipé» qui commence dès la classe de sixième au lieu de la quatrième. Dans la circulaire de 2005, on propose d'offrir des enseignements d'anglais aux élèves qui ont choisi une LV1 autre que l'anglais à l'école, par le biais des classes bilangues. Mais aucune de ces circulaires ne définit clairement l'objectif, le contenu d'enseignement ou l'approche pédagogique des classes bilangues. De ce fait, nous trouvons une explication des classes bilangues dans l'académie de Rennes qui explique qu'il s'agit d'un enseignement d'une LV2 dès la classe de sixième; tandis que dans la définition de l'académie de Paris, il s'agit d'un enseignement de deux LV1 en simultané, soit par exemple un enseignement d'anglais LV1 et un enseignement de chinois standard LV1 aussi dès la première année du secondaire.

D'après le recensement de l'Association Française des Professeurs de Chinois, on trouve 104 classes bilangues situées dans presque toutes les académies en France, sauf pour les académies d'Aix-Marseille, de Besançon, de Dijon, de Guadeloupe, de Guyane, de Martinique, de Mayotte et de Reims. Dans les classes bilangues, les élèves reçoivent par exemple un enseignement extensif

---

[12]   Ex. Lycée Émile Zola de Rennes (http://www.citescolaire-emilezola-rennes.ac-rennes.fr/).
[13]   Ex. Lycée Louis le Grand de Paris (http://www.louislegrand.org/index.php).
[14]   Ex. Lycée François Magendie de Bordeaux (http://www.magendie.net/).
[15]   Circulaire n°2003-050 du 28-3-2003, Circulaire n°2004-015 du 27-1-2004, Circulaire n°2005-067, le glossaire du site *Éduscol* (le portail national des professionnels de l'éducation http://eduscol.education.fr/), le site de l'Académie de Paris (http://www.ac-paris.fr/portail/jcms/p6_191876/sections-bi-langues) et le site de l'Académie de Rennes (http://www.ac-rennes.fr/jahia/Jahia/site/academie2/accueil/pid/3322).

de l'anglais et du chinois standard: trois heures de cours hebdomadaire sont consacrées à chacune de ces langues. Ce dispositif dure tout au long du collège, autrement dit pour les élèves de 11 à 14 ans et n'est plus proposé au lycée.

3.3.4 Les enseignements extensifs de langues vivantes 1 et 2 (LV1 ou LV2)[16]

Le modèle d'enseignement du chinois standard le plus courant est celui de l'enseignement extensif. L'enseignement du chinois standard LV1 peut commencer en cours élémentaire première année et se poursuivre jusqu'en classe de terminale (de 7 à 18 ans). Le chinois standard en tant que LV2 commence en général en cinquième[17] (12 ans) et continue jusqu'en classe de terminale. Au niveau des volumes horaires, à l'école élémentaire, on enseigne une heure et demie de chinois standard LV1 par semaine. Puis au collège, le nombre d'heures de chinois standard LV1 passe d'abord à quatre heures (en sixième, 11 ans) puis descend à trois heures (de la cinquième à la troisième, de 12 à 14 ans) par semaine. Quant au cas du chinois standard LV2, il faut compter trois heures de cours par semaine à partir de la cinquième (12 ans).

Enfin, au lycée, le nombre d'heures pour LV1 et LV2 est globalisé: en seconde (15 ans), il représente au total cinq heures et demie par semaine; puis en première (16 ans), ce volume hebdomadaire descend à quatre heures et demie pour atteindre enfin quatre heures pour la classe de terminale. La répartition entre la LV1 et la LV2, autrement dit en ce qui nous concerne, le chinois standard (LV1 ou LV2) et une autre langue, varie selon l'établissement.

Par ailleurs, pour les élèves en série littéraire (à partir de la première, 16 ans), un parcours spécifique obligatoire et un parcours spécifique facultatif leur sont proposés. En ce qui concerne le parcours obligatoire, il s'agit de «Littérature étrangère en langue étrangère». Comme son nom l'indique, il s'agit d'un enseignement portant sur la littérature chinoise en chinois standard. Cette matière représente deux heures de cours par semaine en première et une heure et demie en terminale. Quant au parcours facultatif, il s'agit de «Langue vivante 1 ou 2 approfondie». L'objectif de cet enseignement approfondi est de renforcer les compétences comme la compréhension orale et la production orale. Cet enseignement correspond à un volume de trois heures de cours par semaine.

3.3.5 Les enseignements facultatifs ou d'exploration (LV3)[18]

À partir de la seconde (15 ans), les lycéens peuvent aussi choisir une troisième langue étrangère en tant qu'option facultative. L'enseignement du chinois

---

[16] BO hors-série n°8 du 30 août 2007, BO hors-série n°6 du 25 août 2005, BO hors-série n°7 du 26 avril 2007, BO spécial n°9 du 30 septembre 2010 et BO spécial n°4 du 29 avril 2010.

[17] Une LV2 commence en général en quatrième, mais d'après le bulletin officiel hors-série N°6 du 25 août 2005, l'apprentissage du chinois standard LV2 débute visiblement plus tôt que les autres langues.

[18] BO spécial n°9 du 30 septembre 2010 et BO spécial n°4 du 29 avril 2010.

standard LV3 est assuré à raison de trois heures par semaine pendant trois ans. Dans le cadre du chinois standard LV3, on privilégie davantage les compétences à l'oral, puis la reconnaissance des caractères et enfin la reproduction de caractères à l'écrit.

3.3.6 Le chinois standard au baccalauréat[19]

Avant de rentrer dans l'enseignement supérieur, les élèves apprenant le chinois peuvent se présenter aux épreuves de chinois standard au baccalauréat. À ce stade, les élèves de chinois standard LV1 et LV2 auront à la fois des épreuves écrites et orales. Les épreuves écrites ont pour but d'évaluer les compréhensions orale et écrite de l'élève. Pour les élèves en série littéraire, les épreuves de «Littérature étrangère en langue étrangère» et de «Langue vivante 1 ou 2 approfondie» sont uniquement à l'oral. Dans le cas du chinois standard LV3, seules les épreuves orales sont requises au baccalauréat. Quant aux épreuves orales, elles sont sous forme d'un exposé thématique suivi d'un entretien. L'ensemble des épreuves (orales et écrites) est organisé autour des thèmes prédéfinis par les programmes officiels.[20]

Quant aux élèves des sections internationales, des épreuves orales et écrites sur les mathématiques (en chinois standard) et la littérature chinoise sont ajoutées aux épreuves du baccalauréat. Tandis que pour les élèves des sections de langues orientales, une épreuve orale en chinois standard (un exposé suivi d'un entretien) sur la discipline non linguistique enseignée en chinois standard s'ajoute aux épreuves du baccalauréat.

3.3.7 Le chinois standard dans l'enseignement supérieur

Les cours de chinois standard à ce stade peuvent être classés en deux catégories d'enseignement: celui pour les étudiants spécialistes et celui pour les spécialistes d'autres disciplines (LANSAD; voir Shi 2010). Les universités étant autonomes en matière d'enseignement, il n'existe pas de programmes officiels qui encadrent les enseignements du chinois standard à ce niveau. Par ailleurs, au contraire de l'enseignement du chinois standard dans le contexte scolaire, l'enseignement du chinois standard dans l'enseignement supérieur se trouve principalement en France métropolitaine et à la Réunion. Dix-neuf[21] des trente-et-une académies que compte la France ont au moins une université qui propose une filière spécialisée en chinois standard.

---

[19] BO n°43 du 24 novembre 2011, BO n°9 du 1er mars 2012, «Sections internationales: examens et diplômes» de *Éduscol* (http://eduscol.education.fr/) et BO n°42 du 13 novembre 2003.

[20] À savoir «mythes et héros», «espaces et échanges», «lieux et forme du pouvoir» et «l'idée de progrès».

[21] D'après le recensement de l'Association Française des Professeurs de Chinois (http://afpc.asso.fr/).

Pour les spécialistes de chinois standard, on trouve des filières de Licence/ Master LLCE mention chinois (Langues, Littératures et Civilisations Étrangères) et de Licence/Master LEA anglais-chinois (Langues Étrangères Appliquées). La première est une filière où on approfondit les connaissances linguistiques (en chinois standard ou, dans certains établissements, chinois classique), historiques (de la préhistoire jusqu'à nos jours) et culturelles (de la RPC à la diaspora chinoise, en passant par Taïwan) et où l'on se forme aux méthodologies de la recherche dans ces domaines. La deuxième est une filière où on se prépare à exercer des métiers commerciaux, politiques ou culturels dans les pays où l'anglais ou/et le chinois standard sont parlés, et en apprenant par voie de conséquences ces deux langues étrangères sur des objectifs spécifiques.

Dans le cas du chinois standard LANSAD, les apprenants sont des spécialistes d'une autre discipline, comme les sciences politiques, le droit ou le commerce. L'enseignement du chinois standard dans ce cas est une option (obligatoire ou facultative) et peut commencer à partir du niveau grand débutant.

4 Les notions clés des politiques linguistiques européennes

Depuis plus d'une décennie, les Institutions Européennes s'intéressent à l'enseignement des langues et ont produit de nombreux textes de politiques linguistiques éducatives visant à promouvoir et à protéger la diversité linguistique et culturelle en Europe. Parmi les nombreux textes qui traitent de ces problématiques, nous citons ici le «Guide pour l'élaboration des politiques linguistiques éducatives en Europe» (Conseil de l'Europe 2007) et le «Cadre Européen Commun de Référence pour les Langues» (Conseil de l'Europe 2001). Certains chercheurs critiquent ces textes qui ont eu une très forte influence sur les politiques nationales (cf. par exemple Maurer 2011). Nous avons choisi de nous focaliser plutôt sur des notions telles que le plurilinguisme, le répertoire plurilingue et la compétence plurilingue, qui sont les notions centrales dans les deux textes mentionnés ci-dessus et en particulier dans le CECRL.

Pour mieux comprendre l'approche plurilingue que propose le CECRL, il est utile de définir la notion de répertoire plurilingue et celle de compétence plurilingue. On entend par répertoire plurilingue (cf. par exemple Gumperz 1964; Dabène 1994; Hélot 2007) toutes les connaissances linguistiques, sociolinguistiques et métalinguistiques qu'un individu possède, sans être stockées dans des «compartiments séparés» (CECRL 11). Cette notion a été d'abord élaborée dans les travaux de recherche de Gumperz (1964) sous forme de «répertoire linguistique» et a été étendue par les autres chercheurs (Dabène 1994 et Hélot 2007 par exemple) pour prendre en compte les phénomènes de plurilinguisme et se transformer dans la notion de répertoire plurilingue.

Quant à la compétence plurilingue (cf. par exemple Byram/Hu 2013; Candelier/Castellotti 2013; Coste/Moore/Zarate 2009), il s'agit de la gestion par un individu de son répertoire plurilingue. Selon ces chercheurs, cette compétence a de nombreuses caractéristiques. Elle est asymétrique et partielle: par exemple, on peut être plus à l'aise à l'oral qu'à l'écrit dans une langue et *vice-versa* dans une autre. Elle est dynamique et plurielle, c'est-à-dire que l'on peut savoir mobiliser de façon pertinente et adéquate des ressources depuis son répertoire plurilingue dans une situation communicative. Et pour finir, elle est évolutive et non-juxtaposée: la compétence plurilingue reconfigure notre répertoire plurilingue tout au long de notre trajectoire de vie selon nos expériences.

Si l'on applique cette notion au terrain scolaire, il ne s'agirait plus d'offrir de manière simple et juxtaposée plusieurs enseignements de langues étrangères à l'école, mais de conduire les élèves à étendre leurs expériences langagières «de la langue familiale à celle du groupe social puis à celle d'autres groupes (que ce soit par apprentissage scolaire ou sur le tas)» (CECRL 11).[22]

5 Les notions de répertoire plurilingue et de compétence plurilingue dans les directives du Ministère de l'Éducation Nationale

Pour répondre à notre question de comment des notions clés du CECRL comme celles de répertoire plurilingue et de compétence plurilingue sont introduites et interprétées dans l'enseignement du chinois standard en France, nous avons choisi comme corpus d'analyse des discours tels que les programmes officiels de chinois standard pour l'enseignement primaire et secondaire publiés dans les bulletins officiels du Ministère de l'Éducation Nationale. La raison pour laquelle nous avons choisi ces textes est que les enseignants doivent «appliquer» ces directives dans leurs enseignements. Ces directives appelées «programmes officiels» contiennent les objectifs, les contenus d'enseignement et les approches pédagogiques recommandées.

Nous avons procédé à une analyse du discours (Gee/Handford 2012; Fairclough 2003) avec une approche tant quantitative que qualitative: nous avons commencé par calculer la fréquence[23] d'apparition de termes tels que «plurilinguisme»[24], «CECRL»[25], «répertoire plurilingue» et «compétence plurilingue»[26], ainsi que leur collocation, dans les programmes officiels. Ensuite,

---

[22] Le singulier employé dans cette citation expliquant le plurilinguisme nous a interpelés.

[23] Calculé par AntConc 3.2.4, élaboré par le Prof. Laurence Anthony de l'Université de Waseda.

[24] Terme recherché sous forme de plurilinguisme et pluri*.

[25] Terme recherché sous forme de CECRL, Cadre Européen Commun de Référence pour les Langues et cadre européen.

[26] Terme recherché d'abord par le biais du terme compétence, puis compétence pluilingue.

nous avons repéré des contenus faisant référence aux termes clés indiqués ci-dessus sans que ces derniers soient cités tels quels. Ces étapes avaient pour but d'analyser les contextes où les notions qui nous intéressent étaient mentionnées dans les textes officiels et d'essayer de faire émerger comment ces notions sont déclinées et interprétées par les auteurs de ces programmes qui, du reste, sont anonymes.

Nous avons choisi d'analyser les programmes suivants:

«Programme de l'enseignement des langues vivantes étrangères au Palier 1 du collège: préambule commun et chinois» – BO Hors-série n°6 du 25 août 2005

«Programmes de l'enseignement de langues vivantes étrangères au collège: préambule commun et chinois» – BO Hors-série n°7 du 26 avril 2007

«Programmes de langues étrangères pour l'école primaire: préambule commun et chinois» – BO Hors-série n°8 du 30 août 2007

«Langue vivante et langue et littérature des sections internationales de chinois» – BO n°33 du 4 septembre 2008

«Programme d'enseignement des langues vivantes en classe de seconde générale et technologique» – BO Spécial n°4 du 29 avril 2010

«Programme d'enseignement de langues vivantes du cycle terminal pour les séries générales et technologiques» – BO Spécial n°9 du 30 septembre 2010

On remarque avec intérêt qu'à partir de 2010, les programmes de lycée sont communs pour toutes les langues étrangères et que les précisions concernant le chinois standard ne sont pas encore publiées en 2013. Suite aux réformes des programmes de lycée, l'enseignement de langues vivantes n'est plus organisé en contenus fixes au niveau du lexique, de la grammaire et de la phonologie, mais par approche thématique. Chaque enseignant doit construire des dossiers avec des ressources authentiques traitant de thèmes prédéfinis par le programme.[27] C'est en construisant les dossiers thématiques que l'enseignant doit s'assurer des niveaux des compétences à développer (lexicale, grammaticale et phonologique) chez ses élèves.

Faute d'encadrement clair, et munis d'une liberté inattendue, il arrive que les enseignants de chinois standard dans le secondaire cherchent encore des directives dans les anciens programmes tout en sachant que ces programmes sont tous abrogés. Pour cette raison, nous avons décidé d'analyser également les programmes suivants:

«Programme d'enseignement des langues vivantes de la classe de seconde générale et technologique: préambule commun et chinois» – BO Hors-série n°7 du 3 octobre 2002

«Programme d'enseignement des langues vivantes en classe de première des séries générales et technologiques: cadre commun et chinois» – BO Hors-série n°7 du 28 août 2003

---

[27] Cf. 3.3.6 «Le chinois standard au baccalauréat».

«Programme de l'enseignement des langues vivantes en classe terminale des séries
générales et technologiques: cadre général et chinois» – BO Hors-série n°5 du 9
septembre 2004

L'ensemble du corpus représente environ 77 115 mots séparés par deux espaces.
La première analyse quantitative donne les résultats ci-dessous.

Parmi les neuf programmes officiels d'enseignement listés ci-dessus, aucun
n'utilise le terme «plurilinguisme». Par contre la mention du CECRL apparaît
trente-trois fois. On peut déduire des cooccurrences du terme CECRL que le
cadre est adapté pour définir les niveaux de compétence à atteindre et pour
évaluer les compétences (langagières et culturelles) des élèves. Quant au terme
répertoire plurilingue, il apparaît trois fois dans la partie d'enseignement de LV3
située dans le préambule commun des programmes de lycée: une fois dans le
BO de 2002 sous forme de «répertoire personnel du plurilingue» et deux fois
dans les BO de 2010. Il est expliqué que l'enseignement des LV3 a pour but
d'élargir le répertoire linguistique des élèves et que cet enseignement peut être
dispensé plus efficacement grâce à un répertoire linguistique des élèves déjà
plus riche (suite à l'apprentissage de la LV1 et de la LV2). Enfin, parmi les
quatre-vingt-dix-neuf énoncés contenant le terme «compétence» (compétence
langagière, grammaticale, sinographique, etc.), on ne trouve qu'une seule phrase
mentionnant la compétence plurilingue, cette phrase étant reprise dans les deux
programmes de lycée publiés en 2010: «le nécessaire dialogue entre les
professeurs doit permettre de mieux prendre en compte la compétence
plurilingue des élèves et d'établir des passerelles entre les langues.» À partir de
cette analyse quantitative, on peut se demander déjà si l'utilisation du terme
CECRL n'est pas là simplement pour imposer la présence de ce cadre et pour
mesurer les compétences uniquement.

En vue d'étoffer les analyses sur comment la notion de compétence
plurilingue est intégrée dans les programmes officiels, ces derniers ont été
analysés qualitativement à l'aune des trois aspects suivants: les langues
d'enseignement, la description des niveaux de compétence et les interprétations
de la notion de compétence plurilingue dans les textes officiels.

5.1 Les langues d'enseignement

Comme évoqué dans de nombreux travaux de recherche (cf. par exemple
Blanche-Benveniste/Valli 1997, 47-48; Bono 2006, 41-49; Candelier et al. 2008,
195; Coste/Moore/Zarate 2009, 14, 22-23, 34), l'enseignement des langues
étrangères en contexte éducatif français est depuis longtemps basé sur le modèle
idéal du locuteur natif. Les représentations les plus répandues sur
l'enseignement des langues font penser aux enseignants que la langue étrangère
doit être enseignée dans cette langue étrangère et sans la mélanger avec la
langue de l'école ou de la famille ni avec les langues étrangères apprises

précédemment. La question que nous nous posons est donc la suivante: dans quelle mesure la compartimentalisation des langues est-elle remise en question par les recommandations et les principes élaborés dans le CECRL et les politiques linguistiques éducatives européennes?

Selon le BO Hors-série N°8 du 30 août 2007, qui est en cours de validité, «Pour faciliter la transmission du message et sa compréhension ... le recours au français sera donc le plus limité possible et réservé à quelques situations particulières» (p. 42). Cependant dans les textes abrogés de 2003 et 2004, quand il s'agissait de l'enseignement du chinois standard LV3 au lycée, une approche plus souple était proposée: «Les élèves LV3 seront de fait soutenus dans leur découverte de ce programme par des explications en français» (BO HS N°7 du 28 août 2003, 27), «Des informations en français sont indispensables pour guider les élèves vers ce que l'on cherche à faire exprimer» (BO HS N°5 du 9 septembre 2004, 42). Pour information, dans les derniers textes pour le même niveau (LV3) au lycée (BO Spécial N°4 du 29 avril 2010 et BO Spécial N°9 du 30 septembre 2010), nous ne trouvons plus aucune indication concernant les langues d'enseignement.

5.2 La description des niveaux de compétence

La description des niveaux de compétence a connu des changements après la réforme des programmes de lycée en 2010. Les niveaux attendus en sortant du lycée sont définis ainsi en 2004:

Table 1: Les niveaux attendus par statut de langue et par compétence (BO Hors-série N°5 du 9 septembre 2004, 25)

Enseignement obligatoire ou option facultative (LV3)	LV1	LV2	LV3
Compréhension de l'oral	B2	B1/B2	A2/B1
Interaction orale	B1/B2	B1	A2
Expression orale	B2	B1/B2	A2/B1
Compréhension de l'écrit	B2	B1/B2	A2/B1
Expression écrite	B2	B1/B2	A2/B1

Le fait de viser des niveaux différents pour des compétences différentes rappelle les caractéristiques asymétriques et plurielles de la compétence plurilingue. Or après 2010, malgré la définition de plus en plus précise de chaque niveau de compétence, nous ne trouvons plus de déclinaison de niveau pour chaque compétence langagière. Les niveaux de compétence attendus en fin du cycle terminal sont les niveaux B2 pour la LV1 (C1 pour les élèves en série littéraire suivant le parcours LV1 approfondi), B1 pour la LV2 (B2 pour les élèves en série littéraire suivant le parcours LV2 approfondi) et A2 pour la LV3, sans distinguer de compétences langagières.

5.3 La notion de compétence plurilingue dans les textes officiels

Malgré la fréquence faible de l'emploi du terme «compétence plurilingue» dans les programmes de lycée et l'absence de ce terme dans les programmes de collège et d'école primaire, nous trouvons tout de même des passages liés à cette notion concernant, entre autres, le transfert des connaissances linguistiques ou métalinguistiques.

Voici quelques extraits représentatifs: il est mentionné qu'ayant déjà débuté l'apprentissage d'une langue étrangère à l'école primaire, les collégiens sont «sensibilisés aux questions concernant le passage de leur langue à une autre» (BO Hors-série n°6 du 25 août 2005, 46); «les acquis de l'école primaire sont directement réalisés dans la même langue ou transférés dans une autre et ce dans tous les domaines de compétences» (*idem*, 4). Puis, concernant le cas de la LV3 au lycée,

> ces acquis scolaires ou extrascolaires ont forgé des compétences linguistiques et culturelles que l'élève peut réinvestir dans l'apprentissage de la troisième langue. Le transfert de ces capacités n'est certes pas automatique. Le professeur s'efforce d'en tirer parti ou de le susciter. (BO Spécial n°4 du 29 avril 2010)

Si on analyse cette dernière phrase en nous focalisant sur le rôle de l'enseignant, nous trouvons aussi que «le nécessaire dialogue entre les professeurs doit permettre de mieux prendre en compte la compétence plurilingue des élèves et d'établir des passerelles entre les langues» (BO Spécial n°4 du 29 avril 2010). Par ailleurs, nous trouvons des encouragements sur la coopération entre l'enseignement des langues étrangères et d'autres disciplines non-linguistiques comme l'histoire-géographie ou l'enseignement artistique, car «l'élève comprend et assimile mieux lorsque le thème abordé en classe de langue a déjà été étudié dans une autre discipline» (BO Spécial N°4 du 29 avril 2010).

Ces extraits sont intéressants car, d'une certaine façon, ils font référence à la compétence plurilingue. Cependant, sans qu'il n'y ait de lien direct entre cette notion et ces passages, ni d'exemples concrets explicitant cette notion, comment les enseignants peuvent-ils comprendre ce qu'est la compétence plurilingue et le répertoire plurilingue? Comment peuvent-ils alors en tirer parti dans leur enseignement?

D'autre part, étant donné que le transfert des connaissances entre les langues ne se fait pas automatiquement, les élèves savent-ils que certaines de leurs connaissances sont transférables même vers le chinois standard? Ou encore, les élèves, notamment ceux à l'école primaire, se permettront-ils de faire des liens entre les langues en voyant leur enseignant(e) enseigner seulement en chinois standard?

6 Conclusion

L'enseignement du chinois standard est dispensé dans tous les contextes institutionnels (depuis l'école primaire jusqu'à l'université) et extrascolaires (les centres de langues privés ou les instituts financés par la RPC). Parmi ces dispositifs, il y a un soutien marqué pour l'enseignement de cette langue en contexte scolaire français.

Suite aux analyses sur les discours officiels concernant l'enseignement du chinois standard dans le primaire et le secondaire, nous pouvons remarquer que des notions telles que celle de répertoire plurilingue et de compétence plurilingue sont seulement utilisées dans les programmes de lycée, et principalement dans ceux publiés en 2010. De plus, la notion de répertoire plurilingue est mentionnée uniquement dans la partie LV3 de ces programmes. Quelle interprétation de la notion de compétence plurilingue sous-tend ces textes alors que cette notion n'est présente qu'après l'apprentissage d'une LV1 puis d'une LV2? N'est-ce pas le reflet d'une vision additive des langues, ce qui serait donc une contradiction avec les définitions de la notion de compétence plurilingue dans le CECRL et le «Guide pour l'élaboration des politiques linguistiques éducatives en Europe»?

De plus, au regard de la directive sur la limitation aux langues maternelles dans l'enseignement des LV1 et LV2 et des encouragements vagues et, par ailleurs réservés au lycée, à la création de passerelles entre les langues et à la coopération transdisciplinaire, nous pourrions nous demander s'il s'agit d'une réelle volonté de changer les approches de l'enseignement des langues étrangères, ou bien si ces notions ne sont que des slogans reprenant les idées du Conseil de l'Europe sans réfléchir plus profondément aux implications pédagogiques?

Par ailleurs, comme mentionné précédemment, les programmes de lycée publiés en 2010 sont communs pour toutes les langues étrangères. Au niveau des précisions pour le chinois standard, nous trouvons seulement des suggestions (et non des directives) sur l'organisation du nouveau baccalauréat. Nous attendons avec impatience les nouveaux programmes spécifiques de chinois standard pour y chercher ces notions et de possibles nouvelles interprétations.

Enfin, la notion de plurilinguisme dans l'enseignement du chinois standard en tant que langue étrangère en France reste encore un sujet peu traité, alors que la présence de cette langue dans le répertoire plurilingue des Français est devenue un phénomène de plus en plus courant. On sait maintenant que presque 50 % des élèves sinisants apprennent le chinois standard en tant que LV1 ou LV2 (Bel Lassen 2013): cela signifie que tous les autres élèves sinisants apprennent au moins deux autres langues étrangères avant d'apprendre le chinois standard. Il reste donc intéressant pour nous de réfléchir à l'apprentissage du chinois standard en sortant d'une vision binaire entre la langue française et le chinois standard.

Bibliographie

Académie de Paris (*s.d.*): Sections bi-langues. http://www.ac-paris.fr/portail/ jcms/p6_191876/sections-bi-langues (consulté: 17.09.2013)

Académie de Rennes (*s.d.*): Classes bilangues. http://www.ac-rennes.fr/jahia/ Jahia/site/academie2/accueil/pid/3322 (consulté: 17.09.2013)

Alleton, Vivian (1997): Grammaire du chinois. Que sais-je 1519. Paris: Presses Universitaires de France

Annuaire du Collège de France (2010): Le Collège de France: Quelques données sur son histoire et son caractère propre (I). http://annuaire-cdf.revues.org/126 (consulté: 17.09.2013)

Association Française des Professeurs de Chinois (AFPC) (*s.d.*): Carte du chinois. http://afpc.asso.fr/ (consulté: 10.03.2013)

Battaglia, Mattea (2013): Le grand bond du chinois à l'école. In: Le Monde 09.03.2013. http://www.lemonde.fr/a-la-une/article/2013/09/03/le-grand-bond-du-chinois-a-l-ecole_3470175_3208.html (consulté: 09.03.2013)

Bel Lassen, Joël (2004): L'enseignement du chinois aujourd'hui: état de l'art. In: Extraits des actes du séminaire national – Enseigner le chinois, p.30-36

Bel Lassen, Joël (2013): Le chinois, langue émergente: État de l'enseignement du chinois en 2012-2013. http://afpc.asso.fr/wp-content/uploads/2013/06/ ETAT-DU-CHINOIS-avril-2013.pdf (consulté: 10.03.2013)

Belotel-Grenié, Agnès/Grenié, Michel (1997): Types de phonation et tons en chinois standard. In: Cahiers de linguistique – Asie orientale, 26, 2, p. 249-279

Bergère, Marie-Claire/Pino, Angel (eds) (1995): Un siècle d'enseignement du chinois à l'École des Langues Orientales 1840-1945. Bicentenaire des Langues Orientales. Paris: L'Asiathèque

Blanche-Benveniste, Claire/Valli, André (1997): L'intercompréhension: le cas des langues romanes. Recherches er applications. Numéro spécial in Le français dans le monde. Paris: Hachette EDICEF

Bono, Mariana (2006): La compétence plurilingue vue par les apprenants d'une L3: le plurilinguisme est-il toujours un atout? In: Éducation et Sociétés plurilingues, 20, p. 39-50

Byram, Michael/Hu, Adelheid (2013): Routledge Encyclopedia of Language Teaching and Learning, 2nd edition. Abingdon: Routledge

Candelier, Michel *et al.* (2008): Conscience du plurilinguisme: Pratiques, représentations et interventions. Rennes: Presse Universitaire de Rennes

Candelier, Michel/Castellotti, Véronique (2013): Didactique(s) du (des) plurilinguisme(s). In: Simonin, J./Wharton, S. (eds): Sociolinguistique du contact: Dictionnaire des termes et concepts. Langages. Lyon: ENS Éditions, p. 179-222

Coblin, South W. (2003): A sample of eighteenth century spoken Mandarin from North China. In: Cahiers de linguistique – Asie orientale 32, 2, p. 195-244

Conseil de l'Europe (2001): Un Cadre Européen Commun de Référence pour les Langues: apprendre, enseigner, évaluer. Apprentissage des langues et citoyenneté européenne. Paris: Didier/Strasbourg: Conseil de l'Europe, Division des politiques linguistiques

Conseil de l'Europe (2007): De la diversité linguistique à l'éducation plurilingue: guide pour l'élaboration des politiques linguistiques éducatives en Europe. Version intégrale. Strasbourg: Conseil de l'Europe

Coste, Daniel/Moore, Danielle/Zarate, Geneviève (2009): Compétence plurilingue et pluriculturelle. Version révisée et enrichie d'un avant-propos et d'une bibliographie complémentaire. Strasbourg: Division des politiques linguistiques

Coyaud, Maurice (s.d.): Sino-tibétaines (langue). In: Encyclopædia Universalis. http://www.universalis-edu.com/encyclopedie/langues-sino-tibetaines (consulté: 17.09.2013)

Dabène, Louise (1994): Repères sociolinguistiques pour l'enseignement des langues: les situations plurilingues. F références. Paris: Hachette

Direction de l'évaluation, de la prospective et de la performance (DEPP) (2012): Repères et références statistiques sur les enseignements, la formation et la recherche: RERS 2013. http://www.education.gouv.fr/cid57096/reperes-et-references-statistiques.html (consulté: 10.01.2013)

Djamouri, Redouane (2011): Le chinois classique. In: Bonvini, E. et al. (eds): Dictionnaire des langues. Dicos Poche. Paris: Quadrige/Presses Universitaires de France, p. 984-995

Éduscol (2011): Glossaire. http://eduscol.education.fr/cid48031/glossaire.html (consulté: 17.09.2013)

Éduscol (2013): Sections internationales: examens et diplômes. http://eduscol.education.fr/cid45720/enseignement-diplomes.html (consulté: 17.09.2013)

Fairclough, Norman (2003): Analysing Discourse: Textual Analysis for Social Research. Abingdon: Routledge

Gee, James Paul/Handford, Michael (2012): The Routledge Handbook of Discourse Analysis. Abingdon: Routledge

Gumperz, John J. (1964): Linguistic and social interaction in two communities. In: American Anthropologist 66, 6 (Part 2), p. 137-153

Hélot, Christine (2007): Du bilinguisme en famille au plurilinguisme à l'école. Espaces discursifs. Paris: L'Harmattan

Lam, Sylvie/Vinet, Marie-Thérèse (2005): Classifieurs nominaux et verbaux en chinois mandarin. In: Actes du congrès annuel de l'Association canadienne de linguistique. http://westernlinguistics.ca/Publications/CLA-ACL/Lam Vinet.pdf (consulté: 17.09.2013)

Laurence, Anthony (2012): AntConc 3.2.4. http://www.antlab.sci.waseda.ac.jp/ software.html (consulté: 06.12.2012)

Lycée Émile Zola de Rennes (2013): La section de Chinois au lycée Zola. http://www.citescolaire-emilezola-rennes.ac-rennes.fr/sites/citescolaire-emile zola-rennes.ac-rennes.fr/IMG/pdf/chinois_lycee_zola.pdf (consulté: 17.09. 2013)

Lycée François Magendie de Bordeaux (2012): Les sections orientales. http://www.magendie.net/spip.php?article112 (consulté: 17.09.2013)

Lycée Louis le Grand de Paris (s.d.): Les classes secondaires. http://www. louislegrand.org/index.php/admissions-articlesmenu-31/admissions-dans-les-classes-secondaires-articlesmenu-46/les-classes-secondaires-articlesmenu-79 (consulté: 17.09.2013)

Maurer, Bruno (2011): Enseignement des langues et construction européenne: Le plurilinguisme, nouvelle idéologie dominante. Paris: Éditions des Archives Contemporaines

Ministère de l'éducation nationale (1992): Mise en place de sections européennes dans les établissements du second degré. In: Bulletin officiel n°33 du 3 septembre 1992. http://eduscol.education.fr/cid46288/mise-en-place-de-sections-europeennes.html (consulté: 30.04.2011)

Ministère de l'éducation nationale (2002): Programme d'enseignement des langues vivantes en classe de seconde des séries générales et technologiques. In: Bulletin officiel hors-série n°7 du 3 octobre 2002. http://www.education. gouv.fr/bo/2002/hs7/default.htm (consulté: 11.02.2009)

Ministère de l'éducation nationale (2003a): Préparation de la rentrée 2003 dans les écoles, les collèges et les lycées. In: Bulletin officiel n°14 du 3 avril 2003. http://www.education.gouv.fr/bo/2003/14/MENE0300748C.htm (consulté: 11.02.2009)

Ministère de l'éducation nationale (2003b): Programme d'enseignement des langues vivantes en classe de première des séries générales et technologiques. In: Bulletin officiel hors-série n°7 du 28 août 2003. http://www.education.gouv.fr/bo/2003/hs7/default.htm (consulté: 11.02.09)

Ministère de l'éducation nationale (2003c): Évaluation spécifique organisée pour les candidats aux baccalauréats général et technologique dans les sections européennes ou de langues orientales à compter de la session 2004. In: Bulletin officiel n°42 du 13 novembre 2003. http://www.education. gouv.fr/bo/2003/42/MENE0302456N.htm (consulté: 11.02.2009)

Ministère de l'éducation nationale (2004a): Préparation de la rentrée 2004 dans les écoles, les collèges et les lycées. In: Bulletin officiel n°6 du 5 février 2004. http://www.education.gouv.fr/bo/2004/6/MENE0400173C.htm (consulté: 11.02.2009)

Ministère de l'éducation nationale (2004b): Programme de l'enseignement des langues vivantes en classe terminale des séries générales et technologiques. In: Bulletin officiel hors-série n°5 du 9 septembre 2004. http://www.education.gouv.fr/bo/2004/hs5/MENE0401475A.htm (consulté: 11.02.2009)

Ministère de l'éducation nationale (2005a): Préparation de la rentrée scolaire 2005. In: Bulletin officiel n°18 du 5 mai 2005. http://www.education.gouv.fr/bo/2005/18/MENE0500813C.htm (consulté: 11.02.2009)

Ministère de l'éducation nationale (2005b): Programmes des collèges: Langues vivantes étrangères au Palier 1. In: Bulletin officiel hors-série n°6 du 25 août 2005. http://www.education.gouv.fr/bo/2005/hs6/default.htm (consulté: 11.02.2009)

Ministère de l'éducation nationale (2007a): Programme de l'enseignement de langues vivantes étrangères au collège. In: Bulletin officiel hors-série n°7 du 26 avril 2007. http://www.education.gouv.fr/bo/2007/hs7/default.htm (consulté: 11.02.2009)

Ministère de l'éducation nationale (2007b): Programmes de langues étrangères pour l'école primaire. In: Bulletin officiel hors-série n°8 du 30 août 2007. http://www.education.gouv.fr/bo/2007/hs8/default.htm (consulté 11.02.2009)

Ministère de l'éducation nationale (2008): Langue vivante et langue et littérature des sections internationales de chinois. In: Bulletin officiel n°33 du 4 septembre 2008. http://www.education.gouv.fr/cid22248/mene0817095a.html (consulté: 30.04.2011)

Ministère de l'éducation nationale (2010a): Langues vivantes au lycée d'enseignement général et technologique In: Bulletin officiel spécial n°1 du 4 février 2010. http://www.education.gouv.fr/pid23791/special-4-fevrier-2010.html (consulté: 30.04.2011)

Ministère de l'éducation nationale (2010b): Enseignements commun, d'exploration et facultatif: Programme d'enseignement des langues vivantes en classe de seconde générale et technologique. In: Bulletin officiel spécial n° 4 du 29 avril 2010. http://www.education.gouv.fr/cid51335/meine1007260a.html (consulté: 30.04.2011)

Ministère de l'éducation nationale (2010c): Programme d'enseignement de langues vivantes du cycle terminal pour les séries générales et technologiques. In: Bulletin officiel spécial n°9 du 30 septembre 2010. http://www.education.gouv.fr/pid24426/special-n-9-du-30-septembre-2010.html (consulté: 30.04.2011)

Ministère de l'éducation nationale (2011): Baccalauréats général et technologique: Épreuves de langues vivantes applicables aux baccalauréats général et technologique (hors TMD, STAV et hôtellerie), de langue vivante approfondie et de littérature étrangère en langue étrangère en série L applicable à compter de la session 2013. In: Bulletin officiel n°43 du 24 novembre 2011. http://www.education.gouv.fr/pid25535/bulletin_officiel.html?cid_bo=58313 (consulté: 19.05.2012)

Ministère de l'éducation nationale (2012a): Baccalauréats général et technologie (hors TMD, STAV et hôtellerie). In: Bulletin officiel n°9 du 1er mars 2012. http://www.education.gouv.fr/pid25535/bulletin_officiel.html?pid_bo=2634 4 (consulté: 30.09.2013)

Ministère de l'éducation nationale (2012b): Sections internationales dans les écoles, collèges et lycées d'enseignement général. In: Bulletin officiel n°47 du 20 décembre 2012. http://www.education.gouv.fr/pid25535/bulletin_officiel.html?cid_bo=66494 (consulté: 30.09.2013)

Le Monde/ Agence France-Presse (AFP) (2013): L'enseignement du chinois en plein boom en France. In: Le Monde 04.23.2013. http://www.lemonde.fr/education/article/2013/04/23/l-enseignement-du-chinois-en-plein-boom-en-france_3164677_1473685.html (consulté: 19.05.2013)

Paris, Marie-Claude (2011): Le mandarin. In: Bonvini, E. et al. (eds): Dictionnaire des langues. Dicos Poche. Paris: Quadrige/ Presses Universitaires de France, p. 996-1008

Peyraube, Alain (2011): Les langues sinitiques. In: Bonvini, E. et al. (eds): Dictionnaire des langues. Paris: Quadrige/Presses Universitaires de France, p. 979-984

Saillard, Claire (2000): Nommer les langues en situations de plurilinguisme ou la revendication d'un statut (le cas de Taïwan). In: Langage et société 91, p. 35-57

Shi, Lu (2010): Les études chinoises et la professionnalisation: la filière LEA a-t-elle un avenir? In: Études chinoises HS, p.103-118

Vinet, Marie-Thérèse/Zhou, Huijun (2003): La possession inaliénable en chinois mandarin et en français. In: Cahiers de linguistique - Asie orientale 32, 2, p. 157-193

CHRISTINE HELOT/VALERIE FIALAIS

Early bilingual education in Alsace:
The one language/one teacher policy in question

Abstract

The chapter looks at the one language/one person policy as it is implemented in the bilingual education model in Alsace, France. Building on previous research regarding the monoglossic ideology of many bilingual programs, we argue for a different bilingual policy in early childhood education. Our study is based on one bilingual kindergarten class in an *école maternelle* in the vicinity of Strasbourg.

1 Bilingual education in Alsace: Basic principles

Bilingual education in Alsace was first started in 1991 in private schools by a group of parents who created an association called ABCM *Zweisprachigkeit* (*Association pour le bilinguisme en classe dès la maternelle*). Under pressure from regional language speakers to support national minority languages in France, the following year (1992) the Ministry of National Education allowed the first bilingual programmes in "regional languages" to be implemented in public schools. In 2001 a first ministerial text (BO n°33) officialised a bilingual curriculum from kindergarten level up to the baccalaureate examination.

1.1 The choice of German rather than Alsatian

It is first necessary to explain some issues concerning the implementation of bilingual education in France and in Alsace. The model we are describing in this chapter is an additive partial immersion model which only applies to so called "regional languages" such as Basque, Breton, Catalan, Corsican, Creole, Occitan, in other words to languages which are considered "*national* minority languages" in Europe. In Alsace however, the language chosen for the bilingual programme was German, rather than Alsatian, the local variety spoken in the region. In 1985, Deyon, then Rector of the Alsatian Higher Education Authority, published several official texts in which he defined the regional language in

Alsace as comprising standard German and the local spoken varieties. In 1991, the next Rector (De Gaudemar, in BO n°33) defined German as the written expression and language of reference for the regional dialects, the "language of our neighbours", and a major European and international language (Huck 2008). This briefly explains how the status of German became that of a regional language in French policy, and why bilingual education in Alsace was implemented with a dominant European language rather than with Alsatian (see Huck et al. 2007 and Harrison 2012a, for more details on this issue). Thus in Alsace, the bilingual model is not aimed at maintaining a minority language like in other regions of France (Corsica or Brittany for example), even if local education authorities and some researchers (Huck et al. 1999) argue that learning standard German could prevent the decline of Alsatian.

From the point of view of language in education policies, Alsace provides an interesting example of the way top-down policies are enacted to promote a dominant European language (Hélot 2007) and to provide an educational programme which is not available for other European languages (English for example). Although German in Alsace is also referred to as the "language of our neighbours", it is viewed by most parents in Alsace as a "foreign" language with high status, rather than as a component of the regional language; this partly explains the success of the Franco-German bilingual programme in Alsace.

While Alsatian is the regional language with the highest level of vitality in France (Héran et al. 2002), on the whole, children attending the bilingual programme in Alsace are not Alsatian speakers, but monolingual French speakers, even if some of them are in contact with Alsatian on a more or less regular basis mainly through their grand-parents. A few monolingual German children whose parents live in Alsace also attend the programme. As to speakers of other languages such as heritage languages, Turkish or Arabic for example, they are not excluded from the bilingual programme, which means that today, bilingual classes are de facto multilingual. However, the official texts outlining the policy for bilingual education in regional languages are mainly concerned with the allocation of time and school subjects across French and German and like in other official texts concerning foreign language education, there is no mention of plurilingual students' prior language competence, and thus all learners are envisaged as monolingual.[1]

1.2 Equal immersion in French and German

The bilingual model in place in Alsatian public schools is based on the parity principle, meaning that time allocation for each language must respect a 50-50

---

[1]   Alsatian is not totally excluded, in the private ABCM programmes it is used for half a day per week at kindergarten level and to teach sports and music at primary level. In the public bilingual classes it is recommended that Alsatian language and culture should be taught one hour per week (see Harrison's PhD thesis, 2012b, for more on this issue).

balance, making it a partial immersion model, full immersion being contradictory to the constitutional position of French as the official language of the Republic.[2] In Alsace, instruction in French and German alternates in equal time allocation either on half days or every other day and subjects in the curriculum are distributed across the two languages: French, History, Civics and Geometry are taught through French whereas German, Mathematics (80%), Science and Technology, and Geography are taught through German; Sports and Arts/Music are taught through both languages. Subject allocation starts at primary level; there is more flexibility at pre-primary level where all "domains of activities" (rather than school subjects per se) are taught through both languages, however by two different teachers. Furthermore, the curriculum is not different from the French curriculum for mainstream monolingual learners, the national curriculum (2008) being applied all over France.

1.3 Preventing elitism in bilingual education

The bilingual programme in Alsace is always offered in mainstream schools where the students who join the bilingual classes are regrouped in bilingual "sections" or streams. Thus in the school we studied, out of eight classes, five were "monolingual" classes and three were bilingual classes. The participation of students is voluntary and the bilingual programme is seen on the whole by parents as offering better educational chances to their children, or increased linguistic capital. Even if no school in Alsace is totally bilingual, schools offering the bilingual stream tend to attract parents who are more involved in their children's education and in some small towns a social gap can develop between schools that offer bilingual sections and those that do not. Indeed, the policy of including the bilingual streams in regular schools in order to prevent bilingual education from becoming elitist remains an under researched issue.

1.4 Early bilingual education and continued participation throughout compul-
     sory education

Parents are strongly encouraged to enrol their children in the bilingual programme as early as possible, i.e. at kindergarten level, and to show an engagement with the programme through primary and secondary education. Because France has had a long tradition of early childhood education in "écoles maternelles" where children start their schooling at age 3, the bilingual programmes also start at age 3, even if the legal age to enter obligatory

---

[2]   Because French is the official language for education, no other language can be given
      precedence over it in the public education sector; therefore all public bilingual education
      in regional languages in France must respect the 50% time allocation.

schooling is 6.[3] Thus parents will have more chances of availing themselves of the bilingual programme for their children if they enrol them from the start of the programme at age 3, although it is also possible in principle for students to join the programme at age 6; however at that stage students' knowledge of German (or Alsatian) will be assessed so as to make sure that they can keep up with the rest of the class.

1.5 The one language/one teacher principle

The principle of teacher allocation needs to be explained, specifically in reference to Alsace where the one teacher/one language policy has been implemented from the beginning, based on the belief in the Ronjat principle (1913) that children should refer clearly to one person for one language. Interestingly in Corsica, the policy is different and Corsican teachers in bilingual programmes teach both Corsican and French. With colleagues, we have analysed the conceptualization of bilingual education in Alsace and the role of the one language/one teacher policy in teacher education (Benert 2008; Benert/Hélot 2009; Hélot 2007, 2008, 2013). We have explained that this policy reflects a monoglossic ideology of bilingual education (criticised by García 2009) mainly because both teachers are meant to function in a monolingual mode all the time (Grosjean 2008), leaving the students to construct their bilingual bicultural identity on their own. We will come back to this point later.

In 2011-2012, according to the Academic Inspection of the Bas-Rhin (2012), there were 395 bilingual classes in 164 public *écoles maternelles* in Alsace, or 9,832 children, with a further 307 children also attending bilingual programmes in private pre-primary schools.[4] In general, the bilingual programme is very much in demand by parents for the reasons explained above; however, the teaching profession remains divided on the issue of bilingual education, mainly because its educational advantages are not well understood and because the financial support given to bilingual programmes offers better chances to some groups of children, and therefore contradicts the republican principle of equality of the French education system.

---

[3] The Ministry of Education statistics (RERS 2011) state that since 1980, 100% of children aged 3 to 6 have been attending *écoles maternelles.* In 2010, there were also 13.6% of two-year-olds attending these schools, which are public, free and open all day.

[4] At elementary level, there were 9,980 students attending the bilingual programmes in 472 classes in 154 schools during 2011/2012. Thus, according to the same sources, approximately 11% of the total equivalent school age student population for primary education in Alsace attend the bilingual programme in French and German, amounting in total to 19,812 children.

2 The conceptualisation of bilingual education in Alsace

As explained by Baker (1996, 172) quoting Cazden and Snow (1990), "bilingual education is a simple label for a complex phenomenon". One should be wary of simplifications and generalisations and different programmes should always be studied with reference to their historical, political and social contexts. As analysed in previous research (Hélot 2007, 2008; Benert/Hélot 2010), bilingual education in Alsace is the product of a very complex history in a border region, which has known three major wars, and experienced a complex linguistic situation where both languages were alternatively forbidden, and where the local regional variety of German was stigmatised after World War II. Speaking Alsatian was forbidden in schools, even beyond 1951 when the law against the use of regional languages at school was repealed (Puren 2004; Huck 2008; Harrison 2012a).

Bilingual education in Alsace grew out of 1) the pressure of parental groups to take advantage of the proximity of Germany (where there has always been a higher rate of employment than in France), 2) the belief by some Alsatian language activists that bilingual education could help redress the low level of family transmission of the local language (Huck et al. 2007; Churiki 2003), and 3) the need for a more efficient approach to foreign language teaching. Because as explained above it was decided to give standard German the status of a regional language, bilingual education developed mainly as a way to improve the teaching of German, rather than as a way to support Alsatian, a language in danger of loss. Furthermore, when the policy of reification of regional languages started to change under European pressure in the 70s, the teaching of regional languages was organised like the teaching of foreign languages, and bilingual didactics developed along the same principles. In other words the special relationship speakers might have with regional languages was not taken into account, and regional languages were envisaged as an academic discipline similar to other "foreign" languages. Thus in the case of German in the bilingual programme in Alsace, even if the language has become a medium of instruction and the programme can be considered bilingual, the main focus tends to be on improving proficiency in German, rather than on developing a bilingual/ bicultural identity based on the relationship between French and German.

In this chapter, we are arguing for a different conceptualization of bilingualism. As explained by researchers who have investigated bilingual pedagogy, learning at school through two languages changes the students' relationship to knowledge and has a positive impact on their identity. Students learn to understand the world through two different lenses, two different cultures, which means that bilingual education should transcend national borders. We see the aim of bilingual education as offering students not only more efficient approaches to L2 acquisition but as a process through which they become bilingual, bicultural citizens who negotiate their languages and their cultures in a reflective and creative manner. It should be stressed that bilinguals are not two monolinguals in one person.

It is within this context that our critical approach to the one teacher/one language policy should be understood. Taken on its own, this policy can be very effective if the two teachers work in close cooperation (as in the Dual Immersion programmes in the United States, see García 2008), or together in the same classroom (as in the German/Italian bilingual school in Frankfurt; see Budach et al. 2008). In Alsace, the partner teachers are required to collaborate and they do receive a small increase in their salary for doing so. This collaboration is supposed to be reported in a special notebook, common to both teachers, which is then supervised by the local inspectors.

However, a further aspect of the policy must be pointed out: because the covert aim of the programme is mainly to improve competence in German, only teachers in charge of instruction in that language are educated in bilingual pedagogy. The teachers in charge of the French part of the bilingual programme are regular mainstream teachers who do not necessarily choose to work specifically in a bilingual class; they attend the regular mainstream teacher education programme, whereas teachers in charge of German attend the same programme as monolingual teachers plus supplementary modules on bilingual pedagogy. In other words only the teachers in charge of German perceive themselves as bilingual teachers and they are made to feel that the bilingual part of the programme rests upon their shoulders. Thus they see the one language/one teacher policy as essential to guarantee the necessary exposure to German. Their typical teaching loads are all in German, meaning that they share two classes with their French counterparts.

Clearly the one language/one teacher policy has some advantages in an additive model of bilingual education like in Alsace where the French language could push out German in class, if rules were not set to ensure that students use German. But it imposes constraints on the teachers in charge of German because it makes classroom communication more difficult, especially with very young learners. On the one hand, three-year-old children who are just beginning to express themselves in French have to adjust themselves to socialization in an *école maternelle* (which in France works more like a real school than a play-group for example), and on the other hand, they are exposed every other day by a different teacher to a language they do not know; pre-primary teachers often report these very young children being silenced and made to feel insecure on "German days".

The teachers can also feel insecure because they bear the responsibility of enacting the strict language separation policy, thus having to function all the time in a monolingual mode in a language which is a second language for most of them. In the specific case of very young learners, it is far more difficult for teachers to build an affective relationship with students who need to develop their general language competence as well as their competence in two different languages.

These are the main reasons why the teacher in the class we studied was granted special permission by her inspector to teach both languages, after being in charge of teaching only German for eleven years. For the past four years, she has been able to implement a more integrative approach to her bilingual pedagogy, allowing for cross-linguistic transfer and metacognitive strategies, as well as involving her students' parents in various projects designed to develop a harmonious bilingual bicultural identity in young learners, prior to formal primary schooling (Fialais 2012).

3 The case study

Our research took place during the years 2011-2012 in an *école maternelle* situated in a lower middle class suburb of Strasbourg. The school has a total of 215 students from age 3 to 6 in eight classes out of which three offer the bilingual programme in French and German. There are three levels in *écoles maternelles*, and in this school, the bilingual classes start in level two (2 classes) and continue in level three (1 class). Three bilingual teachers share these classes: two who alternate in level two to teach through German, and one in level three who is in charge of instruction through both languages. The teacher in focus is not the only bilingual teacher in Alsace to have chosen to teach both languages, but out of the current 385 bilingual classes, less than twenty teachers have managed to negotiate this policy with their inspectors.

This teacher has been involved in bilingual education in Alsace since its creation at the beginning of the 90s, and has always taught at the pre-school level. Based on her long experience teaching at pre-primary level in the bilingual programme in Alsace, she ended up questioning the one language/one teacher policy for pedagogical reasons. She felt that teaching only through German constrained the efficiency of L2 acquisition by her young students and inhibited parents' collaboration because for the most part, parents have little or no knowledge of German. Her level three kindergarten class is the object of this study. At the time of our study her students were in their second year of bilingual education, the previous year they had two teachers and they would have two teachers again the following year in their first level of primary school.

Although in this particular class there was only one teacher in charge of both languages, French and German alternated according to the days of the week, with instruction in French taking place on Mondays and Thursdays and instruction in German on Tuesdays and Fridays (no school on Wednesdays in France). There were 27 students aged 5 to 6 in the class in 2011/2012, including 16 girls and 11 boys. Out of the 27 students, five were already bilingual, one speaking German and French, the others speaking Arabic (1), Turkish (2) and

Portuguese (1) at home. Another 9 students were in contact with Alsatian. Interestingly, in the questionnaire distributed to parents asking about the languages other than French understood or spoken by their children, Alsatian was never mentioned. However, a further question dealing specifically with this language was added on purpose asking 1) whether the parents or other members of the family spoke Alsatian *with* the children, and 2) whether the parents used Alsatian *in the presence* of their children. Different levels of contact with Alsatian were reported by 9 families ranging from parents speaking it every day to at least once a week or once a month, mostly in the presence of children rather than in communication with them.

In summary, in this particular class, one third of the children had some contact with the Alsatian language and one fifth were already bilingual. Although it is not the subject of this chapter, it should be pointed out here that the growing diversity of our classrooms challenges bilingual pedagogy as much as it does monolingual pedagogy, even if it is somewhat more of a paradox to ignore the student's plurilingual repertoire in a bilingual programme. However, the French curriculum in place in both monolingual and bilingual classes is based on academic knowledge to be acquired at school and tends to ignore competences acquired previously at home. Therefore, as we have explained elsewhere (Hélot 2007), on the whole, home languages remain invisibilized at school.

3.1 Parents' engagement in their children's bilingual learning

The policy for early bilingual education in Alsace stresses the support parents should give their children, particularly in German. This policy is somewhat unrealistic for parents who do not speak the language, as well as for Alsatian speakers who do not use the standard Hochdeutsch variety. Furthermore, researchers have shown that in mainstream pre-schools, there is a substantial gap between parents' and teachers' representations of what children actually do and learn in *écoles maternelles* (Brougère 2010) and more specifically, that there is a strong link between the role of parents in schools and the acquisition of knowledge at pre-school level (Musatti/Rayna 2010). The latter researchers explain how the co-construction of spaces where parents and professionals meet can help both of them to acquire new knowledge in relation to young children. This said, valuing the role of parents implies that the teachers should relent somewhat on the power they hold because of their education and training. Hickey (1999, 2008), working in Ireland, also mentions the engagement of parents being linked to quality early childhood education and to successful acquisition of Irish in public pre-schools or *Naíonraí* for 3 to 5 year old children.

In French *écoles maternelles,* the relationship between parents and teachers is on the whole easier than at later stages in the education system. Parents are welcome to bring their children to the classroom and often exchange a few words with the teachers. They will help with different festivals throughout the year or make costumes for plays for example, but will rarely be asked to participate in pedagogical projects where their competence could be used for the co-construction of knowledge with the teachers.

3.2 Parents' attitudes towards the one language/one teacher policy

We will turn next to our analysis of the attitudes of parents towards the one language/one teacher policy, and to their understanding of the role of a different policy, i.e. one bilingual teacher only. Their discourses are interesting because their children experienced both policies: the first where they had two teachers keeping each language separate, and the next with one teacher teaching through both languages. While the bilingual teacher respected the official separate time and subject allocation for each language, she devised various pedagogical strategies for the children to make links between the two languages and for the parents to become more involved in their children's learning experiences.

We will focus on the parent discourses elicited during a focus group interview, which took place on one evening in June 2012 at the school. Eight parents (5 mothers and 3 fathers) agreed to be video-recorded while they discussed together the change of policy. The aim of the interview was to find out about the parents' reactions and attitudes towards one *vs* two teachers, and the possible consequences on their children's bilingual learning. Analysis of their discourse brings to the fore central issues in bilingual pedagogy (García 2009) and points to most parents' awareness of the learning constraints imposed by the strict separation of the two languages.

When parents enrol their children in the bilingual programme their main objective is for their children to acquire German more efficiently than in the traditional foreign language classroom. Most of them have received an explanation of the one language/one teacher policy by pedagogical advisors who organise information meetings for parents prior to their children's schooling. It is still common for parents to express a fear of language mixing and code-switching. Therefore the policy of strict language allocation and different teachers for the two languages reassures parents that the bilingual program will not cause delayed acquisition of the French language.

However, once their child had started the program, parents began to understand the practical implications of the policy: two teachers, two classrooms, quite often two different pedagogies, will double up their children's experiences at school and modes of socialization. Yet they would tend not to question the policy believing that "good" bilingual education implies such constraints. However in the case of the parents we interviewed, when asked what they thought of the two teachers policy, most parents recalled their children's difficulties; for example mother 1 said:

Je trouvais que c'était pas évident en moyenne section pour des petits de cet âge-là de s'adapter à deux maîtresses, deux façons de travailler différentes, changer de classe aussi chaque jour, d'environnement … Et puis effectivement, c'était source un peu je trouve, de stress pour les enfants quel, quel, c'est quel jour, ah oui alors, c'est l'allemand donc c'est avec cette maîtresse, enfin vraiment c'était quelque chose [les autres parents approuvent] qui était important, on sentait que c'était un peu source d'angoisse quand même pour les enfants.[5]

What we see at work here is what Bonacina (2012) calls practised language policies: the policy allocating one language to one teacher leads in this case to space and time allocation being imposed on the children who must remember rules, which from the outset puts borders on their language practices. In other words their bilingual experience is being sliced into tightly knit compartments that they learn to respect at a very early age and which they associate with the strict separation of their two languages. According to the mother quoted above (and the other parents agreed) the time allocation on a daily basis confused the children and caused them some stress and anguish. Mother 1 brings up the issue of the young age of her child and his difficulties adapting to two different pedagogical styles and teaching strategies:

Je pensais que c'était compliqué pour un enfant de s'adapter à une personnalité, à une méthode de travail, à des exigences aussi, parce que forcément chaque enseignant a des exigences différentes par rapport à, au cadre, à la loi, au travail, au silence, et donc changer tous les jours, s'adapter à chaque fois à cette personne, à ses attentes, je pense que c'est dur pour un enfant de 4 ans, 5 ans.[6]

It seems obvious to us to stress that in the case of early childhood education, one of the major criteria of wellbeing is for children to be learning in an environment where they feel safe and where they can trust the adults around them. That bilingual education may be a source of stress from age 4 should certainly make education authorities think, even if French education has been generally known since the Pisa evaluations to cause stress in learners.

What this mother's comment points to here is not only that the children have to adapt to two different teaching strategies; it also reveals how the two teachers

---

[5]   I thought it was not easy in level 2 KG for young children to adapt to two teachers, two different ways of working, moving classroom every day, changing their environment … And indeed, it was a source of, a little, I believe, stress for the children, which day is it? Ah yes, it is German day, so we are with this teacher, truly it was something which was important [the other parents agree] one could feel it was indeed a source of some anguish for the children.

[6]   I thought it was complicated for a child to adapt to a personality, a teaching approach, expectations also, because obviously each teacher has different expectations, according to the framework, the classroom rules, the work, the silence, so that changing every day, adapting each day to that person, to her expectations, I think it is hard for a child of 4 or 5 years old.

in charge of the bilingual class have integrated the separation principle to a point where they do not see the need for a common teaching approach. As explained above, only teachers in charge of German are educated about bilingual education, so that each teacher in this model sees their pedagogical responsibilities as quite different, one teaching through a language the children speak (French) and the other teaching through a second language, the latter being responsible for the bilingual dimension. We would like to argue here that Cummins' (2007) metaphor of the dual solitude model aptly describes this model of bilingual education. Even when teachers do collaborate, their collaboration remains invisible to the children since the two teachers never teach together in the same class and consequently the children are not given any model for bilingual behaviour.

However, we would also like to point to the fact that the two teachers policy per se is not responsible for this monolingual vision of bilingualism but rather the lack of training in bilingual pedagogy for the French teacher, the lack of pedagogical coordination, and thus of common understanding of bilingual pedagogy by the two teachers. For even if teachers are encouraged to collaborate, collaboration is not the main focus in the curriculum, which stresses first and foremost the necessary association of one language with one person, therefore reinforcing monoglossic representations of bilingualism for teachers and parents alike, not to mention learners.

Asked about the change of policy during their child's second year of bilingual schooling, all the interviewed parents agreed that in view of the young age of the children, one teacher only was a better solution:

> Donc je trouvais qu'avoir une maîtresse en tout cas en maternelle, c'était ... préférable.[7] (Mother 1)

> Le fait qu'il y en ait qu'une je trouve que c'est, que c'est très bien.[8] (Father 1)

Indeed, García (2009, 293) writing about bilingual education at kindergarten level recommends one teacher only: "Good early childhood practices support the practice of one teacher staying with the same children throughout the day in order to give them the personal support that young children need."

Clearly parents are aware of the importance of the affective dimension in learning, how young children need to develop a close relationship with their teacher and feel safe at school, even more so when young children are shy:

> Au niveau de l'affectif notamment dans les petites classes ... l'affectif joue beaucoup à cet âge-là, les moyens, c'est encore petit.[9] (Mother 2)

---

[7] I thought having only one teacher, at least at kindergarten level, was preferable.
[8] The fact that there is only one teacher, I think it is very good.
[9] At the affective level, particularly in classes for young children, the affective dimension is very important at that age, second graders of kindergarten are still very young.

> Donc une enseignante ou un enseignant unique, je trouve que c'est bien, parce que moi
> j'ai une petite fille qui, est assez timide, elle a toujours du mal au début à, à s'imposer et
> surtout à, euh disons à garder un contact, à créer un contact et donc du coup, quand c'est
> doublé, c'est, c'est encore plus difficile quoi et l'année dernière, elle a pleuré pendant je
> dirais un mois, un mois et demi voire deux mois avant vraiment d'être à l'aise, d'être
> allée à l'aise à l'école.[10] (Father 1)

Again all parents nodded in agreement at this statement and the discussion moved to the importance of communication between child and teacher. One mother insisted on the importance of having a common language for the teacher to develop a real relationship and to be able to communicate with her pupils. Thus Mother 4 saw the learning relationship from the teacher's point of view:

> Je pense que pour vous c'est important aussi, ils vous faut parler, ils ne parlent pas que
> des devoirs ou du travail qu'ils font avec vous, ils vous parlent aussi de leur famille, de
> l'extérieur, de ce qui … donc je pense qu'il faut aussi pouvoir échanger facilement avec
> la langue maternelle pour être à l'écoute de ça, et connaître l'enfant.[11]

Here, the mother's statement questions the one language/one teacher policy which puts the teacher of German in a very constrained situation since s/he is supposed to use only German with the children. This parent is aware of the importance of social communication, and that exchanges in class, again with such young learners, go beyond school life and concern their family and the outside world. For the teacher to know his/her learners, to listen to what they have to say, communication can only be in French, thus contradicting the policy in place.

Father 3 goes further, mentioning the relationship between teachers and parents and saying that it is easier to develop a trusting relationship with one teacher:

> Et surtout, et surtout, cette chose très, très importante, c'est la proximité, la confiance qui
> doit régner entre les parents [et l'enseignante] parce que lorsqu'on a affaire à un
> enseignant, euh, y'a une proximité, une approche, un contact, une, comment on appelle
> ça, une, euh, euh, une confiance qui s'installe.[12]

---

[10] Thus, one teacher only, I think it's good, because my daughter is rather shy, and she
     always has difficulties at first, to impose herself and mostly, let's say to establish contact
     so that when it is doubled, it is even more difficult for her, and last year she cried during I
     would say one month, one month and a half, even two months before feeling comfortable
     at school, before being happy going to school.

[11] I think that for you it is also important, you need to communicate. Children do not speak
     only of homework and what they do with you. They also tell you about their family, what
     they do outside, so I think it is also necessary to communicate in the mother tongue in
     order to listen to what the children have to say, and to know the children.

[12] And mostly, mostly, what is very, very important is the closeness, the trust which must
     exist between parents and teachers because when one deals with only one teacher there is
     a closeness, an approach, a contact, how do you say, a form of trust which develops.

As to the wellbeing of their children and the links to their cognitive development, parents have come to understand that one teacher is better able to follow up on their children's development, as well as on their possible learning problems, whereas two teachers tend to have a separated vision of the children's cognitive development or learning difficulties. They see the teacher's responsibility at that level as accompanying the children on their journey as learners and as stimulating their curiosity, in other words that one teacher allows for better pedagogical support. As Father 3 explains:

> L'enfant, à mon avis, euh, s'adapte mieux quand il a affaire à une seule personne, c'est à dire une seule enseignante, dans la mesure où ça lui permet de s'épanouir et par la même occasion pour l'enseignant de voir l'évolution de l'enfant, son suivi, ses carences … pour un meilleur suivi pédagogique de l'enfant, pour son éveil, pour son accompagnement.[13]

Another father (Father 1) insists that the children's development should be observed continuously, and not split according to different days and different languages:

> Et ça permet je trouve aussi à l'enseignant de voir toute l'évolution de l'enfant. Il est pas scindé, une fois le mardi, c'est lui qui reprend, le jeudi c'est l'autre, là du coup, vous avez la vue complète de l'évolution de l'enfant, aussi bien en allemand qu'en français.[14]

While parents are not experts in bilingual pedagogy, it is interesting to note that they comment on the importance of making links between the two languages, and that a sole teacher can manage the pedagogical content of lessons better. Mother 5 points to the lack of pedagogical continuity when two teachers are each teaching in one language, because they do not necessarily know what has been taught the day before and that continuity is far easier to implement with only one teacher:

> Le chemin est plus court, parce que vous avez pas besoin de vous relayer avec l'autre prof pour dire qu'est-ce qu'on a vu, est-ce que c'est le pantalon bleu ou est-ce que c'est la chemise jaune? C'est tellement plus facile et c'est bien d'avoir très peu de personnes.[15]

---

[13] In my opinion, a child adapts better when s/he is with only one person, one teacher, it allows him/her to blossom and at the same time the teacher can see the child's development, deal with difficulties … for a better pedagogical follow up, for the child's alertness, and for better support.

[14] And it also allows the teacher to see the whole development of the child. It is not split, on Tuesday one teacher takes the children, on Thursday, the other teacher. Now you have a complete vision of the development of the child, in German like in French.

[15] The path is shorter because you don't need to consult the other teacher to ask what did we do, was it blue trousers or yellow shirt? It's so much easier and it's better to have fewer people teaching.

Father 1 makes a very important point about the necessity of making links between the two languages, and of using French to support the learning of German. He is clearly aware that children who are beginners in German should not be prevented from asking questions in French in the German class:

> Et ça permet de faire des liens, et puis l'enfant, même si en allemand il débute, il a quand même le côté français qui permet de poser des questions.[16]

Subject allocation across the two languages was also mentioned by some of the parents even if at that level it is not always implemented very strictly. Mother 2 related how the separation of languages across school subjects led the children to closely associate maths with German for example, as if maths was not a subject on its own, and to feel insecure when they did not understand:

> On sent de nouveau que c'est un peu plus, forcément c'est compartimenté et donc ah tiens … aujourd'hui c'est les maths en allemand, euh c'est, c'est les sciences naturelles en allemand, y'a, y'a, on sent de nouveau que c'est presque de nouveau une association d'une matière avec une langue.[17]

It should be explained here that the interviewed parents attested to the fact that their children respected the rule of using German only in the German class when they had two teachers, which according to them brings up another issue: when faced with comprehension problems their children felt at a loss and very quickly gave up, whereas they were doing very well in subjects taught through French. As explained by mother 3:

> Et quand on a deux référents, deux langues différentes. Moi je l'ai vu par rapport à mes enfants … je me suis rendue compte que des fois, ils étaient attentifs en français mais en allemand ils décrochaient, je disais qu'est-ce que t'apprends? Pfff, je sais pas, elle parle la maîtresse, je comprends pas ce qu'elle dit. Ah d'accord … et ben, moi j'en ai un qui est sorti du bilingue parce qu'il a, je pense qu'il a pas accroché, et je pense que p't-être que s'il avait eu à chaque fois qu'un seul référent, il aurait peut-être, on lui aurait donné plus de chance ça je suis persuadée. Puisque c'est même lui qui me disait, ben elle parle, qu'est-ce qu'elle dit? Non je comprends pas ce qu'elle dit … Et en plus y'avait une règle qui disait on ne traduit pas, alors ça, c'est une super règle parce qu'alors là les gamins, bon on comprend pas ce qu'elle dit donc, on est là, elle nous fait faire des trucs, bon ben on fait ce qu'on peut mais il n'y a pas besoin de compréhension et y'a pas d'apprentissage … on comprend pas donc, on maîtrise pas, donc on reste en retrait.[18]

---

[16] It makes it possible to make links and then even if the child is a beginner in German, s/he still can use his/her French to ask questions.

[17] We feel again that it is a bit more, obviously, compartimentalized, and so ah, OK, today maths is in German, well, euh, science is in German, there is, one feels that it is almost as if there is an integration of subject with language.

[18] And when one has two referents, two different languages. I saw the effect on my children … I noticed that sometimes they were attentive in French but in German they lost interest, I asked them "What did you learn?" Pfff I don't know, the teacher speaks but I don't

Clearly children are not forbidden to ask their German teacher for clarifications in French, but translation is often discouraged or forbidden so that learners internalize the separation rule and when they do not understand they remain silent, and cannot engage in learning activities. This led the above quoted mother to take her child out of the bilingual programme. That mother (Mother 3) goes on to state that she does not know anything about pedagogy but that it is obvious for her that children need at times to have explanations in French for what they do not understand in German, otherwise they quickly disengage from learning:

Mais moi je sais que des fois Arthur, je lui disais, il me disait «mais je comprends pas ce qu'elle dit la maîtresse», je lui dis «mais demande-lui!» il me dit mais elle m'explique mais je comprends pas [rires] parce que voilà, y'avait pas, y'a un moment il faut quand même passer par soit un moyen, je sais pas qu'elle est la technique pédagogique mais oui on peut expliquer autant de fois qu'on veut et dans une langue, si on la comprend pas, on la comprend pas. Et du coup il laissait tomber.[19]

We see here how the one language/one teacher policy in Alsace implies that children should be able to function in the German class in the same way as they do in the French class, thus in two monolingual modes (Grosjean 2008) where French does not interfere with German. This monolingual mode of communication in each language imposed by the policy on teachers, leads to the children quickly understanding that they should also function in a monolingual mode. Interestingly the policy also influences parents' views of bilingualism. Mother 1 remarks on how she ended up also separating what her child did in school:

Nous aussi de notre côté, en tout cas là je m'en rends compte c'est qu'on cloisonne, finalement nous aussi on cloisonnait l'an dernier. "Alors, comment ça s'est passé en allemand, qu'est-ce que tu fais en allemand? qu'est-ce que tu as appris en allemand?", je me rends compte en fait que je pose jamais la question dans ce sens-là. "Qu'est-ce que

---

understand what she says. Ah, OK well I took one of my children out of the bilingual programme, because it did not work out for him and I think that if he had had only one referent he might have had more chances, I'm sure of that because he said it himself: "She speaks but what does she say? I don't understand what she says" ... and there was a rule which said "no translation", a brilliant rule that because the kids they don't understand what is said, and there they are, asked to do things and they do what they can, no need to understand and there is no learning ... they don't understand, they don't learn and they disengage from learning.

[19] But I know that sometimes I asked Arthur and he said to me "But I don't understand what the teacher says" and I replied "but you should ask her!" and he said "but she explains things to me but I don't understand" [laughter] because there was no moment, there has to be a way, I don't know pedagogical techniques but yes one can explain as many times as needed in a language, but if you don't understand this language, you don't understand. And then he gave up.

t'as fait à l'école aujourd'hui?" Et c'est, alors que l'an dernier, voilà, il y avait l'allemand, puis il y avait le français et puis, et finalement le cloisonnement il venait aussi de moi, enfin, oui forcément. Pour l'enfant je pense, c'est pas évident non plus de faire les liens, si déjà nous, alors que cette année, oui je demande jamais "qu'est-ce que t'apprends en allemand?", c'est "qu'est-ce que tu fais à l'école?" et voilà, il y a un lien.[20]

Mother 1 admits that she has become aware that using two languages necessarily implies translanguaging (García 2009) and that it is natural for children to switch from one language to the other:

> Mais quand même qu'il y a un peu un mélange des deux langues, forcément, de fait, quand vous devez traduire un mot ou, je trouve que c'est, c'est aussi ce fil conducteur qu'il peut y avoir et puis, entre les deux langues et puis qu'il y ait pas de rupture non plus entre le français et l'allemand ... ben les enfants, passent d'une langue à l'autre de façon naturelle.[21]

And Mother 3 concludes that using two languages to learn, "*c'est comme un pull qu'on tricote*". This image of knitting describes very aptly how the two languages interact with one another rather than co-existing as two discrete bounded linguistic systems alongside one another.

4 Conclusion

For years researchers have investigated the importance of making links between the learner's first language and acquisition of a second (Cummins 2001). More recently other researchers (García 2009; Creese/Blackledge 2010) have argued for bilingual education practices to include cross-linguistic transfer, translanguaging and metalinguistic awareness. Rather than stigmatising translanguaging, they have shown that such language practices can be used as pedagogical resources for bilingual acquisition, because new meanings are elaborated out of the experience of learning through two languages and two cultures (García/Kleifgen 2008; Creese/Blackledge 2010). Furthermore,

---

[20] We do too, at least I'm aware now that we compartmentalize, indeed last year we also compartmentalized. "So how did you get on in German, what did you do in German, what did you learn in German?" I noticed that I no longer ask questions in the same way: "What did you do in school today?" Whereas last year there was German and then there was French, and in fact the separation came from me too, yes, obviously. For the child, I think it is not easy either to make links, if we don't, whereas this year I never ask what did you do in German, my question is: "what did you do in school?" and now there is a link.

[21] But all the same, there is a little language mixing, obviously, in fact when you have to translate a word, or I think there can be a common thread between the two languages, so that there is no break between either French and German ... Well, the children come and go from one language to the other naturally.

bilingual learners should be allowed in class to use all their linguistic resources flexibly to make meaning. We know that children who learn a second language or who learn through two languages use strategies such as cross linguistic transfer to understand how the new language works, and they do it whether they are encouraged or not. Lambert and Tucker (1972) reported that students in the French immersion programmes in Canada did compare their two languages French and English, even though instruction in the two languages was kept rigidly apart. Forcing bilingual students to function in a monolingual mode thus prevents them from voicing their metalinguistic awareness (Cummins 2001; Bialystok 2007) and it prevents teachers from using such strategies to help students remember and make sense of their learning experiences. As expressed by Cummins (2007, 229):

> If students in bilingual/immersion programs spontaneously focus on similarities and differences in their two or three languages, then they are likely to benefit from systematic encouragement by the teacher to focus on language and develop their language awareness.

García (2009), Blackledge and Creese (2010b) and Weber and Horner (2012) argue against separate bilingualism and propose that we think in terms of flexible bilingualism. By flexible bilingualism they mean that the language regime in a particular education system should take into account the children's actual linguistic resources. In other words, bilingual education should be more inclusive of the needs of all learners, more dynamic (García 2009), and include more languages, extending beyond the two languages of most programmes.

This said, Weber and Horner (2012) remind us that the monoglossic pressure exerted by schools through language in education policies which are still framed within monolingual ideologies, makes it difficult for teachers engaged in bilingual education to transform their bilingual teaching approaches into multilingual ones. Bilingual education in Alsace is a clear example of the monoglossic ideology that pervades the French education system. The one teacher/one language policy imposes constraints on teachers who hesitate to use the children's knowledge of French for their acquisition of German. In some cases it could even lead to the children being silenced.

Finally, we would like to argue for more flexibility in the one teacher/one language policy, particularly for young pre-school learners who need to feel linguistically secure in their first learning experiences. Having just one bilingual teacher, as parents in this study understood, does not put the bilingual language development of young learners at risk. It is time for policy makers to understand that there is no theoretical argument to support the principle of keeping separate language spaces in bilingual programmes. Bilingual education in Alsace should question its main focus on the acquisition of German and its exclusive reliance on monolingual instructional strategies. Use of a single bilingual teacher promotes bilingual pedagogy, bilingual ideology, bilingual behaviour that will in

turn promote a bilingual identity in young children and positive effects on the
learning of both languages.

References

ABCM Zweisprachigkeit: Association pour le bilinguisme à l'école maternelle.
   http://www.abcmzwei.eu/sprachigkeit/ (accessed: 04.09.2013)
Baker, Colin (1996): Foundations of Bilingual Education and Bilingualism (2nd
   edition). Clevedon: Multilingual Matters
Benert, Britta (2008): «À l'école il y a deux maîtres»: L'enseignement bilingue
   en Alsace. L'héritage culturel en question. In: Hélot, C./Benert, B./Ehrhart,
   S./Young, A. (eds): Penser le bilinguisme autrement. Frankfurt: Peter Lang,
   p. 41-58
Benert, Britta/Hélot, Christine (2009): Traduction et altérité. In: Neohelicon
   XXXVI, 1, p. 49-61
Benert, Britta/Hélot, Christine (2010): Littérature de jeunesse et plurilinguisme.
   A la rencontre de deux auteurs polyglottes en formation bilingue. In: Ehrhart,
   S./Hélot, C./Le Nevez, A. (eds): Plurilinguisme et formation des enseignants.
   Une approche critique. Frankfurt: Peter Lang, p. 115-144
Bialystok, Ellen (2007): Acquisition of literacy in bilingual children: A frame-
   work for research. In: Language Learning 57, Issue Supplement s1, p. 45–77
Blackledge, Adrian/Creese, Angela (2010): Multilingualism. A Critical
   Perspective. London: Continuum
BO n°33 (2001): Bulletin Officiel du Ministère de l'Éducation Nationale.
   http://www.education.gouv.fr/bo/2001/33/encartb.htm (accessed: 16.05.13)
Bonacina, Florence (2012): Researching practiced language policies: Insight
   from conversational analysis. In: Language Policy 11, p. 213-234
Brougère, Gilles (ed.) (2010): Parents, pratiques et savoirs au préscolaire.
   Frankfurt: Peter Lang
Budach, Gabriele/Dreher, Ulrike/Spanù, Patrizia (2008): „se non è chiaro
   prendete l'abaco": Wege zu einem bilingualen Curriculum im Schnittpunkt
   von Multimodalität und Tandem Lehren. In: Budach, G./Erfurt, J./Kunkel,
   M. (eds): Écoles plurilingues - Multilingual Schools: Konzepte, Institutionen
   und Akteure. Internationale Perspektiven. Frankfurt: Peter Lang, p. 291-316
Cazden, Courtney B./Snow, Catherine E. (eds) (1990): English Plus: Issues in
   Bilingual Education. London: Sage
Churiki, Eri (2003): Les enjeux de l'enseignement bilingue paritaire en Alsace.
   Strasbourg: Thèse de l'Université de Strasbourg 2. Unpublished
Creese, Angela/Blackledge, Adrian (2010): Translanguaging in the bilingual
   classroom. A pedagogy for learning and teaching. In: Modern Language
   Journal 94, 1, p. 103-115

Cummins, Jim (2001): Negotiating Identities: Education for Empowerment in a Diverse Society (2nd edition). Los Angeles: California Association for Bilingual Education

Cummins, Jim (2007): Rethinking monolingual instructional strategies in multilingual classrooms. In: Canadian Journal of Applied Linguistics, special issue "Multilingualism in Canadian Schools", 10, 2, p. 221-240

Fialais, Valérie (2012): L'enseignement bilingue paritaire franco-allemand en maternelle: Approches didactiques et pédagogiques de la mémorisation. Mémoire de Master, Université de Strasbourg, Unpublished

García, Ofelia (2008): L'enseignement en milieu multilingue aux États-Unis. In: Hélot, C./Benert, B./Ehrhart, S./Young, A. (eds): Penser le bilinguisme autrement. Frankfurt: Peter Lang, p. 113-127

García, Ofelia (2009): Bilingual Education in the 21st Century. A Global Perspective. New York: Blackwell

García, Ofelia/Kleifgen, Jo Anne/Falchi, Lorraine (2008): From English language learners to emergent bilinguals. In: Equity Matters: Research Review 1

Grosjean, François (2008): Bilingual Life and Reality. Harvard: Harvard University Press

Harrison, Michelle A. (2012a): A century of language beliefs in Alsace. In: Modern and Contemporary France. http://www.tandfonline.com/doi/abs/10.1080/09639489.2012.671806#.UsaPwIWl1-U (accessed: 12.09.2013)

Harrison, Michelle A. (2012b): Managing France's Regional Languages: Language Policy in Bilingual Primary Education in Alsace. Doctoral thesis, University of Liverpool

Hélot, Christine (2007): Du bilinguisme en famille au plurilinguisme à l'école. Paris: L'Harmattan

Hélot, Christine (2008): Penser le bilinguisme autrement. Introduction. In: Hélot, C./Benert, B./Ehrhart, S./Young, A. (eds): Penser le bilinguisme autrement. Frankfurt: Peter Lang, p. 9-27

Hélot, Christine (2013): Le développement langagier du jeune enfant en contextes bilingue et plurilingue. Quels enjeux éducatifs pour les structures d'accueil de la petite enfance? In: Hélot, C./Rubio, M.N. (eds): Développement du langage et plurilinguisme chez le jeune enfant. Toulouse: Éditions Eres, p. 41-60

Héran, François/Filhon, Alexandra/Deprez, Christine (2002): La dynamique des langues au fil du XXème siècle. In: Populations et sociétés 376 http://www.ined.fr/fichier/t_publication/65/publi_pdf1_pop_et_soc_francais_376.pdf (accessed: 08.10.2013)

Hickey, Tina (1999): Parents and early immersion: Reciprocity between home and immersion pre-school. In: Journal of Bilingual Education and Bilingualism 2, 2, p. 92-114

Hickey, Tina (2008): L'éducation bilingue en Irlande. Passé, présent, futur. In: Hélot, C./Benert, B./Ehrhart, S./Young, A. (eds): Penser le bilinguisme autrement. Frankfurt: Peter Lang, p. 155-171

Huck, Dominique (2008): Les politiques linguistiques et les dialectes en Alsace depuis 1945. In: Behague, E./Goeldel, Denis (eds): Une germanistique sans rivages: Mélanges en l'honneur de Fréderic Hartweg. Strasbourg: Presses Universitaires de Strasbourg, p. 56-64

Huck, Dominique/Laugel, Arlette/Laugner, Maurice (1999): L'élève dialecto-phone en Alsace et ses langues. L'enseignement de l'allemand aux enfants dialectophones à l'école primaire. Strasbourg: Oberlin

Huck, Dominique/Bothorel, Arlette/Geiger-Jaillet, Anémone (2007): L'Alsace et ses langues. Éléments de description d'une situation sociolinguistique en zone frontalière. http://ala.ustrasbg.fr/documents/Publication%20%20L'Alsace%20et%20ses%20langues.pdf (accessed: 08.08.2013)

Lambert, Wallace E./Tucker, G. Richard (1972): Bilingual Education of Children: The St Lambert Experiment. Rowley, Mass: Newbury House

Menken, Kate/García, Ofelia (eds) (2010): Negotiating Language Policies in Schools. Educators as Policymakers. London: Routledge

Nagy, William E./García, Georgia.E./Durgunoglu, Aydin Yücesan/Hancin Bhatt, Barbara (1993): Spanish-English bilingual students' use of cognates in English reading. In: Journal of Reading Behaviour 25, p. 241-259

Musatti, Tullia/Rayna, Sylvie (2010): Parents, pratiques et savoirs au préscolaire. Frankfurt: Peter Lang

Puren, Laurent (2004): L'école française face à l'enfant alloglotte. Contribution à une étude des politiques linguistiques éducatives mises en œuvre à l'égard des minorités linguistiques scolarisées dans le système éducatif français du XIXe siècle à nos jours. Thèse de Doctorat, Université de Paris. http://www.box.net/shared/1zl4o639f8 (accessed: 08.08.2013)

RERS: Repères et références statistiques sur les enseignements, la formation et la recherche (2011): Ministère de l'Éducation Nationale, Paris. http://media.education.gouv.fr/file/2011/01/4/DEPP-RERS-2011_190014. pdf

Ronjat, Jules (1913): Le développement du langage observé chez un enfant bilingue. Paris: Champion

Thomson, Linda (2000): Young Bilingual Learners in Nursery School. Clevedon: Multilingual Matters

Weber, Jean-Jacques/Horner, Kristine (2012): Introducing Multilingualism. A Social Approach. New York: Routledge

TÍMEA KÁDAS PICKEL

Je suis qui je suis / Meet the other side of me.
Identité et littératie multilingue/multimodale:
Analyse d'un projet photographique réalisé par des élèves
nouvellement arrivés en France

Abstract

Ce chapitre propose une analyse d'un projet d'enseignement de la littéracie multilingue et multimodale dans une classe d'élèves allophones nouvellement arrivés en France. Alors que les derniers textes officiels reprécisent l'importance de l'apprentissage du français le plus rapide possible, nous soulignons la nécessité d'intégrer une perspective plurilingue où la prise en compte de l'identité des élèves leur permet de mieux s'engager dans les apprentissages.

Era difícil ser negro, en esa ciudad
Hipocritas … pura falsedad[1]

---

[1] C'était difficile d'être noir, dans cette ville
Hypocrites … mensonge pur (Ricardo: 16 ans)

1 Introduction

L'objectif de ce chapitre est d'examiner comment de jeunes adolescents immigrés se sont engagés dans un processus de reconstruction identitaire grâce à un projet pédagogique impliquant une approche multilittéracique et multimodale de la littératie. Nous montrerons de quelle manière leur participation à ce projet a fait évoluer leur vision du monde et d'eux-mêmes, et leur a permis de se voir et de voir leurs pairs avec un nouveau regard.

Le projet a été mené dans une classe d'accueil de collège fréquentée par des élèves nouvellement arrivés en France à la rentrée 2011-2012. Notre recherche a consisté dans l'élaboration d'un projet autour de la notion d'identité ayant pour objectif un apprentissage de la langue française et plus particulièrement de la compétence d'expression écrite. Le projet fut influencé au départ par les travaux de Cummins et Early (2011) sur ce qu'ils nomment les textes identitaires. Nous avons d'une part encouragé les élèves à écrire dans leur langue première avant d'écrire en français et d'autre part inclus une dimension artistique par le biais d'un projet photographique sur l'auto-portrait.

Dans ce chapitre nous résumerons tout d'abord les travaux de recherche sur la notion d'identité, notion complexe aux confins de plusieurs disciplines scientifiques et centrale pour notre réflexion sur l'intégration de jeunes adolescents en situation vulnérable dans une classe de collège français. Dans une deuxième partie, nous présenterons les élèves allophones nouvellement arrivés et illustrerons la richesse de leur répertoire plurilingue comme moyen d'apprentissage de la langue de scolarisation. Nous décrirons brièvement le projet mis en œuvre ainsi que les différentes étapes de son déroulement. Enfin, notre dernière partie présentera une analyse des productions textuelles et photographiques de sept élèves ainsi que leur discours sur leur vécu de cette expérience, discours recueilli lors d'un entretien de focus group mené une fois le projet terminé.

2 La notion d'identité

La notion d'identité est une notion complexe qui a été étudiée par de nombreux chercheurs appartenant à différentes traditions scientifiques. Nous présenterons rapidement ci-dessous une synthèse des lectures qui nous ont aidées à mieux comprendre les dimensions multiples afin de pouvoir construire notre projet pédagogique avec de jeunes adolescents nouvellement arrivés en France, scolarisés dans notre classe d'accueil.

2.1 Comment les chercheurs définissent-ils la notion d'identité?

Les premières définitions qui ont émergé de la sociologie de Durkheim (1895), pour qui l'individu était le produit des conditions sociales dans lesquelles il s'était développé, ont mis l'accent sur la dimension sociale du concept de soi et de l'identité. Mead ([1934]1963), un des précurseurs de la psychologie sociale, est parmi les premiers à avoir réfléchi sur le concept de soi. En s'écartant de la vision de l'individu en tant qu'élément isolé, il insiste sur l'importance de l'Autre et de l'expérience sociale dans la production de la conscience de soi qui «se développe chez un individu donné comme résultat des relations que ce dernier soutient avec la totalité des processus sociaux et avec les individus qui y sont engagés» (Mead 1963, 115). Il définit l'identité, le soi, comme le produit d'une conversation interne entre ce que les autres nous renvoient de nous-mêmes, notre vision personnelle de nous-mêmes et notre interprétation de la vision des autres à notre égard. C'est donc à travers le regard d'autrui que se construit le concept de soi.

Les recherches dans le domaine des neurosciences se sont également intéressées au concept de soi. Ainsi, Damasio (1999) rend compte des différents niveaux de conscience qui définissent le concept de soi, dont la forme la plus évoluée est une sorte de conscience étendue dans laquelle le «Moi» évolue à travers les nouveaux contextes qu'il rencontre, ceci donnant naissance à ce qu'il définit comme le soi-autobiographique. Il décrit également le rôle important dans ce processus, de la mémoire autobiographique, mémoire qui englobe à la fois nos souvenirs du passé mais aussi nos attentes et nos aspirations du futur et qui participe à la construction du soi-autobiographique.

Ainsi «notre soi autobiographique ... ne résulte pas seulement de nos biais innés et de nos expériences de vie; il est l'aboutissement d'un travail sur les souvenirs que nous gardons de ces événements» (Damasio 1999, 226). De ce fait, le soi autobiographique se modifie tout au long de la vie et englobe non seulement les éléments du passé mais également les perspectives d'avenir. L'évolution du soi, selon Damasio (1999, 226), sera déterminée par «l'équilibre qui s'instaure entre ... le passé vécu et l'anticipation du futur».

Pour Foucault (1994, 213), la constitution du sujet et de son identité repose sur un ensemble de «techniques de soi» qui «sont proposées ou prescrites aux individus pour fixer leur identité, la maintenir ou la transformer en fonction d'un certain nombre de fins, et cela grâce à des rapports de maîtrise de soi sur soi ou de connaissance de soi par soi». Par ailleurs, la notion de pouvoir est centrale dans la théorie de Foucault, notion qu'il analyse comme un rapport des forces multiples qui sont à la fois des forces de résistance et de création. Ces relations de pouvoir traversent le soi en l'obligeant à se recréer continuellement et à résister aux forces qui s'imposent à lui. L'objectif étant l'affirmation de l'individu en tant que différent, à la fois «sujet soumis à l'autre par le contrôle et la dépendance et sujet attaché à sa propre identité par la conscience et la connaissance de soi» (Foucault 1994, 227).

Pour Bourdieu (2001, 287), le concept d'identité renvoie à «cet être perçu qui existe fondamentalement par la reconnaissance des autres». Son travail sur le concept d'agentivité a apporté une réponse au problème posé dans les sciences humaines par la définition de l'agent en tant qu'objet d'étude. Il définit l'agentivité comme l'ensemble des stratégies mis en œuvre par l'agent en fonction de son habitus pour répondre aux contraintes objectives (le champ). Ce que Bourdieu (1997, 166) met en évidence à travers cette notion d'agent et d'agentivité, c'est la présence du social au cœur des pensées et des comportements les plus intimes de l'individu.

Une autre notion importante dans la réalisation de soi, et donc dans la (re)construction de son identité, est la notion de voix. Dans des recherches sur «les politiques de la voix et de la différence», Giroux (1992) s'intéresse à la manière dont les élèves fonctionnent comme agents et à la manière dont ils deviennent «sans voix» dans certains contextes ou encore se réduisent eux-mêmes au silence lorsqu'ils vivent une situation d'intimidation, réelle ou imaginée. C'est ce qui ce passe notamment à l'école, comme le précise Giroux (1992, 203), où «les voix des groupes subordonnés, ceux dont l'anglais n'est pas la langue première, et dont le capital est ou bien marginalisé ou bien dénigré par la culture dominante de l'école»[2] sont rendues silencieuses. De même, pour Miller (2004, 293) "students from subordinate groups are silenced because they are unable to represent themselves or to negotiate their identities through their first language at school".

Dans ses recherches menées aux Etats-Unis, Delpit (1995) introduit la notion de "silenced dialogue" pour expliquer pourquoi les adolescents noirs ont du mal à réussir à l'école. Elle soulève le problème des stratégies d'enseignement qui mettent les élèves dans une plus grande difficulté à l'école. Elle suggère que les enseignants devraient davantage prendre en compte la culture des élèves dans la construction des connaissances à enseigner, afin d'aider ces élèves à décoder la culture «blanche» des classes moyennes qui représentent la «culture du pouvoir», c'est-à-dire la culture légitime de l'école.

Kinloch (2012) reprend la notion de "silenced dialogue" de Delpit pour s'intéresser davantage aux voix des jeunes, qui sont inaudibles. Elle fait appel aux enseignants afin qu'ils créent des situations et des environnements d'apprentissage dans lesquels les jeunes peuvent s'engager dans un dialogue "to find out who they are, how they feel, and how they can become 'authentic chroniclers' of their own experiences" (Kinloch 2012, 111). C'est dans de telles situations d'apprentissage que leur voix deviendra audible. La notion de dialogue silencieux, précise Kinloch (2012, 112), pourrait s'avérer utile pour voir "the ways conflict, miscommunication, learning, and power impact

---

[2]   Notre traduction.

classroom literacy engagements and students' perceptions of school and schooling". De nombreuses études ont montré que les élèves réussissent mieux lorsque les activités scolaires ont du sens pour eux et lorsqu'ils savent que leurs voix comptent (Cummins/Early 2011; Kinloch 2010, 2012; Morrell 2004).

Une autre facette de l'identité est décrite par Ricœur (1985) dans ce qu'il appelle l'identité narrative. Par les récits qu'on peut écrire sur soi, nous essayons de donner une unité à notre existence. L'identité narrative apparaît comme un enjeu aussi bien pour les individus que pour les groupes qui (re)construisent leur identité au travers de grands récits: «La notion d'identité narrative montre encore sa fécondité: l'individu et la communauté se constituent dans leur identité en recevant tels récits qui deviennent pour l'un comme pour l'autre leur histoire effective» (Ricœur 1985, 356).

Par ailleurs, dans une interview télévisée Ricœur (1997) explique la notion d'identité en attirant l'attention sur le lien entre identité (qui suis-je?) et mémoire (ce que je sais que je suis), et identité (mêmeté) et altérité (ce que les autres disent que je suis). Ainsi, la réponse à la question de départ (qui suis-je?) nous la cherchons dans le regard de l'autre, par conséquent nous ne pouvons construire notre identité que par rapport à ce qui est différent, qui n'est pas Moi, précise Ricœur.

La vision poststructuraliste de chercheurs tels que Norton (2000), Pavlenko et Blackledge (2004) des dernières deux décennies a permis de redéfinir la notion d'identité et d'en saisir toute la complexité. Aujourd'hui on insiste davantage sur la façon dont l'identité se construit dans le discours (Block 2010). Ainsi, toutes les langues que nous utilisons ont une dimension à la fois sociale et identitaire. De nombreuses études dans ce domaine ont souligné l'importance de la prise en compte de la dimension identitaire du répertoire linguistique des élèves dans le contexte scolaire. Elles ont également attiré l'attention sur la nécessité de prendre en compte le vécu langagier des élèves puisqu'une reconfiguration de leur répertoire plurilingue aura bien lieu au contact du français (Cummins 1996, 2001, 2006; García 2009; Pavlenko/Blackledge 2004; Norton 2000).

2.2 La notion d'identité en contexte migratoire

Parce que nous travaillons avec des élèves qui ont une histoire de migration récente et pour la plupart difficile, il nous a semblé intéressant d'aborder la réflexion que propose Bourdieu sur la notion de «capital». Grâce à cette notion, il nous amène à comprendre l'univers social en révélant les structures, les relations et les dépendances qui s'y jouent. Il explique comment les différentes sortes de capital possédées par un individu sont accumulées, reproduites ou reconverties dans le but de maintenir ou d'améliorer sa position sociale (Bourdieu 1997). Cette transformation ou enrichissement est d'autant plus difficile pour les plus démunis en capital, notamment les immigrés et tout particulièrement les «sans-papiers» que Bourdieu appelle «des hommes sans avenir». Ainsi «le capital sous ses différentes espèces est un ensemble de droits de préemption sur le futur; il garantit à certains le monopole de certains possibles pourtant officiellement garantis à tous (comme le droit à l'éducation)» (Bourdieu 1997, 267).

A travers l'expérience migratoire et le changement d'environnement, le capital (linguistique, social, économique et culturel) des élèves nouvellement arrivés est invisibilisé dans l'école française dont les politiques linguistiques éducatives insistent surtout sur l'intégration par le biais de l'apprentissage le plus rapide possible du français (BO n°37 du 11-10-2012). Dans le cas des immigrés et de nos élèves allophones arrivants, il nous semble important que l'école aide à recréer une sorte de capital symbolique afin de leur permettre d'accéder à la reconnaissance et de se construire ou reconstruire une légitimité dans le regard de l'autre. Car, comme l'explique Bourdieu (1997, 200), le capital symbolique «n'existe … que dans et par l'estime, la reconnaissance, la croyance, le crédit, la confiance des autres», autant d'éléments indispensables dans la reconstruction identitaire des élèves qui se retrouvent en contexte migratoire.

3 Comment travailler la notion d'identité avec des élèves nouvellement arrivés?

3.1 Qui sont les élèves nouvellement arrivés?

Les élèves nouvellement arrivés sont des élèves de nationalité étrangère arrivés récemment sur le territoire français, ne maîtrisant pas ou peu la langue française et dont la famille a migré pour des raisons économiques ou politiques. Il est à préciser que certains élèves sont des mineurs isolés, c'est-à-dire qu'ils arrivent seuls, sans famille sur le territoire français. La récente circulaire datant d'octobre 2012 relative à l'organisation de la scolarité de ces élèves introduit le terme d'«élèves allophones». Deux dénominations se côtoient dans ces nouveaux textes: «élèves allophones arrivants» ou encore «élèves allophones nouvellement arrivés» (BO 2012 n°37). L'objectif de ces textes est l'apprentissage du français afin d'assurer l'inclusion/l'intégration la plus rapide possible de ces élèves dans le cursus ordinaire:

> Cette inclusion passe par la socialisation, par l'apprentissage du français comme langue seconde dont la maitrise doit être acquise le plus rapidement possible par la prise en compte par l'école des compétences acquises dans d'autres domaines d'enseignement dans le système scolaire français ou dans d'autres pays, en français ou dans d'autres langues. (BO 2012 n°37 du 11-10-2012)[3]

---

[3]   http://www.education.gouv.fr/pid25535/bulletin_officiel.html?cid_bo=61536.

Les élèves allophones[4] sont inscrits dès leur arrivée dans une classe ordinaire et suivent un enseignement spécifique en langue seconde dans une unité pédagogique pour élèves allophones arrivants (UPE2A) pour une durée de 12 heures minimum dans l'enseignement secondaire (collège). Par ailleurs, depuis les années 70 où les premières structures spécifiques ont été créées en France, une succession de dénominations a été utilisée pour nommer ces élèves étrangers/migrants (voir Galligani 2008, pour une discussion intéressante sur ce point).

3.2 Les élèves allophones nouvellement arrivés ont un répertoire plurilingue

Nous remarquons cependant que cette dernière dénomination («élèves allophones»), bien qu'elle reconnaisse à ces élèves la maitrise d'une autre langue que le français, ne permet pas de lever l'ambiguïté liée à leur dénomination. De nombreuses études dans le champ du bilinguisme (Hélot 2011; García 2009; García/Kleifgen/Cummins 2010) ont montré que ces élèves sont dans leur grande majorité bilingues voire plurilingues et qu'ils sont engagés dans l'acquisition de la langue de scolarisation dès leur arrivée. De ce fait, ils évoluent dans une situation d'apprentissage bilingue, même si leur(s) langue(s) première(s) est/sont invisibilisée(s) dans le contexte scolaire. On peut, dès lors, se demander si les termes d'élèves «bilingues» ou «plurilingues» ou du moins «bilingues en devenir» (Hélot 2007) ne seraient pas des termes plus appropriés pour mettre l'accent non pas sur ce qui manque à ces élèves en termes de compétences, mais plutôt sur ce qu'ils ont déjà acquis comme ressource linguistique.

Pour illustrer notre propos nous présentons ci-dessous sous forme de tableau, les langues constituant le répertoire linguistique des sept élèves que nous avons retenus pour notre recherche, sur les 22 qui ont pris part au projet:

Table 1

ELEVES	SEXE	AGE	PAYS D'ORIGINE	LANGUE PREMIERE	AUTRES LANGUES
Zohra	F	14 ans	Italie	italien	arabe marocain, français
Edina	F	15 ans	Hongrie	hongrois	allemand, français
Diego	M	12 ans	Portugal	cape-verdien	portugais, français
Arpad	M	13 ans	Hongrie	hongrois	anglais, français
Mandana	F	15 ans	Afghanistan	pashto	dari, urdu, anglais, français
Xhyle	F	16 ans	Kosovo	albanais	anglais, français
Meziane	M	15 ans	Italie	italien	arabe marocain, français

---

[4]   Le terme «allophones arrivants» ne concerne pas les élèves issus de l'immigration.

3.3 Les recherches sur le rôle de la L1 dans les apprentissages de la L2 et sur les
nouvelles formes d'enseignement de la littératie

De nombreux travaux depuis Ruiz (1984) ont montré l'importance d'envisager
le bilinguisme comme une ressource (García 2009; Hélot 2007; Weber 2009;
Cummins 2009; Conteh 2003) et d'intégrer les langues des élèves dans les
apprentissages:

> we all succeed best ... when we feel that our private and personal selves are accepted
> within the larger public spheres that we inhabit and are not separated and dislocated from
> them. (Conteh 2003, 23)

Particulièrement intéressante a été pour nous la notion d'"identity texts"
élaborée par Cummins et Early (2011). Cette notion permet de repenser
l'enseignement de la littératie dans une perspective à la fois multilingue et
multimodale par le biais de l'utilisation des langues des élèves et des nouvelles
technologies.

Enfin parce que nous avons travaillé avec des élèves qui sont débutants en
français langue de scolarisation, nous voulions leur donner la possibilité de
s'exprimer par le biais de l'écrit soutenu par d'autres moyens d'expression.
Nous avons donc décidé de mettre en place un projet photographique centré sur
la notion d'autoportrait afin d'encourager les élèves à explorer la notion
d'identité.

Notre approche s'est inspirée de la méthodologie de recherche-action,
connue en anglais sous le nom de *photovoice* (Wang/Burris 1997), méthodologie
qui permet de développer un processus d'empowerment chez les participants et
qui encourage leur participation dans le projet proposé: "photovoice is
accessible to anyone who can learn to handle an instamatic camera; and, what is
more, it does not presume the ability to read and write" (Wang/Burris 1997,
372). Encore peu expérimentée en contexte scolaire, cette approche, basée sur
les théories de Freire (1973) et les théories féministes, a d'abord été utilisée dans
le domaine de la santé. Aussi, nous avons voulu explorer cette approche dans un
contexte scolaire spécifique, celui des élèves nouvellement arrivés, élèves en
situation vulnérable dans leur vie de tous les jours. Pour élaborer notre projet,
nous nous sommes basés à la fois sur nos lectures relatives à la production de
textes identitaires (Cummins/Early 2011) et sur la méthodologie photovoice
(Wang/Burris 1997).

4 La mise en œuvre pédagogique du projet: Je suis qui je suis/Meet the Other Side of Me

4.1 Objectifs du projet

Nous allons décrire brièvement la mise en œuvre pédagogique du projet articulée autour de la notion d'autobiographie et celle de la littératie multilingue et multimodale photographique. Notre objectif général était de travailler sur la notion d'identité c'est-à-dire sur l'image, à la fois l'image de soi et l'image que les autres ont de nous. Ainsi, nous avons proposé aux élèves d'écrire des textes autobiographiques longs et structurés soit en prose soit en vers. En effet, notre objectif était l'enseignement de la compétence d'expression écrite. Celle-ci constitue cependant une des compétences les plus difficiles à développer dans un temps court. Il s'agissait également pour nous d'impliquer les élèves dans des activités créatives qui ont du sens pour eux.

4.2 La mise en œuvre du projet

Le projet s'est déroulé sur quatre mois durant l'année scolaire 2011-2012 dans un collège de Mulhouse où la classe d'accueil des élèves nouvellement arrivés comptait 22 élèves et 15 langues différentes, en plus du français. Le déroulement de ce projet s'est fait en 3 étapes:

4.2.1 Une première étape: l'écriture
Afin de permettre aux élèves de produire des textes longs et structurés en français, nous les avons incités à s'exprimer d'abord dans leur(s) langue(s) première(s). Après avoir écrit leur récit de vie, ils en ont sélectionné ou résumé une partie qu'ils ont traduite en français pour la partager avec les autres. Cette première étape a servi de tremplin pour aller vers la production de textes poétiques d'abord par la recherche de rimes et l'écriture de phrases imagées pour prendre appui par la suite sur un modèle, le poème de Jacques Prévert *Je suis comme je suis* (1946). En s'inspirant de ce poème les élèves ont écrit les leurs. Ils y ont développé leur portrait physique et moral mais aussi, pour certains, un récit de vie, mis en vers.

4.2.2 Une deuxième étape: la photographie
Lors de cette deuxième étape les élèves ont travaillé en collaboration avec une photographe professionnelle sur une durée de 15 jours. Les élèves ont appris les différentes techniques de la prise de photos. Ils ont ensuite travaillé par binôme pour réaliser des portraits d'eux-mêmes. Les différentes séances de prise de photos ont donné lieu à une discussion sur les techniques photographiques mais aussi sur l'analyse critique d'un nouveau mode d'expression, l'image. Les élèves ont ainsi appris à décoder l'image, à partir de leurs propres prises de

photos, leur permettant de construire du sens au travers de la photographie. Une dernière étape a consisté à retravailler certaines photos à l'aide de l'impression en noir et blanc pour y ajouter du texte. Les élèves ont ainsi accédé à une nouvelle forme d'expression à travers la littératie multimodale (Cummins 2009; Martin-Jones 2011).

4.2.3 Une troisième étape: la correspondance

Cette troisième étape du projet a permis de travailler la relation identité/altérité. Il s'agissait de s'interroger sur le parcours d'autres élèves vivant la même situation dans un autre pays. Pendant ce projet les élèves ont établi une correspondance avec des d'élèves nouvellement arrivés d'un lycée situé dans le Bronx, à New York. Ces élèves étaient originaires essentiellement de pays africains francophones, c'est pourquoi la correspondance a pu se faire en français. Ainsi, les élèves ont formulé des questions sur les sujets qu'ils souhaitaient aborder puis chaque élève en a sélectionné deux. Les questions ont été collées dans des cartes fabriquées par les élèves sur lesquelles figurait une de leurs photos. Les réponses ont été réceptionnées quelques semaines plus tard.

Ce projet a abouti à la présentation de leurs productions textuelles et photographiques dans le cadre d'une exposition hors scolaire qui a permis d'accorder une valeur ajoutée à leur travail.

5 Que disent les productions textuelles et photographiques ainsi que les discours des élèves allophones nouvellement arrivés?

Nous proposons dans cette dernière partie une analyse en quatre points de la notion d'identité telle qu'elle peut être interprétée dans les écrits autobiographiques et les discours des élèves.

5.1 Identité narrative, mémoire, autobiographie

Porter un regard sur soi, définir son identité ne peut se faire sans une réflexion sur le rôle de la mémoire, comme le souligne Ricœur (1990). Le travail sur la mémoire autobiographique décrite par Damasio (1999) participe à la reconstruction du soi-autobiographique. Le recours au récit donne naissance à ce que Ricœur (1985) appelle l'identité narrative. Ricœur nous intéresse parce qu'il insiste sur la dimension narrative de l'identité ou comment, à travers un récit, autobiographique ou pas, l'individu peut se constituer une identité mise en mots qui l'aide à mieux comprendre ce qu'il a vécu. C'est bien ce que nos élèves exprimaient lorsqu'ils nous ont tenu les propos suivants dans l'entretien de focus group:

Arpad: parce que on connaît mieux son histoire je trouve parce que moi j'ai jamais pensé quand j'ai vécu dans mon pays j'ai pas trop pensé à mon passé je vivais dans le présent oui mais je voulais dire que je pensais toujours au lendemain

Zohra: je voulais juste dire que moi quand je suis arrivée le premier jour j'ai pensé à ma vie comme elle était en Italie j'ai vécu comment euh: je vivais où avec qui ... alors que quand on était en Italie on était chez nous chez notre pays on pensait pas à ce qu'on a fait hier ou à ce qu'on avait fait avant-hier

Les élèves témoignent de la façon dont cet exercice d'écriture les a fait réfléchir et leur a permis, comme le dit Arpad, de mieux connaître leur histoire. Avant l'expérience de l'exil le passé ne questionne pas, expliquent les deux élèves, car «on était chez nous» (Zohra) et c'est le futur qui était important. Mais le fait de se retrouver «ailleurs» fait réfléchir sur son passé, dès «le premier jour» (Zohra).

On peut à la fois leur donner les moyens de réfléchir sur leur propre histoire mais aussi le moyen de le faire en sécurité, car dans cet acte d'écrire on s'engage personnellement, on écrit à la fois pour soi et pour les autres:

Mandana: par exemple quelqu'un qui veut pas que - euh (.4) raconter son passé aux autres comme ça s'il écrit dans sa langue euh: les autres ils comprennent pas

Edina: déjà savoir ce que j'aimerais partager avec les autres parce que je veux pas dire ce qui est un peu délicat un peu intime quand même pas dire tout ... oui comme ça je savais ce que je voulais dire

Zohra: on sort tout ce qu'on a

Arpad: [ça permet d']être un peu plus caché des autres

Mandana: on se sent plus à l'aise

Le passage par la langue d'origine permet également de sélectionner par après les éléments que l'on veut partager avec les autres. C'est une étape importante car cela procure aux élèves un sentiment de liberté dans l'écriture de leur récit de vie; l'élève peut être à la fois «plus caché des autres» grâce à la langue première, tout en étant aussi «plus à l'aise».

Réfléchir sur son expérience de l'exil, en la mettant en mots, peut aussi permettre d'évoluer, d'accepter les changements (Damasio 1999) et d'envisager un futur meilleur. C'est ce que tentent de dire, Xhyle dans son texte poétique et Arpad dans son texte en prose qui accompagne sa photo:

C'est bizarre comme tout a changé,
Mais je ne suis pas désespérée!
Ça fait un an ici en France, mais j'ai trop gagné.
Le regard a changé,
La vie a continué
Mais pourquoi faut-il
Ces choses difficiles?
Pour grandir bien sûr
Chacun sa mesure! (Xhyle)

Ce qui est important ce n'est pas d'où tu viens mais où tu es maintenant et où tu vas. (Arpad)

Ce qu'ils expriment également par leurs textes c'est qu'une fois le travail de mémoire effectué, c'est-à-dire une fois que le récit de vie a permis un ancrage dans le temps comme fil conducteur de l'identité, on peut s'en détacher, comme le dit Arpad («ce qui est important ce n'est pas d'où tu viens»), afin de se tourner vers le présent et vers le futur («mais où tu es maintenant et où tu vas»). L'identité a toujours une dimension temporelle dans le sens où elle se construit soit en continuité soit en rupture avec les événements de sa vie.

5.2 Identité et migration

Les textes créatifs donnent à voir et à comprendre le vécu migratoire des élèves et leurs souffrances dues à l'exil:

Avant de juger ma vie ou mon personnage d'abord portez mes chaussures, marchez sur le chemin où je marche, sentez ma douleur, mes doutes, mon rire. Vivez les années que j'ai vécues comme je l'ai fait. Chacun a sa propre histoire. Et seulement quand vous faites tout ça, alors vous pouvez me juger. (Xhyle)

Dans la première phrase de ce paragraphe, Xhyle répond aux paroles, aux jugements de l'interlocuteur supposé. C'est ce que Bakhtine (1978, 103) définit comme le dialogisme, selon lequel «le discours est déterminé en même temps par la réplique non encore dite, mais sollicitée et déjà prévue». Xhyle oppose au jugement de son interlocuteur une série d'arguments puissants en l'interpellant directement, par le biais de l'impératif: «portez», «marchez», «sentez», «vivez». Elle réplique aux jugements qu'on pourrait porter sur sa «vie» ou son «personnage» et elle se sent directement concernée par ces jugements. Nous remarquons par ailleurs le choix du mot «personnage» pour se décrire en tant que personne. On peut se demander s'il n'y a pas, par là même, une volonté de distanciation entre sa personne dans laquelle elle se reconnaît comme individu, à l'inverse du «personnage» qu'elle est devenue de par ses conditions de vie, en tant qu'immigrée. En s'adressant directement à ses possibles «juges» elle fait appel à leur empathie, elle les invite à se décentrer dans l'espoir de changer le regard qu'ils portent sur elle.

Les textes des élèves montrent aussi cependant combien ils sont capables de dépasser leurs souffrances et d'envisager leur avenir:

Je suis comme je suis
J'aime vivre pour le défi
J'aime me battre pour rester en vie
J'ai dû me battre pour tout dans la vie. (Arpad)

Arpad fait appel au champ lexical du combat: «me battre», pour soutenir ses propos qui lui permettent de se définir comme «un combattant de la vie». On ressent dans ses vers la dynamique dans laquelle il s'est engagé, celle de combattre les difficultés que sa vie actuelle mais aussi passée lui imposent. Par ailleurs, cette dynamique laisse entrevoir l'attitude positive avec laquelle il se projette dans le futur en disant «j'aime vivre pour le défi»: la vie devient un défi à relever comme autant de marches à monter, pour progresser, pour aller de l'avant. Malgré les épreuves, qu'il dit avoir déjà affrontées, il ne semble pas abattu et encore moins vaincu. L'association qu'il fait entre plaisir et douleur en disant «j'aime me battre» met davantage en lumière le sens sous-jacent du message: «j'aime la vie».

On comprend également, dans le texte de Meziane, comment l'insécurité linguistique l'affecte en tant que personne et élève:

> Ce qui me fait réfléchir ...
> Ce n'est pas facile de changer de pays, car lorsque tu changes de pays tu changes toute ta vie sans t'en apercevoir, sans être préparé à combattre les difficultés. C'est difficile de s'habituer à un nouveau pays, à une nouvelle langue, à une nouvelle culture. Et c'est aussi difficile dans la tête et dans le cœur.
> Ce qui est aussi difficile c'est de se retrouver à la place de celui qui a besoin d'aide, alors qu'auparavant j'aidais ces personnes moi-même. On doit tous les jours affronter le sentiment d'insécurité dans toutes sortes d'activités: en classe, la peur de ne pas comprendre et de ne pas savoir faire, être toujours derrière les autres. (Meziane)

Le texte témoigne de la perte de son capital culturel et de son statut social. Ainsi, «sans s'en apercevoir» il est devenu «celui qui a besoin d'aide», «qui est derrière les autres»; on lui assigne une identité dans laquelle il ne se reconnaît pas. Tout comme Arpad précédemment, Meziane utilise le champ lexical du combat pour exprimer ses pensées. Cependant son discours fait apparaître la peur, la difficulté que cette situation et cette nouvelle place qu'on lui assigne, fait naître en lui («ce n'est pas facile», «c'est difficile», «insécurité», «peur», «besoin d'aide»).

Cependant ce qu'on peut remarquer dans ces trois textes, c'est qu'aucun des élèves ne baisse les bras, aucun ne se positionne en victime mais chacun d'eux essaie de trouver un moyen pour affronter et dépasser la situation présente. Les témoignages qu'ils livrent, en prose et en vers, mettent en valeur à la fois leurs talents créatifs et artistiques mais aussi la richesse et la profondeur de leur réflexion sur leur condition en tant qu'élèves «venus d'ailleurs». Cela leur permet d'évoluer et de changer leur regard sur eux-mêmes comme l'affirme Diego: «avec ce texte j'ai commencé déjà par montrer qui je suis et après j'ai trouvé des amis». L'occasion leur est aussi donnée de «se connaître soi-même» (Zohra) et de «se faire connaître» (Arpad).

5.3 Identité et altérité

Foucault (1994, 861), dans une interview accordée à la presse italienne en 1978, parle de l'expérience du dit et de l'écrit: «Je suis un expérimentateur en ce sens que j'écris pour me changer moi-même et ne plus penser la même chose qu'auparavant.» Ces propos résonnent avec le texte et les propos d'une des élèves, Zohra, qui au travers de la réflexion qu'elle a engagée par son travail d'écriture a compris qui elle était et a pris conscience de ses erreurs, quant au regard qu'elle portait sur l'Autre.

Née en Italie, de parents marocains, Zohra arrive en France à l'âge de 14 ans. Le projet d'écriture autobiographique est déjà bien avancé lorsqu'elle rejoint la classe d'accueil. Aidée par deux autres élèves italiens, arrivés en début d'année scolaire, elle intègre le projet en cours sans difficulté et écrit son texte autobiographique en italien, puis le traduit en français. Elle y relate le changement qui s'est opéré en elle, suite à l'expérience de migration, quant au regard qu'elle portait sur les autres, les immigrants:

> Maintenant que j'y pense … quand j'étais petite, en regardant le journal télévisé et en voyant tous ces navires qui débarquaient chaque jour à Lampedusa je me disais: «Dieu merci, je suis née en Italie et je n'ai pas besoin de faire comme eux, de quitter mon pays et laisser ma vie, mes amis, et tout le reste.» Avant, je n'aimais pas … les émigrants et je me disais qu'ils devraient rester dans leur pays! Maintenant, je me trouve ici en France et je suis comme eux, une émigrée, dans un autre pays où je ne suis pas née ni d'où je viens, d'où viennent mes parents. Maintenant, je suis celle qui quitte sa patrie pour aspirer à un futur meilleur, pouvoir étudier, trouver un bon emploi et construire ma vie sans problèmes … Quand j'étais en Italie, j'étais raciste je me moquais des autres et maintenant je suis dans la même situation. Je dois avouer qu'il n'est pas facile de tout laisser derrière son dos. Nous ne devons pas oublier d'où viennent notre langue et nos traditions. (Zohra)

Ce texte étonne par le niveau et la qualité de la langue employée, sachant que Zohra n'était en classe que depuis trois mois lorsqu'elle l'a écrit. De même, la teneur des propos témoigne d'une part de l'importance du travail de rétrospection et d'autre part, de la profondeur de la réflexion engagée. Comme éléments de réponse, nous pouvons préciser plusieurs points: ses compétences linguistiques en italien sont élevées ce qui lui permet un transfert rapide en langue seconde (Cummins 2000). Nous pouvons affirmer à la suite de Cummins (2000), que le recours à la langue première pour la première étape de l'écriture a permis à Zohra de réfléchir à son niveau cognitif. D'autre part, en s'engageant dans la réflexion au moyen de l'écriture autobiographique, Zohra a fait preuve de beaucoup plus d'implication que dans un travail scolaire classique (Cummins/Early 2011). Par cette expérience douloureuse en tant qu'immigrée, elle s'est engagée dans un processus de reconstruction identitaire dont une première étape est celle de l'évolution de sa pensée et de son regard sur l'Autre. Elle rejoint ici les propos de Foucault que nous évoquions au début de cette partie. Son expérience en tant qu'immigrée, se retrouvant à la place des autres, ceux qu'elle rejetait, mais aussi la réflexion qu'elle a engagée à travers le projet autobiographique, l'ont fait évoluer et ont changé sa vision des autres. Elle en témoigne ainsi dans l'entretien de groupe: «moi, j'ai appris à respecter les gens quels qu'ils soient, comme ils sont, parce que comme les autres ils ont fait avec moi, moi il faut que je fasse avec les autres.»

Lorsque nous avons interrogé les élèves en fin de projet sur ce qu'ils avaient appris, ils ont surtout insisté sur des changements de points de vue, au niveau individuel et collectif:

Diego: moi ça m'a apporté une nouvelle façon de voir mes amis et moi-même
Zohra: et de voir le monde
Mandana: le travail qu'on a fait avec des amis c'était une occasion pour parler et se connaître

Ils évoquent également l'importance de la dimension affective dans le travail de groupe:

Mandana: ça nous a permis de nous connaître un peu mieux parce qu'on parlait toujours
Zohra: c'était amusant il y avait personne dans la cour
Arpad: on a mieux connu ses goûts [de l'autre] comment il aime les choses
Zohra: on avait un moment pour parler parce qu'on venait d'arriver
Mandana: oui
Zohra: et on osait pas parler en français devant les autres moi et Mandana on avait honte
Enq: c'était plus facile parce que vous étiez que vous deux?
Zohra: oui oui
Arpad: c'étaient des moments intimes

Ils ont apprécié le dialogue possible entre eux, pour mieux se connaître mais aussi pour partager des moments «intimes», dans l'intimité du travail par deux, sans être exposé au regard des autres, et sans «honte». Le projet fut donc une occasion de socialisation nouvelle pour eux, socialisation rendue possible par le travail sur soi, le travail en groupe et le travail d'expression écrite.

5.4 La notion d'empowerment

Dans ce projet pédagogique, le répertoire plurilingue des élèves a été mis en avant et considéré comme une ressource (Ruiz 1984) dans la production des récits autobiographiques. Les programmes officiels français ne définissent pas de cadre strict dans lequel doivent se faire les apprentissages de la langue seconde, ce qui laisse une place à l'expérimentation d'autres pratiques pédagogiques, comme la prise en compte de la langue première des élèves. Cela revient à lui conférer une certaine légitimité dans le sens de Bourdieu (1977). Car dans le cas des élèves nouvellement arrivés, réfléchir et s'exprimer par écrit en français est encore un exercice extrêmement difficile. C'est pourquoi en leur donnant la possibilité d'avoir recours à leur langue première, les élèves ont pu réfléchir à la hauteur de leurs capacités cognitives (Cummins 2000; Cummins/Early 2011), ce qui leur a procuré un sentiment de confort et de sécurité:

Zohra:	on avait plus de vocabulaire plus de mots
Arpad:	être un peu plus caché des autres
Mandana:	on se sent plus à l'aise
Zohra:	on sort tout ce qu'on a

Travailler dans la langue première permet d'accéder aux ressources linguistiques et culturelles, c'est-à-dire au capital dans le sens de Bourdieu, qui autrement resteraient inaccessibles en langue seconde. De plus, travailler avec les langues des élèves est un moyen de leur donner ce pouvoir symbolique et de mettre en place un processus d'empowerment (Cummins 2000; Cummins/Early 2011) avec la légitimation de leur répertoire linguistique (Bourdieu 1977). Il s'agit de rendre visible et de légitimer aussi bien la langue des élèves que leurs connaissances préalables acquises dans leur pays d'origine.

L'objectif du projet d'écriture de textes identitaires et de réalisation de portraits consistait non seulement à travailler en classe mais aussi à réaliser une exposition publique donnant à voir la créativité des élèves à un public hors scolaire ainsi qu'à divers acteurs du monde éducatif. Pour les élèves, le projet devait mener à une réalisation concrète de haut niveau, leur permettant comme l'expliquent Cummins et Early (2011), de voir dans le regard de leurs interlocuteurs la valorisation de leurs productions artistiques. Ainsi lors du vernissage, qui a eu lieu dans une galerie d'art de la ville de Mulhouse, les élèves ont pu mesurer l'impact de leurs textes et de leurs photos sur les personnes qui les ont découverts. Voici quelques extraits de leurs discours lors de l'entretien rétrospectif:

Arpad:	il y avait une dame qui est venue elle m'a dit minimum cinq fois que c'était super magnifique
Edina:	c'était super ils m'ont dit juste ça c'est super c'est joli c'est bien fait et tout
Diego:	surtout mon frère il a dit c'est bien fait c'est bien fait
Mandana:	c'était une dame elle est venue elle m'a parlé beaucoup et que c'était super et que ça doit encourager et que en très peu de temps vous avez fait des choses super intéressantes

La reconnaissance du statut d'«artistes» a particulièrement marqué les élèves notamment par le fait que des personnes qu'ils ne connaissaient pas s'intéressent à eux. Ils en témoignent ainsi:

Arpad:	ah madame ça m'a fait trop bizarre la dame elle est venue elle m'a dit vous êtes les artistes de ce projet? est-ce que je peux faire une autographe avec vous? et

	c'était bizarre parce que je la connaissais pas et il y a plein de gens qui m'ont dit ça
Diego:	à moi aussi
Enq:	comment tu t'es senti?
Arpad:	comme une STAR
Diego:	moi je me suis aussi dit c'est que des stars qui font des autographes
Enq:	et qu'est-ce que ça t'a fait quand la dame t'a appelé un artiste?
Arpad:	j'ai même pas su réfléchir sur le moment
Edina:	j'ai même pas de mots ah elle parle de moi
Diego:	mon frère a dit un artiste qui? toi?
Arpad:	moi je dis un acteur (rires)

L'on voit ici l'importance de ce regard nouveau porté sur eux, regard qu'ils ont eu du mal au début à identifier à eux-mêmes, qui a demandé un moment de réflexion pour en saisir l'effet, l'impact sur leur identité. On voit ainsi dans cet extrait le rôle du regard des autres dans la construction identitaire:

Arpad:	ce qui m'a rendu fier le plus c'est que les gens ont aimé nos photos
Mandana:	qu'il y a des centaines - pas des centaines mais presque des centaines de personnes qui viennent de regarder et de lire mon texte les journalistes qui viennent découvrir nos textes
Diego:	et nos photos
Zohra:	c'était comme dans la télé quand on voit des gens
Arpad:	comme dans les films
Zohra:	oui

Le moment de l'exposition fut donc un moment de confrontation avec le regard de l'autre, c'est à travers la reconnaissance de leurs capacités d'artistes qu'ils ont pu faire l'expérience de l'empowerment (Cummins 1996, 2009) avec pour certains, aussi, un sentiment d'irréalité.

6 Conclusion

Dans ce chapitre nous avons présenté une analyse autour de la notion d'identité telle qu'elle ressort des productions littéraciques multimodales et des discours d'élèves nouvellement arrivés. Nous nous sommes inspirés des travaux de Cummins et Early (2011) autour des textes identitaires que nous avons combinés avec la méthodologie photovoice de Wang et Burris (1997) afin d'engager les élèves dans des activités littéraciques qui font sens pour eux. L'enseignement de la littératie en français langue seconde tend à rester très traditionnel, centré sur des savoirs linguistiques et littéraires, que Martin-Jones (2011) définit comme une littératie solitaire, tandis que la littératie multimodale est une littératie partagée (Cummins 2007). Il nous semble que de nouvelles formes d'enseignement de la littératie sont essentielles pour répondre aux besoins des élèves nouvellement arrivés. Premièrement, les recherches ont montré combien l'utilisation de la langue première est importante dans l'apprentissage de la langue seconde, d'où l'importance de comprendre la notion de littératie plurilingue. Deuxièmement, avec des élèves qui sont dans un processus d'apprentissage de la langue, il importe de développer des activités qui correspondent à leur niveau de développement cognitif, d'où l'importance de comprendre la notion de littératie multimodale qui permet d'explorer d'autres systèmes sémiotiques que la langue, tels que l'image, la photo, la vidéo. Troisièmement, il importe de prendre en compte la dimension affective, en particulier chez ces élèves qui sont dans des situations sociales vulnérables, qui ont besoin de reconstruire une image positive d'eux-mêmes et de ne pas se sentir dépossédés de toutes leurs compétences acquises auparavant.

Le projet que nous avons décrit nous a montré combien les élèves peuvent être créatifs et investis dans les apprentissages lorsqu'on leur en donne les moyens. Nous aimerions finir par ces quelques mots d'élèves, qui lors de l'entretien nous ont parlé de la manière dont ce projet a résonné en eux et qu'ils garderont «dans le cœur» et «dans le cerveau» parce qu'ils ont fait ce travail avant tout pour eux-mêmes. Ils ont pris conscience qu'ils ont vécu une expérience unique à travers ce projet, qu'ils n'oublieront pas, et sur lequel l'un d'eux plaisante en disant «tu vas raconter ça à tes petits enfants».

Bibliographie

Bakhtine, Mikhaïl (1978): Esthétique et théorie du roman. Paris: Gallimard

Block, David (2010): Second Language Identities. London: Continuum

Bourdieu, Pierre (1977): L'économie des échanges linguistiques. In: Langue française 34, 17-34

Bourdieu, Pierre (1997): Méditations pascaliennes (Vol. 316). Paris: Seuil

Bourdieu, Pierre (2001): Langage et pouvoir symbolique. Paris: Seuil

Conteh, Jean (2003): Succeeding in Diversity: Culture, Language and Learning in Primary Classrooms. Stoke-on-Trent: Trentham Books

Cummins, Jim (1996): Negotiating Identities: Education for Empowerment in a Diverse Society. Ontario, CA: California Association for Bilingual Education

Cummins, Jim (2000): Language, Power, and Pedagogy: Bilingual Children in the Crossfire. Clevedon: Multilingual Matters

Cummins, Jim (2001): La langue maternelle des enfants bilingues. Qu'est-ce qui est important dans leurs études? In: Sprogforum, Revue de la pédagogie des langues et de la culture 7, 19, p. 15-21. http://inet.dpb.dpu.dk/infodok/sprogforum/Frspr_nr19.pdf (consulté le: 23.08.2013)

Cummins, Jim (2006): Identity texts: The imaginative construction of self through multiliteracies pedagogy. In: García, O./Skutnabb-Kangas, T./Torres-Guzman, M.E. (eds): Imagining Multilingual Schools. Languages in Education and Glocalization. Clevedon: Multilingual Matters, p. 51-68

Cummins, Jim (2007): Faire la difference ... De la recherche à la pratique. Favoriser la littératie en milieu multilingue. Le Secrétariat de la littératie et de la numératie.

Cummins, Jim (2009): Transformative multiliteracies pedagogy: School-based strategies for closing the achievement gap. In: Multiple Voices for Ethnically Diverse Exceptional Learners 11, 2, p. 38-56

Cummins, Jim/Early, M. (2011): Identity Texts: The Collaborative Creation of Power in Multilingual Schools. Stoke on Trent: Trentham Books

Damasio, Antonio R. (1999): Le sentiment même de soi: Corps, émotions, conscience. Paris: Editions Odile Jacob

Delpit, Lisa (1995): Other People's Children: Cultural Conflict in the Classroom. New York: The New Press

Durkheim, Emile ([1895]2010): Les règles de la méthode sociologique. Paris: Editions Flammarion

Foucault, Michel (1994): Dits et écrits, tome IV: 1976-1988. Paris: Gallimard

Freire, Paulo (1973): Education for Critical Consciousness (Vol. 1). London: Continuum

Galligani, Stéphanie (2008): L'identification de "l'enfant étranger" dans les circulaires de l'Education nationale depuis 1970: vers la reconnaissance d'un plurilinguisme? In: Martinez, P./Moore, D./Spaeth, V. (eds): Plurilinguismes et enseignement. Identités en construction. Paris: Riveneuve, p. 113-126

García, Ofelia (2009): Bilingual Education in the 21st Century: A Global Perspective. West Sussex: Wiley-Blackwell

García, Ofelia/Kleifgen, Jo Anne/Cummins, Jim (2010): Educating Emergent Bilinguals: Policies, Programs, and Practices for English Language Learners. New York: Teachers College Press

Giroux, Henry (1992): Resisting difference: Cultural studies and the discourse of critical pedagogy. In: Grossberg, L./Nelson, C./Treichler, P. (eds): Cultural Studies. New York: Routledge, p. 199-212

Hélot, Christine (2007): Du bilinguisme en famille au plurilinguisme à l'école. Paris: L'Harmattan

Hélot, Christine (2011): Children's literature in the multilingual classroom: Developing multilingual literacy acquisition. In: Hélot, C./O'Laoire, M. (eds): Language Policy for the Multilingual Classroom: Pedagogy of the Possible. Clevedon: Multilingual Matters, p. 42-64

Kinloch, Valerie (2010): Harlem on our Minds: Place, Race, and the Literacies of Urban Youth. New York: Teachers College Press

Kinloch, Valerie (2012): Crossing Boundaries: Teaching and Learning with Urban Youth. New York: Teachers College Press

Martin-Jones, Marilyn (2011): Languages, texts and literacy practices: An ethnographic lens on bilingual vocational education in Wales. In: McCarty, T. (ed.): Ethnography and Language Policy. New York: Routledge

Mead, George Herbert ([1934]1963): L'esprit, le soi et la société. Paris: Presses Universitaires de France

Miller, Jennifer (2004): Identity and language use: The politics of speaking ESL in schools. In: Pavlenko, A./Blackledge, A. (eds): Negotiation of Identities in Multilingual Contexts. Clevedon: Multilingual Matters, p. 290-315

Ministère de l'Education Nationale (MEN) (2012): Organisation de la scolarité des élèves allophones nouvellement arrivés (BO N°37 du 11 octobre 2012). http://www.education.gouv.fr/pid25535/bulletin_officiel.html?cid_bo=61536 (consulté le: 18.09.13)

Morrell, Ernest (2004): Becoming Critical Researchers: Literacy and Empowerment for Urban Youth. New York: Peter Lang

Norton, Bonny (2000): Identity and Language Learning: Gender, Ethnicity and Educational Change. Boston: Alleyn & Bacon

Pavlenko, Aneta/Blackledge, Adrian (2004): Negotiation of Identities in Multilingual Contexts. Clevedon: Multilingual Matters

Ricœur, Paul (1985): Temps et récit: le temps raconté. Paris: Seuil

Ricœur, Paul (1990): Soi-même comme un autre. Paris: Seuil

Ricœur, Paul (1997): Interview. Pensée de notre temps. Ina – Arte France 2005

Ruiz, Richard (1984): Orientations in language planning. In: NABE Journal 8, 2, p. 15-34

Wang, Caroline/Burris, Mary Ann (1997): Photovoice: Concept, methodology, and use for participatory needs assessment. Health Education & Behavior 24, 3, p. 369-387

Weber, Jean-Jacques (2009): Multilingualism, Education and Change. Frankfurt am Main: Peter Lang

PASCALE PRAX-DUBOIS

Les collaborations enseignants/assistantes de maternelle en pré-élémentaire à La Réunion: Un partenariat linguistique à construire

Abstract

This chapter is concerned with education in the multilingual postcolonial context of La Réunion, an overseas French territory, where the relevance of French school programmes built upon the one language–one nation ideology needs to be questioned. I am particularly interested in the links between the different educational actors and I explore the role of communal employees (assistantes de maternelle) in pre-school education.

1 Introduction

La politique linguistique de l'Europe, fondée sur le concept de plurilinguisme, souhaite que les individus puissent passer sans heurt d'une langue à l'autre, selon les contextes, les situations, en développant l'intercompréhension (CECRL 2001; Verdelhan-Bourgade 2007). Dans quelle mesure cette politique s'applique-t-elle à La Réunion, région ultrapériphérique de l'Union européenne? Département et Région d'Outremer (DROM) français situé dans le sud-ouest de l'océan Indien, La Réunion est aussi une île *fondamentalement créole*, marquée par des clivages souterrains entre ses différentes composantes ethniques (Lebon-Eyquem 2013), et dont l'histoire coloniale explique la subordination administrative à la France hexagonale éloignée d'environ 10.000 km.

Sur le plan économique, La Réunion affiche le taux de chômage le plus élevé de France.[1] Quand on sait que plus de la moitié des chômeurs réunionnais sont âgés de moins de 24 ans[2] et que 52 % des élèves réunionnais sont scolarisés en éducation prioritaire (CESER 2012), il convient de s'interroger sur le rapport au langage et la réussite éducative en situation de *plurilinguisme à langue*

---

[1]   29 % à La Réunion vs 9,2 % en France métropolitaine (INSEE 2011).
[2]   60 % à La Réunion vs 22 % en France métropolitaine (INSEE 2011).

dominante alternative ou *minoritaire*[3] (Calvet 1987, 57; Tirvassen 2009, 156), dans des zones où la mixité linguistique et culturelle rencontre rarement la mixité sociale.

Si l'implication des parents est citée par les enseignants comme le principal facteur de réussite scolaire (Tupin/Françoise/Combaz 2005), ces derniers s'avouent par ailleurs démunis face à la diversité linguistique et culturelle de leurs élèves (Prax-Dubois/Maurer à paraître), du fait notamment de la non-pénétration des discours des chercheurs sur le terrain (Auger 2008; Gonac'h 2009). Au final, il se pourrait que parents et enseignants aient une «perception floue» de leurs attentes respectives alors qu'ils partagent les mêmes opinions (Fontaine/Hamon 2009, 82). Dès lors, comment lever les malentendus entre les familles et l'école déjà dénoncés ailleurs (Dubet 1997) et donner du sens à la coéducation, approche pédagogique préconisée dans les derniers référentiels de compétences des enseignants[4] et inscrite dans une logique mutualiste plutôt ancienne visant à permettre aux différents acteurs de la communauté éducative d'agir ensemble (Jésu 2004, 2010)?

Cette question est particulièrement cruciale à l'école maternelle, créée en 1881 par le ministre de l'Instruction publique Jules Ferry qui institutionnalisait ainsi les anciennes salles d'asile, passant «de la charité au droit à l'éducation» (Houchot 2013, 22). Les enfants y sont scolarisés actuellement à partir de trois ans[5] afin d'y bénéficier d'un enseignement propédeutique. Les enseignants y sont assistés par des agents territoriaux spécialisés des écoles maternelles (ATSEM) que nous désignerons dans cet article sous l'appellation assistantes de maternelle[6]. Il s'agit là d'une des particularités de l'école maternelle française qui est

> de faire travailler ensemble, aujourd'hui au sein même de la classe, deux professionnels ayant un statut et un métier différents, appartenant pour l'un (professeur des écoles) à la fonction publique d'Etat, pour l'autre (ATSEM) à la fonction publique territoriale, recruté et rémunéré par les communes. (Bouysse et al. 2011)

En quoi ces assistantes de maternelle, pour la plupart locutrices du créole, langue majeure de communication à La Réunion, occupent-elles une place

---

[3]   Expressions extraites de la typologie proposée par Calvet pour décrire la diversité des spécificités du plurilinguisme des communautés linguistiques dans les parties du monde où la langue française est impliquée, typologie reprise par Tirvassen et appliquée différemment, selon les auteurs, aux territoires créolophones en général (Calvet) ou à la situation de La Réunion en particulier (Tirvassen).

[4]   Bulletin Officiel (B.O.) n° 29 du 22/07/2010 abrogé et remplacé par le B.O. n° 30 du 25/07/2013.

[5]   Ou deux ans dans les dispositifs de «classes passerelles» initiés en 1990 dans les quartiers défavorisés et en classe ordinaire, en fonction des places disponibles, si les enfants sont physiquement et psychologiquement prêts.

[6]   Suivant en cela le choix opéré par Andrea Young (2013) dont l'article inspire celui-ci.

stratégique au sein de la classe et dans quelle mesure peuvent-elles influer, consciemment ou non, sur la réussite scolaire des élèves? Quel est l'impact de leurs représentations sur l'intégration des élèves originaires de l'archipel des Comores, dont la culture est ici fortement stigmatisée? Comment leurs efforts de gestion de la diversité linguistique et culturelle s'articulent-ils avec ceux des enseignants? Dans quelle mesure peuvent-elles favoriser le resserrement des liens entre l'école et les familles et participer ainsi à une démarche coéducative axée sur le développement langagier du jeune enfant?

Pour tenter de répondre à ces questions, nous définirons tout d'abord le rôle des assistantes de maternelle au regard des enjeux de l'enseignement/ apprentissage des langues à La Réunion, en comparant les fonctions attribuées à ces agents selon le contexte. Nous verrons ainsi quelques subtiles différences entre les écoles régies par le Ministère de l'Education Nationale en France métropolitaine et dans ses territoires ultramarins, d'une part, et les écoles françaises du réseau AEFE (Agence pour l'Enseignement Français à l'Etranger) régi par le Ministère des Affaires Etrangères, d'autre part. Puis nous présenterons les premiers résultats d'une étude qualitative sur la formation des enseignants du primaire à La Réunion, basée sur l'analyse de discours d'enseignants, d'assistantes de maternelle, de parents et d'élèves. Enfin, nous nous appuierons sur ces résultats pour envisager les conditions d'émergence de pratiques collaboratives, voire d'un partenariat linguistique, entre des personnels issus de cultures professionnelles et d'horizons différents, dans une école située en éducation prioritaire, dans un département français d'outremer où la prise en compte de toute les composantes du répertoire langagier des élèves est encore balbutiante.

2 Rôle des assistantes de maternelle en contexte multilingue: un cadre institutionnel complexe

Les assistantes de maternelle ont officiellement en charge l'entretien et l'hygiène du jeune enfant. Initialement «femmes de service» dans les écoles depuis 1883, nommées par la commune depuis 1887, elles appartiennent depuis 1958 à un nouveau corps professionnel, celui des ASEM (Agent Spécialisé des Ecoles Maternelles), inscrit dans le code des communes. Depuis, leur rôle ne cesse d'évoluer. Toutefois, si un arrêté publié dans le Journal Officiel du 14/05/1985 institue l'ASEM comme membre de l'équipe éducative et lui reconnaît une place au conseil de l'école, il est rare dans la pratique qu'elle y participe. Par ailleurs, l'ASEM est employée par la commune, mais c'est le directeur de l'école qui «organise le travail des personnels communaux en service dans l'école» (Décret du 24/02/1989). Les assistantes de maternelle ne doivent pas être amenées à remplacer les enseignants mais peuvent s'occuper des enfants en dehors de la présence de ceux-ci, ce qu'elles font effectivement à l'occasion, mais pour «dépanner», de façon improvisée et sans que cette responsabilité soit reconnue. Le décret du 28/08/1992, consolidé en 2006 puis en 2010, qui ajoute le terme «territorial» à leur fonction, substituant le sigle ATSEM à celui d'ASEM, confirme leur rôle d'agent d'entretien et d'assistance aux enseignants mais précise que «les agents spécialisés des écoles maternelles participent à la communauté éducative»[7] et que tous les adultes présents à l'école doivent contribuer, sous la responsabilité de l'enseignant, à l'instauration d'un climat propice au «développement harmonieux» de l'enfant «respectueux de ses rythmes de croissance et de sa personnalité».

Dans quelle mesure ce cadre institutionnel permet-il la prise en compte de la spécificité des territoires ultramarins? Comment ces textes sont-ils compris, interprétés et recréés dans l'Académie de La Réunion, autrefois rattachée à l'Académie d'Aix-Marseille, et dont la récente autonomie (1984) n'a pas eu l'impact attendu par les chercheurs et les militants en matière de prise en compte de la langue majeure de communication des élèves?

On cite volontiers les vingt classes bilingues (à parité horaire français/ créole), soit environ 1 % de l'effectif scolaire, recensées à la rentrée scolaire 2012 en pré-élémentaire. Mais pour les autres élèves, ce sont les programmes scolaires métropolitains qui s'appliquent (Chaudenson 1974; Cellier 1976; Carayol 1977; Gaillard 2003; Prudent 2005; Georger 2011; Lebon-Eyquem 2013), alors que, «contrairement aux autres départements d'outre-mer, plus de la moitié des Réunionnais parlent aujourd'hui encore uniquement le créole» (INSEE 2010).

De nombreux travaux antérieurs dénoncent cette situation depuis plus d'une quarantaine d'années et plusieurs recherches-actions ont abouti à la création d'outils à l'usage des enseignants pour favoriser le développement langagier du jeune enfant *bilingue émergent* (García 2009). Citons notamment les travaux de Fioux et Marimoutou qui ont proposé une démarche originale basée sur des scénarios pédagogiques, selon une approche communicative et dans le respect de *l'écosystème linguistique* des élèves (Calvet 1999), à destination des professeurs des écoles exerçant en petite section à La Réunion (Fioux/Marimoutou 1999). De même, les recherches de Hubert-Delisle en zone d'éducation prioritaire dans 12 classes de maternelle attestent «qu'une stratégie de didactique adaptée peut déboucher sur des résultats probants» (Hubert-Delisle 2003, 16). Quelques années plus tôt, l'auteure avait déjà proposé aux enseignants de La Réunion huit parcours d'analyse divisés en itinéraires de formation et itinéraires d'innovation dans un ouvrage précurseur intitulé *Créole, école et maîtrise du français: itinéraires de maîtrise* (Hubert-Delisle 1994).[8] Des

---

[7] Notons ce glissement terminologique qui, en passant d'*équipe éducative* à *communauté éducative*, élargit l'éventail des acteurs sociaux potentiellement partenaires.

[8] Ancienne inspectrice, Marie-José Hubert-Delisle, réactualise d'ailleurs ses travaux et vient de publier au CRDP de La Réunion, deux volumes réalisés en collaboration avec Céline Boyer: *Créole, école et maîtrise du français: vers une didactique adaptée*, dans la

ressources sont par ailleurs en ligne: sont ainsi à la libre disposition des enseignants plusieurs outils didactiques et pédagogiques sur le site académique[9] où sont rappelés les textes officiels et les programmes nationaux et sont proposés un précis de grammaire comparative créole/français ainsi que des exemples de programmations et de séquences. Sur la page du CASNAV de La Réunion[10] et le site du CRDP[11], est proposée par ailleurs la mallette pédagogique «Enseigner en contexte multilingue» où sont répertoriées de nombreuses ressources (contes, proverbes, portfolios, jeux de sociétés et kits pédgogiques) principalement axées sur l'océan Indien. Moins visible et pourtant également en ligne, un guide du maître à La Réunion dont les deux premiers chapitres sont consacrés à l'école maternelle (Hubert-Delisle/Boyer 2010)[12] permet une *Adaptation de la didactique du français aux situations de créolophonie* (Chaudenson 2010). De même, le blog de l'association Tikouti[13] propose des pistes pédagogiques pour animer une classe bilingue en moyenne et grande section et des mémoires de master ou d'examens professionnels sur cette thématique. Toutefois, qu'ils soient publiés sur le site de l'Académie de La Réunion ou découverts au hasard des recherches virtuelles, dans quelle mesure ces outils sont-ils effectivement connus des enseignants concernés et comment, avec quel accompagnement, les utilisent-ils le cas échéant?

Divers dispositifs ont été aussi graduellement mis en place à La Réunion depuis la loi Deixonne (habilitations, CAPES puis CRPE en langue régionale et licence de créole) et quelques conférences sur la situation sociolinguistique de l'académie sont ponctuellement organisées en formation initiale des enseignants pour les sensibiliser au contexte spécifique de notre département insulaire. Cependant, selon plusieurs auteurs, cette prise en compte demeure *symbolique* (Prudent/Tupin/Wharton 2005; Adelin/Lebon-Eyquem 2009), à défaut d'une volonté politique et d'une adhésion sociale clairement affirmées, et beaucoup

---

collection Français oral en maternelle. Seront ainsi proposées aux enseignants soixante fiches d'activités adaptables aux différents profils des élèves en classe ordinaire.

[9] http://www.ac-reunion.fr/fileadmin/sites_disciplinaires/langue_vivante_regionale-1d/ense ignement_bilingue.pdf (toutes pages internet consultées en novembre 2013).

[10] Centre Académique pour la Scolarisation des Nouveaux Arrivants et des enfants du Voyage. http://www.ac-reunion.fr/vie-de-leleve/casnav.html (rubrique: En savoir plus/ Consulter des ressources).

[11] Centre Régional de Documentation Pédagogique http://9740066d.esidoc.fr/ (Rubrique: nos mallettes pédagogiques) ou lien direct: http://pascaledubois.fr/1MALLETTEECM/.

[12] chapitre 1: http://lewebpedagogique.com/oif/files/2010/01/chapitre1_reunion_mater.pdf chapitre 2: http://lewebpedagogique.com/oif/files/2010/01/ChapitreII_reunion_maternelle 1.pdf.

[13] Association réunionnaise dont «la fonction première ... est de promouvoir et valoriser l'enseignement de la langue et culture réunionnaises, surtout par les outils pédagogiques à destination des enseignants mais aussi à destination du grand public.» Certains documents sont en accès libre, d'autres accessibles sur demande. http://noutklassebilingkreolfrans.blogspot.com/.

d'enseignants s'estiment encore non ou peu informés (Prax-Dubois/Maurer à paraître).

L'insécurité linguistique et professionnelle des enseignants a naturellement un impact sur le climat scolaire de l'école et sur leurs relations avec les autres acteurs du système éducatif, notamment avec les assistantes de maternelle dont la formation ne permet pas toujours à ces dernières de mobiliser leur compétence plurilingue. Sur un site spécialisé,[14] nous avons relevé, dans la rubrique «bon à savoir», une typologie des «situations délicates avec l'enfant» à connaître dans le cadre du programme du nouveau concours ATSEM. Cette typologie rappelle aux candidates à ce concours qu'elles doivent être en mesure d'«aider un enfant qui souffre d'incontinence urinaire, accueillir un enfant porteur de handicap, détecter un enfant qui a des traces suspectes sur le corps et communiquer avec un enfant allophone (non francophone)».[15] Comment appréhender positivement les élèves dits allophones, dès lors qu'ils sont associés aux élèves handicapés, ou à ceux souffrant d'énurésie ou de violences familiales? Comment ne pas en arriver à les suspecter, au final, de ne pas être locuteurs de la langue française? Enfin, comment vont-elles interpréter la préconisation de «communiquer avec un enfant allophone (non francophone)» alors qu'elles sont elles-mêmes allophones puisque locutrices du créole réunionnais?

Il est étonnant de constater que le rapport aux langues est envisagé tout à fait différemment dans le réseau des écoles françaises à l'étranger coordonnées par l'agence pour l'enseignement français à l'étranger (AEFE), établissement public sous tutelle non pas du Ministère de l'Education Nationale mais sous celle du Ministère des Affaires étrangères et européennes, où s'appliquent des textes d'orientation pédagogique d'une toute autre teneur. En effet, outre ses références au rapport du comité stratégique des langues de 2012 et au guide pour l'élaboration des politiques linguistiques éducatives en Europe, la circulaire AEFE du 11/09/2012[16] invite à «construire un parcours plurilingue, raisonné, progressif et cohérent». Des ponts entre les langues sont dès lors préconisés dès la maternelle:

> En petite section et en moyenne section, il est indispensable que l'accueil soit bilingue en langue française et en langue du pays d'accueil. Dès la grande section, et l'entrée dans l'écrit, il va importer de structurer très précisément cet enseignement conjoint, en consolidant la langue maternelle tout en assurant conjointement un enseignement renforcé dans la langue que l'élève maîtrise peu ou pas du tout. C'est à ce niveau que le bilan linguistique joue tout son rôle.

---

[14] http://www.atsem.fr/.

[15] http://www.atsem.fr/programme-concours-atsem-situations-delicates.

[16] Le contenu de la circulaire est repris dans la brochure *Politique des langues AEFE: pour une éducation plurilingue* (http://www.aefe.fr/sites/default/files/cahier-AEFE-politique-des-langues.pdf).

Le recours aux niveaux communs de compétences du CECRL et à la construction individuelle de biographies langagières est par ailleurs souligné. Enfin, les enseignants sont invités à concevoir une pédagogie interactive et innovante basée sur le développement de l'intercompréhension. Mais ce qui paraît cohérent au regard de l'enseignement du français à l'étranger ne l'est apparemment pas dans les départements d'outremer où s'appliquent depuis toujours les programmes scolaires métropolitains sans prise en compte pertinente et généralisée de la diversité linguistique et culturelle du public scolaire.

Une évolution notable du cadre institutionnel mérite toutefois d'être signalée. Nul ne sait en effet si le fait que les territoires ultramarins sont systématiquement derniers aux évaluations nationales a fini par éveiller la conscience des décideurs en matière de politique linguistique éducative. Il n'en reste pas moins que quatre articles de la toute récente loi d'orientation et de programmation pour la refondation de l'école de la République du 09/07/2013 témoignent de la volonté institutionnelle de prendre en compte la diversité des contextes d'enseignement/apprentissage en France. Les articles 39 et 45 de cette loi stipulent en effet qu'une initiation à la diversité linguistique peut être proposée aux élèves, en s'appuyant éventuellement sur les langues familiales et les langues vivantes étrangères enseignées à l'école. Cette initiation ne se substitue pas à l'enseignement formel des langues prévu dans les programmes scolaires mais est présentée comme une option complémentaire aux enseignements de langues déjà existants.[17] Le créole, langue régionale, peut être mobilisé si c'est nécessaire[18] (article 40), dans l'enseignement de l'expression orale ou écrite en territoire ultramarin (article 46). Toutefois, échaudés par une pression normative très ancienne associant implicitement, depuis le début de la scolarisation de masse à La Réunion, langue créole à échec scolaire, les enseignants oseront-ils pour autant répondre au revirement pédagogique profond qui s'inscrit en creux de cette récente préconisation institutionnelle?

3 Une enquête en éducation prioritaire à La Réunion: croisement de regards sur la place des langues à l'école maternelle

Une enquête en cours, menée depuis la rentrée scolaire 2011 au sein d'une école primaire publique située en éducation prioritaire, dans le bassin est de La Réunion, a permis de recueillir les témoignages d'enseignants et d'assistantes de maternelle exerçant dans deux classes de petite section (élèves âgés d'environ 3

---

[17] Le verbe *pouvoir* exprime à plusieurs reprises dans ces quatre articles une modalité hypothétique qui rappelle l'absence d'obligation de prendre en compte la spécificité du contexte des territoires ultramarins ou, plus globalement, de concevoir une ouverture à la diversité linguistique dans sa classe.

[18] Il était autorisé avant cela pour l'école primaire seulement.

ans) et une classe de grande section (élèves âgés d'environ 5 ans), ainsi que celui du directeur d'école. Il s'agit d'une étude qualitative basée sur l'analyse de discours ciblant, d'une part, les pratiques langagières à partir de séances de classes observées et/ou filmées (qui parle? qui écoute? qui écrit? qui lit? en quelle(s) langue(s)/variété(s) de langue(s)? par le biais de quelles médiations?) et, d'autre part, les représentations langagières dans le cadre d'entretiens semi-directifs enregistrés et d'entretiens informels avec prise de notes.

Les sujets de notre enquête sont constitués de cinq assistantes de maternelle et de trois enseignantes. Les assistantes de maternelle sont toutes bilingues créole/français. Pour respecter leur anonymat, nous les avons identifiées ainsi: ASMAT 1[19] (classe de petite et moyenne section), ASMAT 2 (classe de petite section), ASMAT 3 (classe de moyenne section), ASMAT 4 (classe de moyenne et grande section), ASMAT 5 (classe de grande section). Les entretiens révèlent qu'elles ont plus ou moins mal vécu leur scolarité antérieure. Les enseignantes interrogées se répartissent ainsi: une enseignante bilingue créole/français (ENS1) utilisant, dans sa classe de petite et moyenne section, le créole ainsi que d'autres langues familiales dans le cadre très spécifique de la création d'un livret numérique multilingue destiné à être diffusé lors de l'exposition des travaux d'élèves de fin d'année, une enseignante en petite section (ENS2), francophone monolingue mais originaire du pays basque et intéressée globalement par les langues régionales, une enseignante bilingue créole/français (ENS3), habilitée en créole et autorisée à mettre en place l'éducation bilingue dans sa classe de grande section. Ces trois enseignantes ont accepté d'expérimenter ponctuelle-ment des activités d'éveil aux langues dans leur classe.

Trouver un moment pour échanger librement avec les assistantes de maternelle sur leur lieu de travail n'a pas été aisé. Bien que toutes volontaires et soucieuses de partager ce temps de parole, il leur a été difficile de libérer un temps de pause. Ces conditions de travail rigoureuses ne sont pas spécifiques à notre terrain de recherche et se retrouvent à l'échelle nationale, comme en témoignent le rapport des Inspecteurs Généraux précédemment cité:

> La mission d'inspection a rencontré des ATSEM enchaînant les obligations de service entre garderie du matin, travail dans la classe, surveillance sur la pause méridienne afin de cumuler un temps de travail suffisant leur permettant de bénéficier des vacances scolaires.[20]

Les assistantes de maternelle ont tenu à rester ensemble toutes les cinq durant les deux entretiens qui ont eu lieu, en fin d'année scolaire, dans une salle de classe inoccupée.

---

[19]   ASMAT: Assistante de maternelle (sigle inventé pour les besoins de notre enquête).
[20]   http://media.education.gouv.fr/file/2011/54/5/2011-108-IGEN-IGAENR_215545.pdf
(page 66).

Concernant les représentations des assistantes de maternelle au sujet de la place des langues dans la classe, leurs discours convergent vers le constat général que les enfants utilisent tous le créole dans la classe: «Les enfants, quand ils jouent, même dans la classe, dans les coins jeux, ils parlent en créole» (ASMAT 1). Dès lors, il paraît évident aux assistantes de maternelle d'échanger avec les élèves dans la langue qui permet à ces derniers de donner du sens à leurs actions: «Les enfants, ils comprennent mieux quand on leur dit les choses en créole, il faut les aider, surtout quand ils sont petits» (ASMAT 4). Elles n'hésitent pas pour cela à prendre des initiatives:

> La maîtresse, elle doit faire passer son programme. Moi, je m'approche de l'enfant et je lui explique en créole parce que je veux que ça avance. Et ça marche, surtout dans les ateliers qui tournent. A force, à force, après l'enfant il a confiance. (ASMAT 4)

Des limites sont toutefois posées à cette place conférée à la langue première des enfants. Certaines témoignent en effet de leur insécurité linguistique face à l'entrée dans l'écrit en créole: «le créole, c'est difficile à lire et à écrire, pas à parler, mais à lire et à écrire … on n'a pas appris à l'école» (ASMAT 3), mais aussi face à des phénomènes de contacts de langues qu'elles n'ont pas appris à analyser et auxquels elles souhaiteraient être initiées: «Je voudrais une formation qui m'apprenne à ne plus mélanger le créole avec le français» (ASMAT 1).

Les autres langues, notamment celles des élèves venant des autres îles voisines, reçoivent un accueil contrasté. Si une assistante de maternelle relate avec enthousiasme une activité menée par une enseignante remplaçante consistant à mettre en perspective les langues de la classe avec deux langues internationales au moment de l'accueil: «une fois, chez les moyens-grands, y avait une maîtresse qui faisait l'accueil en maore, en malgache, en anglais et en espagnol … et en français et en créole aussi, c'était intéressant» (ASMAT 4), une autre insiste sur la nécessité d'une prise en charge pédagogique spécifique des élèves originaires de l'archipel des Comores: «ces enfants-là, ils doivent aller avec la maîtresse pour non francophones», et explique les difficultés d'intégration de ces élèves par leur appartenance à une «culture» comorienne stigmatisée: «il y a un problème avec leur culture, il faut tout leur apprendre … l'hygiène» (ASMAT 3). Ces raccourcis culturels sont fréquents en l'absence de formation visant à les déconstruire.

Ainsi, l'urgence à l'école nous paraît être de sensibiliser les professionnels de l'éducation à l'hétérogénéité en tant que norme et de les aider à lutter contre l'ethnocentrisme en «désintégr[ant] les catégories»:

> Il ne s'agit donc sans doute pas de s'interroger uniquement sur la pluralité (des «langues», des «cultures», des «identités» conçues comme des ensembles relativement fixes), mais aussi et surtout d'imaginer et de réinventer une didactique de la diversité et de l'hétérogénéité, du mouvant et du composite, du paradoxe et de la différence. (Castellotti/Moore 2008, 198; cité par Castellotti 2009, 113)

Cette situation est d'autant plus paradoxale que les assistantes maternelles sont elles-mêmes plurilingues, locutrices d'une langue régionale, certes en souffrance, mais «déjà-là». On sait aussi que chercher à externaliser systématiquement la prise en charge des élèves désignés comme «élèves à besoins spécifiques» au motif qu'ils s'écartent un peu plus que les autres de la norme fixée par l'école ne favorise pas forcément l'implication des professionnels de l'éducation vis-à-vis de ces enfants (Laparra/Margolinas 2012).

Le défi n'est pas simple à relever non plus pour les enseignantes interrogées avec qui les espaces-temps ont été longuement négociés, les enseignantes étant peu disponibles en dehors des temps scolaires règlementaires. Certains entretiens informels ont même eu lieu sur le pas de la porte, avant le début ou à la fin d'une séance, accompagnés d'une prise de note accélérée en simultané ou en différé.

Quelles que soient les modalités de passation de ces entretiens, les premiers résultats de notre étude révèlent que les enseignantes sont globalement disposées à créer en classe un espace plurilingue dans le cadre d'activités d'éveil aux langues autorisées par l'inspecteur, mais que les passerelles avec les langues familiales peinent encore à être établies, qu'il s'agisse des langues des élèves migrants ou du créole: «au mois de mars, on a fait les anniversaires en anglais, en espagnol … tu vois, en d'autres langues quoi» (ENS 1), «c'est pas facile de les faire parler dans leur langue, ils réagissent pas forcément quand j'utilise l'imagier maore[21] que tu m'as passé» (ENS 2)[22], «Nous n'avons pas de CLIN ici» (ENS 3). L'argument du manque de temps est également souvent évoqué: «là, c'est pas possible, mais après les vacances, oui» (ENS 3). Les activités d'éveil aux langues sont par ailleurs suspendues lors de la visite de l'inspecteur: «pendant l'inspection d'école, j'ai préféré ne pas faire d'activités d'éveil aux langues» (ENS 1).

La langue créole est tolérée dans les échanges entre élèves et enseignants: «ils sont petits, c'est déjà bien quand ils parlent. Il ne faut pas les reprendre tout le temps. Mais attention, il faut quand même les amener vers le français» (ENS

---

[21] L'enseignante fait ici référence à un imagier trilingue français/malgache/shimaoré créé par des enseignants spécialistes de l'enseignement du français aux élèves migrants (enseignants en CLIN ou classes d'initiation dénommées désormais UPE2A: Unités Pédagogiques pour Elèves Allophones Arrivants).

[22] L'enseignante lit à haute voix les mots de l'imagier en ignorant par exemple que la réalisation phonétique de <u> est /u/ en shimaoré et non pas /y/. De ce fait, les élèves mahorais ne peuvent pas comprendre le vocabulaire shimaorais qu'elle déchiffre à haute voix à partir de ses connaissances du français. Il n'en reste pas moins que sa démarche visant à tenter de donner une place au shimaoré dans sa classe est plus que louable. Elle nécessite toutefois de s'associer avec des partenaires locuteurs de cette langue (parents, associations, etc.). A la suite de cette observation en classe, nous avons entrepris la réalisation d'un CD et d'un livret numérique qui comportent les fichiers sons correspondant aux mots de l'imagier.

1). L'enseignante originaire d'une région métropolitaine où la langue basque est clairement identifiée et revendiquée fait sa première rentrée à La Réunion lors de notre entretien. Elle s'étonne des tabous qui planent encore autour de l'utilisation du créole à l'école: «Quand je suis arrivée, j'ai commencé à vouloir m'intéresser au créole pour m'adapter à mes élèves mais on m'a vite fait comprendre que l'objectif, c'était la maîtrise du français» (ENS 2). Effectivement, même en classe bilingue, où la place de la langue régionale est légitimée, l'usage de la langue créole suscite encore quelques interrogations. Les entretiens révèlent que l'alternance «une langue par jour» se heurte aux paroles spontanées non seulement des élèves, mais aussi à celles des assistantes de maternelle: «Même les enfants, ils parlent créole quand ce n'est pas le bon jour. Ou alors, ils croient parler français le jour du français alors qu'ils parlent créole» (ENS 3). La proximité génétique du créole réunionnais et du français est vécue en effet comme un obstacle à la «maîtrise» des deux langues et l'enseignante habilitée en créole exprime ici son désarroi face aux difficultés qu'elle rencontre pour compartimentaliser l'enseignement/apprentissage des langues et aider ses élèves à développer une conscience linguistique. Dans son effort pour «démayer» les langues en contact, elle perçoit la communication en créole entre l'assistante de maternelle et les élèves comme un obstacle supplémentaire: «L'ATSEM doit comprendre qu'elle ne doit parler créole que quand c'est le moment. Bien-sûr, parfois il y a des ratés» (ENS3). Ce malaise est notamment alimenté par des interdits émanant d'une pression institutionnelle qui survit en classe sur le long terme: «La formatrice qui est venue me visiter en classe quand j'ai débuté m'a interdit d'utiliser le créole avec mon ATSEM» (ENS3).

Plus globalement, les pratiques professionnelles sont entravées au quotidien par des malentendus qui ne favorisent pas l'épanouissement au travail. Ainsi, alors que les enseignantes regrettent de ne pouvoir solliciter l'assistante de maternelle autant qu'elles le souhaitent: «tu sais, elles sont très occupées» (ENS 1), «les ATSEM n'aiment pas qu'on les commandent … il ne faut pas leur donner trop de tâches» (ENS 3), il semblerait que les assistantes de maternelle aspirent à une collaboration plus authentique: «C'est important de bien s'entendre avec la maîtresse … j'aimerais que la maîtresse m'explique mieux les ateliers» (ASMAT 4).

Cette collaboration constitue pourtant un atout précieux dans le rapprochement familles/école car les assistantes de maternelle vivent dans le quartier de l'école ou tout au moins dans la commune. Elles connaissent les parents, certaines ont vu naître les enfants: «nous, là, on est dans le quartier. Les parents, ils viennent nous voir pour nous parler, mais devant la maîtresse, ils osent pas trop» (ASMAT 3), «Ce 'ti gars là, on le connaît depuis qu'il est né. Et elle, c'est ma nièce» (ASMAT 5). Elles ont conscience de la stabilité de leur équipe dans une école que certains enseignants semblent chercher à fuir dès qu'ils y sont nommés: «les maîtresses ici, elles changent tout le temps, elles restent pas» (ASMAT 2). Quant aux enseignantes, elles sont témoins tous les jours du rapport privilégié entretenu par les assistantes de maternelle avec les familles mais ignorent comment l'appréhender comme une ressource: «Chacun a son rôle et il faut s'en rappeler» (ENS 3), «Parfois, je dois rétablir les choses» (ENS 2).

Le directeur de l'école confirme le problème des déplacements des enseignants qui n'habitent pas tous dans cette circonscription isolée de l'est de La Réunion et ne restent parfois pas plus d'une année dans l'école: «si on pouvait éviter ce turnover au niveau de l'équipe enseignante ... mais là, ça va être difficile.» Le directeur évoque également la jeunesse des enseignants nommés dans cette école ECLAIR[23], jeunesse qui entraînerait selon lui plusieurs conséquences dont un absentéisme fréquent dû aux contraintes liées à la maternité: «Ce sont des jeunes enseignants, beaucoup de jeunes enseignants, et qui désirent un jour ou l'autre être parents.» Il constate avec regret mais compréhension les fréquentes absences en cours d'année pour congé de maternité et les remplacements successifs qui nuisent à la continuité des apprentissages.

Concernant les situations de contact de langues dans son école, il estime que la présence d'un spécialiste permettant à chacun de créer des ponts entre le français et les autres langues de l'environnement favoriserait la réussite scolaire de tous les élèves:

> J'aurais bien aimé qu'il y ait un enseignant qui fasse un petit peu la passerelle: comment on fait pour passer de la langue créole à la langue française? Et il y aurait aussi la même chose entre le shimaoré et le français ... J'aurais bien aimé qu'il y ait un ... oui, une sorte de médiateur, un médiateur qui faciliterait cette tâche et qui aiderait aussi à faire connaître les attentes de l'école et de la société après.

Notre entretien lui donne d'ailleurs l'occasion d'exprimer plus particulièrement un besoin de formation et d'informations sur les cultures des familles originaires de l'archipel des Comores:

> J'aurais bien aimé avoir une formation sur la gestion ... si tu veux, l'accueil de ces populations ... Car je pourrais commettre des erreurs, par méconnaissance de leur culture ... C'est une urgence en fait ... Il serait temps qu'on tienne compte de cette population dans la classe aujourd'hui.

Le directeur n'ignore pas la situation socio-économique défavorisée de la plupart des familles du quartier mais aussi dans le reste de l'académie: «quand

---

[23] Le programme ECLAIR (Ecoles, collèges et lycée pour l'ambition, l'innovation et la réussite) a pour principaux objectifs la réussite de chaque élève, l'égalité des chances et la stabilité des équipes par le biais d'innovations dans les champs des ressources humaines, de la pédagogie et de la vie scolaire. Sont ainsi constitués, dans chaque zone considérée comme sensible, des réseaux réunissant un collège et les écoles environnantes: http://eduscol.education.fr/ cid52780/l-experimentation-clair.html#lien0.

tu vis dans la misère, tu vas plutôt chercher à manger et à t'habiller … A La Réunion il y a 52 % qui vivent en-dessous du seuil de pauvreté … En plus de la misère humaine, il y a en plus des carences éducatives.» Est ici dénoncé l'impact de la pauvreté sur le rapport au langage et à la réussite scolaire, impact dont on connaît les répercussions sur la cohésion sociale (Dollé 2013).

Le directeur précise que les communautés comorienne et mahoraise sont actuellement les derniers maillons de cette chaîne de la misère sociale: «On sait très bien aussi que quand il y a une crise, il faut cibler une population.» La prise en compte des langues familiales à l'école dans le cadre d'activités ponctuelles de comparaison de langues n'est donc pas suffisante et ne constitue qu'un volet d'un plus vaste programme de transformation sociale où il s'agirait plutôt d'œuvrer en faveur du vivre ensemble en apprenant à échanger, travailler, jouer, rire, en somme en apprenant à vivre avec les locuteurs de ces langues.

4 Discussion: Acteurs plurilingues en milieu scolaire monolingue ou «nkofu moja kaifwu ndra»[24]

On sait que, en dépit de la belle avancée proposée par les articles 39, 40, 45 et 46 de la loi d'orientation et de programmation pour la refondation de l'école de la République du 09/07/2013, «une politique linguistique ne se fait pas uniquement au niveau institutionnel» (Hélot/Rubio 2013, 38). Nous avons vu notamment comment certaines assistantes de maternelle font fi des consignes et «s'approchent» des enfants pour les aider à entrer dans les apprentissages par le medium de leur langue commune. Quand on s'approche, c'est souvent pour parler plus bas. En classe, la langue créole circule donc encore discrètement, mais elle circule, dans tous les interstices où elle peut se faufiler (García 2009).[25] La prise de pouvoir de l'assistante de maternelle est perceptible dans les termes forts qu'elle emploie: «je veux que ça avance», et trouve sa légitimité dans le succès de la démarche qui aboutit au rétablissement de la confiance entre l'enfant et les adultes de la classe: «à force, à force, après l'enfant il a confiance.» Cette posture professionnelle est encouragée par les chercheurs qui préconisent une telle médiation linguistique à tous moments de la journée, y compris lors des «moments de soins [qui] sont souvent des moments clés pour stimuler le langage parce que l'éducateur est impliqué dans une relation individuelle avec l'enfant» (Van Der Mespel 2013, 185).

En l'absence de mixité sociale à l'école, comme c'est le cas en éducation prioritaire, la posture professionnelle doit tout particulièrement viser à

---

[24] Proverbe mahorais: un seul ongle n'écrase pas un pou (traduction littérale) signifiant «l'union fait la force».

[25] García propose cette expression métaphorique pour le cas des élèves migrants. Nous proposons de l'étendre au cas des élèves «nés allophones» dans un département français d'outremer où le français est la seule langue officielle et l'unique langue de scolarisation.

sauvegarder coûte que coûte la confiance et l'estime de soi chez les enfants des catégories populaires privés de la possibilité de fréquenter des enfants plus chanceux, dotés de capacités linguistiques supérieures[26] et de projections positives vers l'avenir (Bourdieu/Passeron 1964; Beaudelot/Establet 2009; Merle 2013)[27]. Les jeunes enfants de l'école maternelle notamment ont besoin qu'on les aide à «développer une image forte d'eux-mêmes et [à] apprendre d'une manière positive la diversité sociale» (Van Der Mespel 2013, 182-183), les inégalités socio-culturelles apparaissant en effet dès l'âge de 18 mois.[28] Si l'école veut tenir sa promesse démocratique et ne pas consacrer la prééminence des classes cultivées ni celle des langues dominantes sur le marché linguistique, il doit être possible aux élèves dits allophones d'accéder aux savoirs académiques par tous les moyens langagiers qui sont à leur disposition, dans la ou les langue(s) et variétés de langues dont ils sont porteurs.

Cette construction langagière et identitaire positive ne peut se faire sans les familles dont il est urgent de repenser l'accueil en vue de «les associer concrètement à la vie des enfants dans l'institution» (Dollé 2013, 67). Lorsque des malentendus sur leurs attentes respectives entachent les rapports entre parents et enseignants, le rôle des assistantes de maternelle devient fondamental. Elles connaissent le réseau affinitaire qui se tisse tous les jours autour de l'école et bien souvent en font partie. L'insécurité linguistique dont elles sont victimes depuis le début de leur propre scolarité peut toutefois entraîner une autocensure. Ainsi, l'assistante de maternelle qui prend l'initiative de traduire discrètement aux élèves les consignes en créole pour qu'ils puissent entrer dans l'activité ne devrait pas avoir à dissimuler sa médiation. D'autres, moins audacieuses, évitent encore aujourd'hui de mobiliser des ressources langagières non légitimées à l'école (Young 2013).

Il en va de même pour les enseignantes pour qui, mettre en place des projets plurilingues et interculturels ne nécessite pas forcément, selon elles, de recourir aux langues familiales présentes dans l'environnement (Auger 2008). Ou bien, lorsqu'elles le font, dans le cadre par exemple de l'approche éveil aux langues, elles préfèrent suspendre ces activités, à leurs yeux trop innovantes, lors de la visite de l'inspecteur pourtant informé, voire même impliqué dans l'expérimentation (Prax-Dubois/Huet/Dit Marianne à paraître). Même en classe

---

[26]   En raison notamment d'un écart moindre entre les codes scolaires et les codes familiaux.
[27]   Interview de Pierre Merle, sociologue, professeur d'université à l'ESPE de Bretagne, Emission radiophonique *Répliques* «l'école et la question de l'égalité» du 18/05/2013 sur France Culture.
[28]   Une étude d'Anne Fernald, une psychologue de Stanford, montre qu'à 18 mois les enfants des familles privilégiées identifient plus rapidement certains mots. A deux ans ils maîtrisent 30 % de mots en plus que les enfants de milieu défavorisé. A 3 ans, ils ont entendu 30 millions de mots en plus que les enfants des couches populaires (Carey 2013). Article en ligne: http://news.stanford.edu/news/2013/september/toddler-language-gap-091213.html.

bilingue, le dispositif «un jour/une langue» est poursuivi avec embarras par l'enseignante de grande section qui reconnaît ne pas réussir à contenir le discours spontané des élèves, le mélange de langues et le non respect de l'alternance quotidienne y compris par l'assistante de maternelle à qui il arrive de s'exprimer en créole les jours non autorisés.

La situation sociolinguistique de La Réunion est différente de celle des contextes habituellement décrits en Europe continentale en matière de reconnaissance des langues régionales. Ici, c'est à l'école maternelle que le jeune enfant réunionnais se découvre allophone sans avoir quitté sa région de naissance. En l'absence d'une réelle prise en compte de ses acquis langagiers en créole, il se retrouve, dès l'âge de 2 ou 3 ans, dans une situation qui pourrait s'apparenter à celle d'un élève nouvellement arrivé en apprentissage du français langue seconde,[29] même si la réalité est beaucoup plus complexe. En effet, dans notre département d'outremer où les langues autres que le français sont utilisées par des locuteurs majoritairement de nationalité française[30] et où le français n'est au final ni une langue étrangère ni même une langue seconde (Wharton 2005, 2007), commence à être utilisé le concept de *langues co-maternelles*, maîtrisées à des degrés divers selon les locuteurs et les contextes. Mentionné initialement dans le contexte antillais (voir par exemple Confiant 1998; Arsaye 2004) puis dans la déclaration de Cayenne (2011)[31] et repris à La Réunion (Georger 2013),[32] il fait écho à celui de *langues partenaires* (Daleau et al. 2006) qui permet, dans le sillage de travaux plus anciens faisant référence au bilinguisme comme première langue (Swain 1972; Meisel 1990; Varro 2004; cités par Hélot 2013), d'inscrire les situations de contact de langues dans une perspective de complémentarité et d'équité.

Les élèves originaires des îles voisines, immigrants de première génération ou de générations plus anciennes, sont tout aussi concernés:

---

[29] Cela place d'ailleurs les enseignants en UPE2A auprès des élèves migrants à La Réunion dans une situation paradoxale (Prax-Dubois 2009), d'autant plus que les élèves réunionnais nouvellement arrivés en France métropolitaine y sont parfois scolarisés en UPE2A en raison de leur «maîtrise insuffisante de la langue française».

[30] Nous faisons référence ici aux personnes nées à La Réunion ou à Mayotte et qui sont locuteurs, non seulement du créole réunionnais mais aussi d'autres langues et variétés de langues appartenant au patrimoine réunionnais: l'hindi, le tamoul, le gujrâti, l'urdu, le mandarin, le cantonais, le malgache, les langues comoriennes, etc., transmises ou pas par les parents et/ou grands-parents, même si cette transmission s'affaiblit de nos jours.

[31] Déclaration rédigée à l'occasion des Etats Généraux du multilinguisme dans les Outre-Mer qui ont eu lieu les 14-18/12/2011 à Cayenne: http://www.dglf.culture.gouv.fr/Actualites/Outre-mer_2011/Declaration_EGM-OM2.pdf.

[32] Des albums bi- ou plurilingues édités à La Réunion, tels que Ti Léon le caméléon (Manin et al. 2009), font également référence à ce concept: http://www.la-reunion-des-livres.re/nouveautes/Tikouti-2010.pdf.

> Même les petits Mahorais apprennent le créole dès leur première année de scolarisation, et ceci sans aucune intervention pédagogique particulière. De nombreux enfants de ces familles mahoraises sont nés à La Réunion et la langue créole est très présente dans leur environnement proche. Certes, le créole n'est pas la langue majoritaire au sein de ces familles, mais elle est la langue véhiculaire pour les relations de proximité dans le quartier et la langue principalement utilisée par les enfants à l'école (de la maternelle au lycée). (Georger 2006, 38)

Précisons que le parcours scolaire antérieur de certains élèves mahorais nouvellement arrivés est bien souvent déjà marqué par le sceau de l'insécurité linguistique du fait notamment des difficultés de prise en compte des langues vernaculaires à l'école à Mayotte – en dépit des résultats encourageants des expérimentations de classes shimaoré/français et kibushi/français menées récemment en ce sens – et de l'«l'écart béant entre l'univers quotidien et l'univers scolaire des élèves» (Laroussi 2013). Or, dès leur arrivée à La Réunion, les enfants mahorais sont d'abord en contact avec la langue utilisée par leurs pairs dans les situations familières de la vie quotidienne, le créole réunionnais et ses formes interlectales, sans forcément prendre conscience qu'il ne s'agit pas du français car, contrairement à d'autres langues créoles, le créole réunionnais est très proche du français, sa langue lexificatrice (Véronique 2013).

Dès lors, il s'agit à présent, dans le cadre d'une éducation inclusive, d'aider tous les jeunes élèves de maternelle, migrants ou nés à La Réunion, à développer dès la petite section leur compétence plurilingue en fonction de la situation de communication, voire à jouer de leur plurilinguisme, comme sont capables de le faire les locuteurs qui ont eu la possibilité de développer les différentes composantes de leur répertoire langagier de façon équilibrée (Grosjean 2010).

A l'école pré-élémentaire, les assistantes de maternelle peuvent apporter une aide précieuse, notamment en co-animant des ateliers dont elles auront participé en amont à la conception et qui auront pour objet la production d'outils élaborés avec les parents, dans des locaux prévus à cet effet dans l'école. Il peut s'agir d'imagiers bi- ou multilingues (Young 2013), de dictionnaires sonores, de kamishibai multilingues[33], de jeux de kim, de quizz, ou d'un répertoire de comptines ou d'histoires en différentes langues, pour une utilisation en classe ou en vue de constituer un *sac d'histoires* qui voyagera entre l'école et les familles et permettra de créer «un réseau d'affectivité et de réflexion autour des langues [en favorisant] le passage de l'oral à l'écrit, d'une langue à l'autre, et de l'écrit à l'oral» (Perregaux 2012, 176). Ce ne sont là naturellement que des exemples et l'idée est plutôt de laisser la possibilité aux assistantes de maternelle et aux parents, en collaboration avec les enseignants, d'élaborer un projet et de le mener à terme, dans le cadre d'une même démarche coéducative. Cela suppose que les assistantes de maternelle soient affranchies de cette subordination

---

[33] Petit théâtre d'images d'origine japonaise expérimenté actuellement à La Réunion, notamment en UPE2A, pour rendre la parole aux élèves mutiques.

exaspérante qui les maintient à l'écart des séances de langage et réduit bien souvent leur rôle à celui de femme de service. Cela suppose également qu'elles puissent participer à des formations qui leur fournissent les moyens de s'émanciper.

En France métropolitaine, une formation en ce sens, destinée à 13 assistantes de maternelle, a été organisée par l'association Le Furet et l'ESPE d'Alsace en 2010 sous le titre: «Le langage et les langues à l'école maternelle: accueillir et accompagner le jeune enfant dans sa scolarisation». Reconduite depuis, cette formation est animée par une équipe de formatrices expérimentées constituée de trois enseignantes chercheuses et de deux enseignantes directrices d'école maternelle dotées d'expertises complémentaires. Le stage prévoit trois types de contenus: des apports théoriques, des exemples d'expérimentations et un retour d'expériences. L'idée est de fournir des démarches et des outils aux assistantes et aux enseignantes de maternelle, dans le cadre d'une «juxtaposition d'expériences professionnelles et personnelles, de résultats et de théories de recherche» (Young 2013, 203). La finalité de la formation est de penser ensemble une posture professionnelle visant l'«empowerment (notion en anglais difficile à traduire, qui combine émancipation et autonomie)» (Young 2013, 208) et de prendre conscience que le regard des adultes de la classe influe directement sur l'idée que l'enfant se fait de ses propres capacités:

> ce n'est pas principalement le fait que l'enfant ne parle pas encore la langue de l'école, mais plutôt le regard institutionnel (Gkaintartzi/Tsokalidou 2011) qui l'inhibe et l'empêche de réaliser son potentiel (Cummins 2003). Ce regard s'appuie sur les représentations du potentiel de l'enfant que le professionnel construit lui-même. Par son attitude, ses paroles, ses gestes, il oriente les enfants et les parents vers un parcours scolaire choisi ou subi. (Young 2013, 198)

Pour porter un regard positif sur les élèves, encore faut-il déjà le porter sur soi-même et parvenir à prendre de la distance par rapport à un parcours scolaire antérieur parfois vécu comme une souffrance quand on n'a pas eu la chance d'accéder aux savoirs en utilisant la langue qui a permis «de construire son identité et sa singularité» (Hélot 2013, 50), une langue qu'il paraît impossible d'apprendre plus tard à utiliser à l'écrit si elle n'a pas été enseignée à l'école durant l'enfance: «le créole, c'est difficile à lire et à écrire, pas à parler, mais à lire et à écrire … on n'a pas appris à l'école.» Les assistantes de maternelle en insécurité linguistique ont d'abord besoin d'être rassurées et reconnues, à la fois par l'équipe pédagogique mais aussi par les autorités communales qui les emploient et dont elles souffrent parfois d'un manque de considération. La reconnaissance, bien souvent si simple à exprimer (il suffit d'y penser), constitue en effet un déclencheur inestimable de motivation: «Le besoin de reconnaissance est un des plus forts leviers de nos actions. Il se lit notamment "dans le regard de l'autre". Il est aussi important, ajoute-t-il, que "l'air que nous respirons"» (Perregaux 2012, 183, citant Todorov 2003).

Cette reconnaissance commence à l'école où, si l'on veut enseigner le vivre-ensemble à nos jeunes élèves, sans doute faut-il commencer par montrer l'exemple en apprenant à travailler en équipe, dans le cadre d'une relation horizontale dont nous sommes peu coutumiers en France. Ce nouveau type de collaboration nécessite le développement de compétences collectives pour instituer dans toute structure éducative «des formes d'hospitalité langagière» (Hélot 2013, 55). L'une des solutions pour y parvenir pourrait être de proposer des formations similaires à la formation expérimentée en Alsace mais qui réunirait cette fois-ci enseignants et assistantes de maternelle. L'idée serait de créer, dans un lieu neutre, une nouvelle complicité, une connivence pédagogique favorisant l'émergence d'un partenariat linguistique et augurant de l'évolution progressive du rôle actuel de l'assistante de maternelle vers une fonction plus appropriée d'assistante pédagogique. Notre enquête révèle des attentes en ce sens par les assistantes de maternelle: «C'est important de bien s'entendre avec la maîtresse … j'aimerais que la maîtresse m'explique mieux les ateliers», «Je voudrais une formation qui m'apprenne à ne plus mélanger le créole avec le français.» Bien des malentendus peuvent être levés lorsqu'on a la possibilité de s'exprimer en toute sécurité dans des formations mixtes offrant l'occasion rare de briser les relations hiérarchiques qui freinent la créativité des acteurs et engendrent l'insécurité, la peur de mal faire.

Ce type de formation a déjà été expérimenté en janvier 2009 sous la coordination de l'Inspecteur de l'Education Nationale AEFE de la zone Europe du Sud-Est. Un guide de bonnes pratiques en ligne permet d'en connaître les principaux éléments. Ce document, qui questionne l'enseignement/apprentissage de la langue de scolarisation en maternelle rappelle que la communication doit être préservée avec chaque enfant, quel que soit son répertoire langagier. Il pose comme principe que «les adultes, tuteurs de langage, connaissent finement chacun des élèves pour savoir dans quelle langue le dialogue peut progresser» (Houyel/Gourgue 2010). Enseignants et assistantes de maternelle sont ainsi rassemblés sous la même étiquette d'adultes acteurs du système éducatif. Le rôle des assistantes de maternelle dans le domaine du développement langagier du jeune enfant y est même particulièrement souligné:

> L'ASEM joue un rôle important dans la construction des compétences communicatives, langagières et linguistiques: sa proximité avec chaque enfant, en classe et hors les murs, renforce l'insertion de celui-ci, dans un tout nouveau monde: un monde scolaire aux codes sociaux, culturels et linguistiques, très spécifiques. (Houyel/Gourgue 2010)

Ce guide fait référence au texte d'orientation AEFE 2006 et au dispositif ALEF (Appui Linguistique pour l'Enseignement Français). Il invite les enseignants et assistantes de maternelle à «s'entendre sur comment parler aux enfants non francophones en fonction de leurs besoins: en quelle langue, avec quelle posture» (Houyel/Gourgue 2010). Il propose un «tableau repère» du fonctionnement du binôme enseignant/ASEM articulant les besoins des élèves au contenu des programmes scolaires. Enfin, il précise que les enfants doivent développer leurs compétences en langue maternelle, d'abord leur capacité à utiliser le langage d'évocation à partir de 3 ans puis celle liée à la construction du système phonologique entre 4 et 6 ans, en liaison avec les parents «qui peuvent participer à cette consolidation en langue maternelle» dans le cadre d'un contrat Parent-Elève-Ecole.

Nous avons bien conscience de citer en exemple des textes qui ne s'appliquent pas dans les départements d'outremer et nous ne souhaitons pas ici faire d'amalgame entre les contextes. Néanmoins, pour sortir de l'impasse dans laquelle élèves, familles et professionnels de l'éducation se trouvent actuellement à La Réunion, nous pensons qu'il n'est pas inutile de s'inspirer de démarches ayant fait leurs preuves ailleurs, que ce soit en Alsace ou dans les écoles du réseau AEFE, pour penser une autre configuration des langues dans les écoles de notre académie ultramarine.

5 Conclusion: pas kapab le mor san essaye[34]

Seule l'évaluation d'une formation conjointe des enseignants et des assistantes de maternelle à l'éducation plurilingue à La Réunion nous permettra d'en juger la pertinence. Il n'en reste pas moins, au vu des expérimentations citées supra, qu'une formation de ce type a toutes les chances de permettre aux acteurs concernés de co-construire et de s'approprier une approche holistique et cohérente des langues en présence, de rééquilibrer les statuts des langues dominantes et dominées et de se nourrir, avec curiosité et appétence, des savoirs et savoir-faire linguistiques et culturels de chacun. Ceci, dans un cadre souple et évolutif, étayé par l'expertise apportée en stage par des enseignants-chercheurs et des maîtres-formateurs sensibilisés à la sociolinguistique des contacts de langues (Simonin/Wharton 2013) et à la didactique du plurilinguisme, conscients de la dimension sociale et politique de tout acte d'enseignement/ apprentissage des langues, dans cet espace de négociation permanente de différentes formes de pouvoirs, de choix culturels et de dé/reconstructions identitaires qu'est la classe (Pennycook 2001).

Ainsi parviendrons-nous peut-être à inverser les rapports de force entre acteurs sociaux plurilingues et tenants jusqu'au-boutistes de l'idéologie une langue/une nation, idéologie obsolète dans un contexte mondial désormais décrit en termes de globalisation et de post-modernité où les frontières ne sont plus les mêmes (Weber/Horner 2012) et où il convient de se préparer à anticiper «les situations complexes engendrées par la superdiversité» (Young 2013, 210; voir aussi Vertovec 2007) pour laisser place à de nouvelles légitimités linguistiques.

---

[34] Qui ne tente rien n'a rien: proverbe réunionnais.

Bibliographie

Adelin, Evelyne/Lebon-Eyquem, Mylène (2009): L'enseignement du créole à la Réunion, entre coup d'éclat et réalité. In: Tréma 31. http://trema.revues.org/991

Arsaye, Jean-Pierre (2004): Français-Créole Créole-Français. De la traduction. Ethique. Pratiques. Problèmes. Enjeux. Paris: L'Harmattan

Auger, Nathalie (2008): Comparons nos langues: un outil d'empowerment pour ne pas oublier son plurilinguisme. In: Candelier, M./Ioannitou, G./Omer, D./Vasseur, M.T. (dirs): Conscience du plurilinguisme: pratiques, représentations et interventions. Rennes: Presses Universitaires de Rennes, p. 185-199

Beaudelot, Christian/Establet, Roger (2009): L'élitisme républicain. L'école française à l'épreuve des comparaisons internationales. Paris: Seuil

Bourdieu, Pierre/Passeron, Jean-Claude (1964): Les héritiers. Les étudiants et la culture. Paris: Editions de Minuit

Bouysse, Viviane et al. (2011): Rapport n° 2011-108 L'Ecole Maternelle http://media.education.gouv.fr/file/2011/54/5/2011-108-IGEN-IGAENR_215545.pdf

Calvet, Louis-Jean (1987): La guerre des langues et les politiques linguistiques. Paris: Payot

Calvet, Louis-Jean (1999): Pour une écologie des langues du monde. Paris: Plon

Carayol, Michel (1977): Le français parlé à La Réunion: phonétique et phonologie. Paris: Champion

Castellotti, Véronique (2009): Construire l'intégration en (dés)intégrant les catégories? In: Le français aujourd'hui 164, p. 109-114.

Cellier, Pierre (1976): La situation linguistique de l'enfant réunionnais créolophone après quatre années de scolarisation élémentaire. Thèse de 3e cycle. St Denis: Université de La Réunion

Chaudenson, Robert (1974): Le lexique du parler créole de La Réunion. Paris: Champion

Chaudenson, Robert (2010): Situation linguistique et éducative de La Réunion. Quelques remarques liminaires. In: Hubert-Delisle, M.-J./ Boyer, C. (2010): Adaptation de la didactique du français aux situations de créolophonie. Guide du maître: La Réunion. Niveau Ecole Maternelle. Organisation Internationale de la Francophonie. http://lewebpedagogique .com/oif/files/20 10/01/ChapitreII_reunion_maternelle1.pdf (consulté: 10 -11-2013)

Conseil de l'Europe, Conseil de la coopération culturelle, Comité de l'éducation, division des langues vivantes (2001): Un cadre européen commun de référence pour les langues: apprendre, enseigner, évaluer. Conseil de l'Europe (Strasbourg). Paris: Didier

Daleau, Laurence/Duchemann, Yvette/Gauvin, Axel/Georger, Fabrice (2006): Oui au créole, oui au français. Collection: Créole réunnionais et français, langues partenaires. Saint-Paul, Île de La Réunion: Editions Tikouti

Dollé, Michel (2013): Plurilinguisme et pluriculturalisme en France: une nécessité confrontée au modèle républicain. In: Hélot, C./Rubio, M.-N. (eds): Développement du langage et plurilinguisme chez le jeune enfant. Toulouse: Editions Eres, p. 61-67

Dubet, François (1997): Ecole, familles: le malentendu. Paris: Textuel

Fioux, Paule/Marimoutou, Joëlle (1999): Apprendre à communiquer en maternelle: une observation des pratiques en petite section à La Réunion. Travaux du dispositif de recherche-action de l'Académie de La Réunion, CRDP de La Réunion

Fontaine, Samuel/Hamon, Jean-François (2009): L'école à La Réunion: regards croisés des parents et enseignants. In: Psychologie & Education, Afpen (Association française des Psychologues de l'Education Nationale), p. 71-91

Gaillard, Jean-Loup (2003): Français et Créole de La Réunion. Fiches de lecture. Paris: L'Harmattan

García, Ofelia (2009): Bilingual Education in the 21st Century. New York: Wiley Blackwell.

Georger, Fabrice (2006): Créole et français: deux langues pour un enseignement – Réflexions à partir d'une classe maternelle bilingue à La Réunion. Collection: Créole réunnionais et français, langues partenaires. Saint-Paul, Île de La Réunion: Editions Tikouti

Georger, Fabrice (2011): Créole et français à La Réunion: une cohabitation complexe. Thèse de doctorat, sous la direction du Prof. L-F. Prudent, Université de La Réunion

Georger, Fabrice (2013): Les conditions d'une réussite de la scolarisation dans une langue sans tradition scolaire, non normée et co-maternelle avec le français: le cas du créole réunnionais dans un répertoire complexe. In: Dialogues et Cultures 60, p. 23-33

Gonac'h, Jeanne (2009): Compte rendu: Candelier, Michel/Ioannitou, Gina/Omer, Danielle/Vasseur, Marie-Thérèse: Conscience du plurilinguisme: pratiques, représentations et interventions. http://www.univ-rouen.fr/dyalang/glottopol/telecharger/numero_13/gpl13_crgonach.pdf (consulté: 15.11.13)

Grosjean, François (2010): Bilingual: Life and Reality. Cambridge: Harvard University Press

Hélot, Christine (2013): Le développement langagier du jeune enfant en contextes bilingue et plurilingue: quels enjeux éducatifs pour les structures d'accueil de la petite enfance. In: Hélot, C./Rubio, M.-N. (eds): Développement du langage et plurilinguisme chez le jeune enfant. Toulouse: Editions Eres, p. 41-60

Hélot, Christine/Rubio, Marie-Nicole (2013): Introduction. In: Hélot, C./Rubio, M.-N. (eds): Développement du langage et plurilinguisme chez le jeune enfant. Toulouse: Editions Eres, p. 15-40

Houchot, Alain (2013): Lutter contre les inégalités: l'atout des classes passerelles. In: Familles, crèches, écoles: et si on se donnait la main? In: Le Furet (Strasbourg) 70, p. 22-24

Houyel, Thierry/Gourgue, Dominique (2010): Le binôme enseignant/ASEM. Le Français langue de scolarisation. Guide de bonnes pratiques. Zone géographique Europe du Sud-Est. AEFE. http://www.heuze.nom.fr/docu ments/STAGE%20DUBLIN%202012/DocRepereAEFEcorrige.pdf (consulté: 15.11.2013)

Hubert-Delisle, Marie-José (1994): Créole, école et maîtrise du français 1 – Itinéraires de maîtrise. Ile de La Réunion: Coll. Education/Formation de l'Association le français à l'école

Hubert-Delisle, Marie-José (2010): Adaptation de la didactique du français aux situations de créolophonie - Guide du Maître: La Réunion - Niveau: Ecole Maternelle. http://lewebpedagogique.com/oif/files/2010/01/ChapitreII_reuni on_maternelle1.pdf (consulté: 15.11.2013)

Hubert-Delisle, Marie-José/Boyer, Céline (2010): Adaptation de la didactique du français aux situations de créolophonie. Guide du maître: La Réunion. Niveau Ecole Maternelle. Organisation Internationale de la Francophonie. http://lewebpedagogique.com/oif/files/2010/01/ ChapitreII _reunion_materne lle1.pdf (consulté: 10-11-2013)

Jésu, Frédéric (2004): Co-éduquer. Paris: Dunod

Jésu, Frédéric (2010): Principes et enjeux démocratiques de la coéducation: l'exemple de l'accueil de la petite enfance et notamment des conseils de crèche. In: Parents-professionnels: la coéducation en questions. ERES, p. 37-48 www.cairn.info/parents-professionnels-la-coeducation-en-questions --9782749212883-page-37.htm (consulté: 15.11.2013)

Laparra, Marceline/Margolinas, Claire (2012): Oralité, littératie et production des inégalités scolaires. In: Le français aujourd'hui 177, 2, p. 55-64

Laroussi, Foued (2013): Le plurilinguisme à l'école maternelle à Mayotte. Une recherche-action (2007-2011). In: Laroussi, F./Penloup, M.-C.: Identités langagières. Mélanges offerts à Régine Delamotte. Mont Saint-Aignan: Presses Universitaires Rouen Le Havre (PURH), pp. 177-184

Lebon-Eyquem, Mylène (2013): Débordements et reterritorialisation sociolinguistiques en milieu créole réunionnais. In: Bertucci, M.-M. (dir.): Lieux de ségrégation sociale et urbaine: tensions linguistiques et didactiques? Glottopol 21, p. 22-42 http://www.univ-rouen.fr/dyalang/glotto pol/telecharger/numero_21/gpl21_02leboneyquem.pdf (consulté: 15.11.13)

Loi n° 2013-595 du 8 juillet 2013 d'orientation et de programmation pour la refondation de l'école de la République. http://www.legifrance.gouv.fr/ affichTexte.do;jsessionid=?cidTexte=JORFTEXT000027677984&dateTexte =&oldAction=rechJO&categorieLien=id (consulté: 15.11.2013)

Manin, Vanessa/Gauvin, Axel/Andinani Saïd, Ali/Abdou, Yasmine (2009): Ti léon le caméléon, ti léon landormi, ti léon li dzianindri. Saint-Paul, Île de La Réunion: Editions Tikouti

Merle, Pierre (2013): L'école et la question de l'égalité. Emission radiophonique Répliques, France Culture. http://www.franceculture.fr /emission-repliques-l %E2%80%99ecole-et-la-question-de-l%E2%80%99egalite (consulté: 18-05-2013)

Pennycook, Alaistair (2001): Critical Applied Linguistics. A Critical Introduction. London: Routledge

Perregaux, Christiane (2012): Quand le post-it favorise les liens entre la famille et l'école. In: Balsiger, C./Bétrix Köhler, D./De Pietro, J.-F./Perregaux, C.: Eveil aux langues et approches plurielles. De la formation des enseignants aux pratiques de classe. Paris: L'Harmattan, p. 175-192

Prudent, Lambert-Felix (2005): Interlecte et pédagogie de la variation en pays créoles. In: Prudent, L.F./Tupin, F./Wharton, S.: Du plurilinguisme à l'école – Vers une gestion coordonnée des langues en contextes éducatifs sensibles. Berne: Peter Lang, p. 359-378

Prax-Dubois, Pascale/Maurer, Alexandra (à paraître): La mallette pédagogique «Enseigner en contexte multilingue»: un outil au service de l'autoformation des enseignants dans le domaine de la DDL? In: Travaux & Documents, BTCR, FLSH, Université de la Réunion

Prax-Dubois, Pascale/Huet, Jean-Bernard/Dit Marianne, Valérie (à paraître): Vers une nouvelle contextualisation de l'éveil aux langues à La Réunion. In: Travaux & Documents, BTCR, FLSH, Université de la Réunion

Simonin, Jacky/Wharton, Sylvie (2013): Introduction. Sociolinguistique des contacts de langues. Un domaine en plein essor. In: Simonin, J./Wharton, S. (dirs): Sociolinguistique du contact. Dictionnaire des termes et concepts. Lyon: ENS Editions, p. 13-18

Tirvassen, Rada (2009): La langue maternelle à l'école dans l'océan Indien. Paris: L'Harmattan

Tupin, Frédéric/Françoise, Christine/Combaz, Gilles (2005): Enseignants en milieu créolophone: des représentations aux modes d'intervention. In: Prudent, L.-F./Tupin, F./Wharton, S. (dirs): Du plurilinguisme à l'école – Vers une gestion coordonnée des langues en contextes éducatifs sensibles. Berne: Peter Lang, p. 51-98

Van Der Mespel, Sandra (2013): Stimulations linguistiques dans l'accueil petite enfance: une solution pour prévenir l'échec scolaire? In: Hélot, C./Rubio, M.-N. (eds): Développement du langage et plurilinguisme chez le jeune enfant. Toulouse: Editions Eres, p. 181-189

Verdelhan-Bourgade, Michèle (2007): Plurilinguisme: pluralité des problèmes, pluralité des approches. Tréma 28. http://trema.revues.org/246 (consulté: 15. 11.2013)

Veronique, Georges-Daniel (2013): Créolisation et créoles. In: Simonin, J./Wharton, S. (dirs): Sociolinguistique du contact. Dictionnaire des termes et concepts. Lyon: ENS Editions, p. 143-178

Vertovec, Steven (2007): Super-diversity and its implications. In: Ethnic and Racial Studies 30, 6, p. 1024-1054

Vertovec, Steven (2010): Towards post-multiculturalism? Changing communities, conditions and contexts of diversity. In: International Social Science Journal 61, 199, p. 83-95

Weber, J-J./Horner, K. (2012): Introducing Multilingualism: A Social Approach. London: Routledge

Wharton, Sylvie (2005): La sociolinguistique à l'épreuve des institutions en situation diglossique – Comment l'institution scolaire réunionnaise a-t-elle «(di)géré» sa sociolinguistique? In: Prudent, L.F./Tupin, F./Wharton, S. (dirs): Du plurilinguisme à l'école – Vers une gestion coordonnée des langues en contextes éducatifs sensibles. Berne: Peter Lang

Wharton, Sylvie (2007): Langues parentes, didactiques contextuelles. In: Carpooran, A. (dir.): Appropriation du français et pédagogie convergente dans l'océan Indien – Interrogations, applications, propositions. Actes des Journées d'animation régionale du réseau «Observation du français et des langues nationales». Paris: Editions des Archives contemporaines

Young, Andrea (2013): Pour une meilleure prise en compte de la diversité linguistique et culturelle des jeunes enfants: un exemple de formation d'assistantes de maternelle. In: Hélot, C./Rubio, M.-N. (eds): Développement du langage et plurilinguisme chez le jeune enfant. Toulouse: Editions Eres, p. 191-218

PART II

MULTILINGUALISM AND MOBILITY IN ADDITIONAL SITES

ANNA WEIRICH

Majorized linguistic repertoires in a nationalizing state

Abstract

Nous proposons l'analyse des représentations de «répertoires linguistiques *normaux*» comme approche à l'enquête des processus de «majorisation». L'illustration exemplaire de ces représentations dans le cadre de l'Académie Militaire Moldave aide à comprendre comment les répertoires linguistiques *majorisés* se transforment au fil des évolutions géopolitiques et sociolinguistiques.

1 Shifting the perspective on power relations and language

Speaking and hearing about "linguistic minorities" has caused me unease for a long time. I started reflecting seriously about this unease and about ways in which to approach sociolinguistic relations that caused me less discomfort when trying to negotiate the dilemmas I was facing in the first research project that I became part of as a young sociolinguist. This project's declared interest was "linguistic dynamics in the multiethnic national state Republic of Moldova" (thus ran the title) and more precisely the situation of "linguistic minorities" in the ex-sovietic Republic.[1] However, unsurprisingly things turned out to be much more complex. To some degree influenced by feminism, gender studies and critical racism and whiteness studies, I was familiar with the claim that in order to understand social dominance we have to look at how privilege is produced and reproduced. One striking aspect of my research into institutional contexts was that obviously positions, linguistic strategies and career chances differed markedly between speakers of the same language (Romanian/Moldovan in this case). Much more decisive than just the first language(s) of speakers were linguistic repertoires, even more so in a multilingual context like Moldova. In an endeavour to deal with the practical, theoretical and political problems of

---

[1] The project was conducted by Prof. Dr. Jürgen Erfurt, Dr. Vasile Dumbrava and Anna Weirich (Goethe-University Frankfurt am Main) in cooperation with the Faculty of History of the Moldovan State University from August 2010 until July 2013 with support of the German Research Foundation (DFG).

sociolinguistics, I propose in this chapter to shift the perspective on sociolinguistic relations by looking at privilege instead of domination (majorities instead of minorities), processes instead of entities (majorization instead of majorities) and linguistic repertoires instead of languages. In order to sketch out how a study of majorized linguistic repertoires could be approached, I will draw upon ethnographic observations of a Moldovan state institution.

1.1 Privilege, not difference

One of my central points of reference in this essay is Blanchet's article "Minorations, Minorisations, Minorités":

> Il n'y a pas de minoration/minorisation (= minoritarisation) sans majoration/majorisation (= majoritarisation), et réciproquement, à la fois dans l'ensemble d'un processus social (la minoritarisation d'un groupe ou d'une pratique signifie en miroir la majoritarisation d'autres groupes ou d'autres pratiques) et à l'intérieur même du groupe ou de la pratique minoritarisée (des aspects positifs sont associés aux aspects négatifs). (Blanchet 2005, 34)

The idea of this shift may seem banal: no minority without majority. Or more abstractly: "minority" is a relational term (see also Brubaker 1993, 1; Lecercle 2004, 196).

However, majorities are not a privileged subject of study in sociolinguistics. They are taken for granted, whereas minorities, figured as the "other", are a more prominent focus of study. As such majorities are what counts as standard, as self-evident. Who corresponds to the criteria of normality in a given context benefits from (unnamed) structural advantages. It is central to privilege and its defense that it is represented as normality and not as advantage (Amesberger/ Halbmayr 2008). Therefore postcolonial and critical whiteness studies have pointed out how the construction of difference and "the other" serve the function of reproducing privilege (Frankenberg 1993; Steyerl/Gutierréz Rodriguez 2012).

Linguistic minorization in itself should not be put on a level with racist and colonial oppression, although language is crucial to the latter (Calvet 2002; Hornscheidt 2009). But we can learn from these critical accounts of "othering" in order to better understand the discursive construction of "other linguistic groups" in various contexts.

Coste (2010) for example has shown how historically "other" languages are associated with the other side of a state frontier and how this idea prevails up to the present day in altered form (cf. also Bourdieu/Boltanski 1975). The refusal to accept plurilingualism as a feature of society should not be taken as a simple lack of knowledge or insight. It is closely related to the (unconscious) defence of privileges (that a majorized part of the population has in comparison to those that are being excluded). Schneider (2010) argues convincingly that linguistic minorization steps into the trap of epistemological nationalism, since minorities are constructed in analogy to national groups, yet are smaller and therefore in need of protection by minority rights. At the same time a dividing line between indigenous and involuntary/immigrant minorities withholds the same rights from other speakers that might also be in need of protection. In Moldova the main "other" in the nationalistic discourse are Russian speakers, who are seen as a threat to Moldovan people and to the Romanian language (see sections 1.2.1 and 1.2.2; also Erfurt 1998, 2001). Nationalistic discourses treat Russians as immigrants (Brubaker 1993, 3) and rely upon the underlying assumption that immigrant minorities do not have language rights (in contrast to indigenous minorities, which is why Lüdi (2011) names them "unrecognized minorities"). This implicit assumption is also manifest in the complaint that the other, "historical" minorities (such as Ukrainians, Gagauzians, Bulgarians) do "not even speak their own language" (but Russian instead). Whereas the right of "indigenous minorities" to their "mother tongue" is accepted and can even be integrated into the multiethnic conception of the Moldovan national state on a folkloristic level,[2] the right to Russian (for either "Russians" or allophones) is much more controversial. This shows how the construction of linguistic minorities as the linguistic other within a nation state is related to the (re)production of a majority group, the nation (Maas 2008, 148). My own position as a researcher implies that I would neither be associated with a linguistic minority nor with the majority in that society but rather be seen as an outsider (often treated as an expert, which I am not). Anyway, I do not consider myself as being in a neutral position, since I contribute to the reproduction of power relations, for example by making one topic of research prominent while excluding others. In one way or the other this is linked to privileges that I have in different contexts.

So how can we grasp the tacit assumptions about the linguistic majority that make up privilege? According to Gumperz (1989, 21), linguistic minorization takes place in

> situations where two or more participants' verbal performance is interpreted or evaluated in terms of other participants' standards, and where this difference in evaluative criteria has a pejorative effect on the outcome of the interaction.

By virtue of this, majorization can be understood as a process in which certain practices and representations become standards that serve as evaluative criteria that allow some speakers to interact successfully in communication. Privileges are invisible, unconscious or unnamed – that is, those having privileges do not conceptualize them as privileges but as normality. So in order to understand privilege in a sociolinguistic sense, we have to analyze which linguistic resources count as normal in a given context. In contrast to that we can then grasp what is considered as deviant, but also which linguistic resources are

---

[2]   One example of this is the yearly public "Republican Festival of Ethnicities", http://www.bri.gov.md/?pag=noutati&opa=view&id=474&start=&l= (accessed 19-09-2013)

considered distinctive and have symbolic value on the linguistic market (Bourdieu 1982) precisely because they are not widespread, hard to attain and explicitly associated with prestige.

1.2 Processes not entities (majorization instead of majorities)

Since multilingualism has become a more prominent topic of research, many scholars have argued that it is epistemologically impossible to define linguistic groups or communities on the basis of language (Calvet 2011, 84; Schneider 2010). However, as a category of reference in political, legal and everyday discourses it influences social relations and cannot be simply put aside. Brubaker (1993, 5) claims that national minorities are not "fixed entities but variably configured and continuously contested political fields" and that they should be treated as categories of practice and not as categories of analysis. This claim can also be applied to linguistic minorities (Erfurt 2001, 193). The Moldovan example shows that discourses about linguistic groups are mingled with discourses about "ethnicities", "nationalities", "ethnic/national minorities" and even "people", which are often used interchangeably (e.g. Moldovanu 2007, 221). But one thing is certain: language is seen as the most important feature of each of these concepts.[3]

1.2.1 Languages and "ethnicity" in Moldova
The Republic of Moldova, with its 3.5 million inhabitants, is linguistically very diverse. The numerical majority of the population speaks Romanian/Moldovan, which is also the country's official language (*limba de stat* or *gosudarstvenni iazik*).[4] Constitutionally, Russian has a subordinate yet privileged (in comparison to other "minority languages") status as a "language of interethnic communication" and indeed Russian serves as the lingua franca in many interactions involving people of different linguistic backgrounds (Ciscel 2008, 2007; Erfurt 2012; Hornbacher 2002).

National identity and the status of multiethnicity in Moldova play an important role in political and media discourses as well as in everyday life. Due to this public interest surveys have been conducted that offer data regarding sociolinguistic relations in Moldova but these have to be treated with caution. Reliable statistical data on the relative number of speakers of each language is

---

[3]   A recent telling example from another context is the discussion about the census in Bosnia that tries to separate language, religion and ethnicity, yet treats them as interdependent and closely related to the distribution of linguistic rights (Mappes-Niedek 2003).

[4]   Both "Romanian" and "Moldovan" are used as names of the state language and both are associated with political positions (Bochmann 1997, 2012). Choosing one of them unavoidably means taking sides. In order to demonstrate that I am not willing to do so, I am using both simultaneously.

lacking, as the last census (Biroul Naţional de Statistică al Republicii Moldova 2004, 16) refers to ethnic criteria which cannot be treated as identical with the country's complex linguistic relations. According to estimates, Ukrainians are the largest "ethnic" minority in Moldova, accounting for approximately 8.5% of the population, followed by Russians (5.9%), Gagausians[5] (4.4%), Romanians (2.2%) and Bulgarians (1.9%).

The methodology of the so-called "ethno barometer" conducted in 2004 provides an insight into the statistical construction of "ethnicities". In case candidates could not define their ethnicity at "100%" (this was the first question) the interview was to be stopped immediately. This does not seem to correspond at all to everyday reality. Speakers often struggle when asked to identify with ethno-linguistic groups, either because family members have different linguistic backgrounds or because linguistic practice does not correspond to "ethnicity" (Dumbrava 2004).

1.2.2 The nationalization of Moldova

Sociolinguistic relations in Moldova show that privilege is not self evident. It is contested and fought over, not least due to the political transformations since the dissolution of the Soviet Union. Brubaker (1993) conceptualizes the idea of "nationalizing states" in order to discuss the emergence of new states in the former Soviet Union as "dynamic political stances ... rather than a static condition". Characteristic of this stance

> is the tendency to see the state as an "unrealized" nation-state, as a state destined to be, but not yet in fact ... a nation state, the state of and for a particular nation; and the concomitant disposition to remedy this perceived defect, to make language, culture, demographic position, economic flourishing and/or political hegemony of the nominally state-bearing nation. (Brubaker 1993, 7)

In these times of political change, privilege is being contested more overtly than in periods of apparent political stability.

Conflicting conceptions of national identity are characteristic of Moldovan politics (Sinaeva-Pankowska 2010; Handrabura 2006; Dom 2012). In Moldova pro-Romanian nationalism became a prominent ideology from 1988 onwards under the leadership of informal organizations consisting of Romanian-speaking cultural actors, but the Popular Front's endeavour to unify Moldova with Romania soon lost popularity at the beginning of the 1990s (King 2000). It is a particularity of the nationalizing project in Moldova that not only "national minorities" but also the "titular nation" are connected to a "homeland" outside

---

[5]   Gagausian is a Turkic language that is spoken only in Gagausia and Bugeac (and of course in other places where Gagausians migrated to). It has official status in the autonomous region Gagauz Yeri (in Southern Moldova) but is restricted to oral use in practice (Schulze 2002).

Moldova, since in Moldova as well as in Romania there are significant right-wing voices that claim a shared nationhood (which is based first and foremost on language).[6] The conceptualization of the Republic of Moldova as multiethnic, and the official recognition of national minorities and certain minority rights, are part of the more moderate nationalizing process. However, the changing power relations within the nationalization process achieve their strongest symbolic effect in the restructuration of the linguistic market. On a sociolinguistic level, nationalization in Moldova can be seen as a revision of what Trifon (2010) calls "diglossie enchâssée":

> La diglossie existe ... dès qu'il y a une différence fonctionelle entre deux langues, quel que soit le degré de différence ... Dans le cas moldave, il y a double diglossie, ou encore ... diglossie enchâssée. Il y a, en effet, en Moldavie, diglossie entre le roumain et le russe, d'une part, et entre le roumain littéraire, standard, et le roumain parlé par des secteurs importants de la population, fortement russifié, d'autre part.

On the one hand Romanian-speaking Moldovan elites fought for the status of Romanian as the single official language, as well as the Latin alphabet, which was enshrined in the 1989 language laws. As a consequence of this a fight over the standard or literary version of Romanian/Moldovan took place including disputes over the name of the language (Bochmann 1997, 2012), the most visible feature of these conflicts, whereas the more practical part concerns linguistic "normalization" (Erfurt 1998). This term refers to the process in which a formerly dominated language becomes the language of communication in all spheres of social life, as has happened in Catalonia and Québec (Aracil 1982; Bédard/Maurais 1983; Boyer 2006; Rondeau 1983). It highlights the fact that official language policy is not identical with sociolinguistic transformations. Whereas laws can be made relatively fast, making them work in practice takes a lot of time. Until the end of the 1980s the practice of Romanian/Moldovan in public life was rare, since Russian functioned as the dominant language in formal situations. The normalization of Romanian/Moldovan therefore affords an "Ausbau"[7] of linguistic resources on the level of terminology, school books and other didactic materials, written regulations, etc. (Erfurt 2001, 2003). A condition for successful normalization is that speakers elaborate their linguistic

---

[6]   In the established parliamentary context this is the Liberal Party and, in an unofficial context, it is right-wing informal organisations like Noua Dreaptă ("the new right"), which has branches in both countries.

[7]   The linguistic term "Ausbau" is little known or used outside of German-speaking contexts and there is no established English equivalent. Kloss (1967) first developed the concept as a complement to the term "Abstandsprache", a perspective that considers practice to be central for standardization processes and linguistic change, including the codification of a written language. For his English speaking readership, he paraphrased the term as "language by virtue of its having been reshaped" (or, alternatively, "remoulded", "elaborated") by means of "deliberate language planning".

repertoires and change their habits of linguistic practice (as well as attitudes). Linguistic purism and "public language critique" play an important role in this context and contribute to feelings of serious linguistic insecurity both among speakers as well as (potential) learners of Romanian/Moldovan (Erfurt 1998, 2001; Weirich forthcoming).

The second dimension of "diglossie enchassée" concerns the status and prestige of Russian. In the context of nationalization, the most significant attempts to restructure this linguistic market aimed at replacing Russian as the legitimate language with Romanian/Moldovan (Erfurt 2001, 2003; Erfurt/Weirich 2013). Whereas Moldovan as the language of the titular nation had a limited function in Soviet Moldova, Russian was the language of upward social mobility and of the political elites. Use of Russian is still widespread more than twenty years after the language laws, especially among the population considered to belong to national minorities, such as Ukrainians, Gagauzians, Bulgarians and of course Russians (cf. Ciscel 2007, 29f.; Erfurt 2002, 29; Hornbacher 2002; Biroul Național de Statistică al Republicii Moldova 2004, 16). Key elements of "linguistic nationalization" in Moldova are therefore the idea of the "ownership" of the state by a particular linguistic group that is represented as weakened and underdeveloped as a result of previous Sovietic repression (Brubaker 1996, 103f.). Public discourse thus still depicts Russian as a threat, either to the status of Moldovan/Romanian as such or to the purity of Romanian that suffers from Russian influence (Trifon 2010, 179; Dungaciu 2005, 107).

1.3 Linguistic repertoires instead of languages

The blurred notion of "linguistic minority" contributes to a covering over of multilingualism and a prioritizing of languages that are not necessarily the most important linguistic resources in the speakers' repertoires. Thus people referred to as "Ukrainians" in Moldova very often speak little or no Ukrainian and even if they do for many of them Russian is the most important language for daily use (and for others maybe Romanian/Moldovan). Encounters with members of the societies of Germans and Italians in Moldova have taught me that "ethnic Germans" in Moldova practically do not speak German at all and "Moldovan Italians" also do not necessarily speak Italian (in contrast to the hundreds of thousands of Moldovans who have worked and lived in Italy). In this sense the idea of monolingualism ("as an original state, intended by god and/or legitimized by the people", Lüdi/Py 2009, 155) has to be understood in connection with the ideas of ethnicity, common descent and communities with fixed boundaries, which I have refuted above.

Apart from that, linguistic majorization depends not only on a person's first language(s) but on registers, varieties and competences in other languages. On the Moldovan national scale nowadays people are not only expected to know or learn the state language and their "mother tongues" (according to ethnicity). Knowledge of Russian is considered normal (and necessary in many contexts), in spite of widespread anti-Russian discourses. Depending on the context, these expectations of a "normal linguistic repertoire" can lead to different practical expectations in respect to varieties, registers (including literate and orate; Maas 2008), especially in a context where puristic ideologies are significant (Weirich forthcoming). In many (especially urban) contexts, resources in "foreign" languages become more and more important. English is required for employees in many institutional contexts and in some cases economic success depends on languages spoken in countries where many Moldovans work temporarily (especially French and Italian). Whereas these kind of linguistic resources are relatively widespread,[8] discourses about English as a useful resource are much more frequent.

General advantages of the notion of "linguistic repertoire" (in comparison to linguistic knowledge, competence or other terms) have been sufficiently highlighted (Blommaert/Backus 2011; Busch 2012; Lüdi/Py 2009; Weirich 2013), but three of the main arguments that are also crucial for the discussion of majorization are the following:

(a) it has a dynamic understanding of language learning as an "Ausbau" (Maas 2008) that is linked to usage and therefore always evolving. This implies that as sociolinguistic relations are changing, so are linguistic repertoires and speakers' strategies and possibilities to cope with these relations.

(b) it accords priority to registers and varieties as a speaker's and learner's resources (Maas 2008). A linguistic repertoire therefore consists of an

> indefinite and open set of grammatical and syntactic (and of course mimogestual) microsystems, partially stabilized and available to the speaker as well as the interlocutor. These microsystems can stem from different varieties of a language, from various languages, as well as from diverse discourse experiences. (Lüdi 2011, 145)

Expectations about speakers and their linguistic repertoires are also implicitly differentiated into registers. If, for example, we take two different public academic institutions, the Faculty of Linguistics of the Moldovan State University (USM) and the Moldovan Military Academy, both have Romanian as the only official language. Although in both cases the requirement for students is to know Romanian, students at USM are required to speak the "literary language" (that is the Romanian standard variety)[9], whereas local varieties of

---

[8] Moldova is notorious for its high emigration rate. The estimations of current studies vary between 300,000 and 700,000 Moldovans living temporarily or permanently abroad (Vremiş et al. 2012, 28f.; Biroul Naţional de Statistică 2008). The most popular destinations are the Russian Federation, Italy, Portugal and France.

[9] For a critique of the term "literary language" see Erfurt (1996; 2003, 13).

Romanian/Moldovan are considered normal and sufficient at the Military Academy.

(c) it includes social and cultural knowledge about the context specificity of linguistic practice (Coste/Moore/Zarate 1997). This allows speakers to compensate for a lack of registers or resources in one language by drawing on resources in another language that are contextually appropriate in multilingual situations. For example, a member of the Military Academy who has sufficient practical knowledge of Romanian/Moldovan but feels insecure in formal situations can rely on his elaborated registers in Russian instead if the situation permits it. However, depending on the degree of formality of the situation, he has to be sensitive to whether the less elaborate forms of Romanian are more adequate than the elaborate forms of Russian even if all speakers understand the latter, or whether he can gain more symbolic capital by communicating in elaborated Russian.

The above are some of the main arguments for directing our attention towards linguistic repertoires when thinking about linguistic majorization as the production and reproduction of evaluative criteria that enable or restrict speakers in relation to their communicative aims.

The term "linguistic repertoire" has been applied both to the resources of individual speakers and to those of communities or social groups (Pütz 2004, 227). In this chapter, I use the concept to refer to linguistic repertoires as individual and unique, but at the same time I will attempt to analyse the frequently implicit representations of prototypical repertoires in everyday discourses.

2 Methodological aspects of majorization

This section explores how majorization, the forming of normality, manifests itself in reality, and how we can subsequently apply this concept in research. Following Blanchet's (2005, 31) thoughts about the "majoritarisation" and "minoritarisation" of languages, I see majorization as the temporary and relatively stable outcome of dynamics depending on the interplay of "linguistic practice" (as the visible part of linguistic repertoires), "representations" (of linguistic repertoires and their value) and "institutionalization" (of language policy and regimentation) (see Figure 1).

Blanchet does not apply his modelled helix to linguistic repertoires but to the minorization and majorization of linguistic varieties:

> une variété linguistique est un système complexe émergent issu du processus d'interaction en hélice des trois pôles que constituent les pratiques sociales, les représentations sociales, les institutionnalisations socio-politiques, qui se déploie en hélice selon les temporalités, les espaces, les organisations sociétales et les interactions de ses acteurs et de sa propre dynamique parmi d'autres systèmes émergents. (Blanchet 2005, 30)

Figure 1

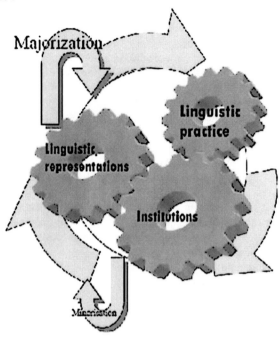

Whereas this perspective is directed towards languages as socially constructed phenomena, I am interested in the social evaluation of individual linguistic repertoires. The two are interrelated insofar as an individual linguistic repertoire consists of an (in)finite amount of linguistic constructions, all of which underlie processes of minorization and majorization in Blanchet's sense. In a larger perspective, I am interested in the social or sociolinguistic positions that these valuations put individual social beings in. As an individual speaker, in every single situation I am facing the challenge to find, within my linguistic repertoire, constructions, linguistic strategies, ways of saying things that will allow me to successfully act and interact (i.e. to have a voice, to get recognition, to achieve my communicative aims). Hence knowledge about social rules that apply in a particular situation are crucial, which is why practical knowledge is included in the notion of linguistic repertoires as the "situated communicative competence/ ability for use: 'what speakers need to know to communicate effectively in culturally significant settings'" (Lüdi/Py 2009, 158). This implies sharing the same imagination of normality, or (to a large extent routinized) knowledge about normality.

None of the three elements I named above (practices, representations and institutionalizations) can be understood without the other. Glottopolitical interventions (see Blanchet 2005, 30) are aimed at intervening into practices and representations and thereby into linguistic repertoires. At the same time linguistic representations and practices (i.e. linguistic repertoires in action) enable, influence and restrict the institutionalization of linguistic pratice. Representations shape practice via speakers' self perception as (il)legitimate speakers (Busch 2012; Francard 1997; Weirich forthcoming).

In this chapter I concentrate on representations because they are at the same time the most obvious and the most critical object of study. I certainly do not want to suggest that representations are more important than practice or institutionalization. But I consider them to be a convenient starting point for the study of majorization. Sociolinguistic research (such as mine) relying on narrative interviews is ideally suited for the study of individual strategies and the uniqueness of linguistic repertoires and linguistic biographies. In contrast, studying the representation of normality means looking for recurrent patterns and attitudes.

Linguistic representations are images and evaluations, epilinguistic statements about languages, varieties, linguistic products. Although methodologically we have to treat such statements and evaluations initially as individual, they are embedded in social discourse, which constructs what is held to be "knowledge". The limits of what is sayable draw the boundaries of what counts as normality (Jäger 2009; Butler 1997, 32; Busch 2012, 7). Crossing these limits causes irritation, scandal or resistance. Within the limits of the sayable, competing and contradictory representations are available, and representations are not necessarily logically consistent (Alber 1989, 39f.). Speakers consciously or unconsciously select from a set of available representations, thereby expressing positions within the limits of social knowledge.

Representations of normality are sometimes implicit or tacit. In a discourse-analytic study of interviews we therefore have a special interest not only in what is being said but also in what is NOT being said (Jäger 2009; Hornscheidt 2009). From the experience of feminist anti-racist scholars we can learn that oppression is exercised from a position that considers itself normal or unmarked. That is, understanding what is considered as self-evident is central for understanding social domination. For the study of linguistic majorization it is therefore crucial to detect what kinds of linguistic repertoires are held to be "normal". What kinds of linguistic resources are presupposed as normal in a given context? Which resources are, in contrast, understood as desirable or distinctive? And which resources are not being thematized, ignored ("dethematized"), although speakers possess them (Hornscheidt 2009)?

3 Majorization processes in state institutions – the Moldovan Military Academy

Initial glottopolitical measures after Moldova's independence and within the process of nationalization were aimed at the public sphere, which has a high symbolic value and can be regulated more directly than the private sphere. The ideological dimension of linguistic "normalization" goes hand in hand with practical challenges that arise when a formerly dominated language is supposed to become functional in all spheres of public life (Erfurt 2003). In Moldova, people working for the state are officially obliged to know the state language, whereas knowledge of the language of interethnic communication (Russian) is obligatory only for state agents that have contact with clients (Mletchko 2007, 46f.). Some employees working in public institutions had and still have to learn the state language, but even speakers of Romanian/Moldovan had to learn new terminology. But people do not only learn languages in order to work but also while working, which is what usage-based learning means in the context of labour.

From the point of view of demography or scope the military is extremely significant: it affects the linguistic repertoires of a relatively large part of the population because so many people (primarily men) become part of the military at one point of their lives. On the one hand military service is obligatory in Moldova, while on the other hand the military is one of the most important employers for contract soldiers but also for civilian professionals.

Conducting interviews in an institution as crucial (and correspondingly sensitive) as the military means that one has to be aware of the fact that interview partners are apt to perform their official role. Beyond that, using the data from such interviews is always delicate, which is why I only hint at observations drawn from a number of interviews without referring to interview extracts directly.

From the point of view of the research project "Linguistic Dynamics in a Multiethnic National State", the Military as an institution exemplifies processes of nationalization and institutional monolingualism confronted with the multilingual repertoires of its members. At the same time it is affected by transnationalization which is partly reflected in the role of foreign languages, especially that of English. Moldova is geographically situated at the crossroads of several spheres of interest: although the republic is officially neutral, military contact with the forces of the Russian Federation (still present in the separatist Moldovan territory of Transnistria) and several NATO-countries, as well as NATO itself, plays a crucial role in the development of this relatively young army.

The "state language" is the uncontested single official language of the military including the Military Academy. In this respect nationalization and normalization are here more advanced than in other state institutions that claim

Russian as the language of interethnic communication. Leading questions arising from this setting with respect to representations of normality are:

> How do informants judge the knowledge of Romanian/Moldovan in the Military Academy?
> Which registers and varieties of Romanian/Moldovan are considered necessary for working in the military?
> How are existing competencies being evaluated?
> Which resources in other languages are supposed to be part of people's linguistic repertoires?
> In which situations can they be useful within the military?
> Which foreign languages are deemed necessary?
> Which resources are perceived as desirable and helpful yet rare/distinctive?
> Which languages or linguistic resources of the members' linguistic repertoires are being ignored?

3.1 Languages in the Moldovan Military

One of the first problems facing the military in a sovereign Moldovan state was the recruitment of experienced soldiers who were at that time first and foremost Moldovans educated in the Soviet army. From a sociolinguistic perspective this means that many of them were speakers of Romanian/Moldovan but their military and academic socialization had taken place in Russian (Verebceanu 2007, 313). The Soviet army had followed a relatively strict language policy and so contributed to a significant part of what has been called the "russification" of the Soviet republics.

Although the official language of command turned to Romanian/Moldovan in 1991, normalization took much longer and the Moldovan army in the first years of its existence functioned using Russian. This was not only due to the linguistic repertoires of the officers who were more familiar with military terminology in Russian, even if Romanian was their first language, but the regulations and didactic materials that were in use were in Russian, too. Since 1998 the military has functioned exclusively in Romanian, which means that from then on all official documents have been written in Romanian only. The reorientation of international relations towards Romania and NATO was significant in accomplishing this Ausbau process, for example through the provision of material or training.

Since its foundation, the Moldovan military has undergone significant change with the major reforms taking place in 2002, including reductions in troop numbers and the size of the secret services, and the sending of soldiers to Iraq. Although Moldova is neutral according to its constitution, shortly after its independence it began to cooperate significantly with NATO.[10] Although

---

[10]   In 1992 Moldova joined the North Atlantic Cooperation Council, renamed Euro-Atlantic Partnership Council (EAPC) in 1997. This council was founded as a means of post cold-

Moldova is a member of the Commonwealth of Independent States (CIS), there is an explicit preference for cooperation with NATO partners (Ciobanu/ Marinuța 2012, 6). As international agreements with NATO-countries were taking place from the beginning of Moldovan independence, English as a language of international communication was important, yet not widespread in the country. Cooperation with English speaking countries therefore included support for learning English from the beginning (Ciobanu/Marinuța 2012, 5).[11] In practice knowledge of English is considered crucial for participation in training and international "peace keeping missions", which Moldovan soldiers have participated in since 1997.

3.2 Representation of normal linguistic repertoires in the Military Academy

Whereas in a strictly hierarchical organization of high symbolic importance for the state one might expect that the glottopolitics of the nationalizing state are pushed through with vigour, our research has revealed that linguistic practice and interaction seem to be marked by a relatively high level of tolerance towards multilingualism – while official monolingualism has never been put into question in the course of our interviews. The represented normality consists of a multilingual staff that (already) speaks or learns colloquial Romanian without problems, that can fall back on Russian if necessary (and does so for pragmatic and cooperative reasons) and that strives to learn English.

Allophone students as well as the leading and pedagogical staff of the Military Academy admitted that there was a considerable number of students joining the army with a poor knowledge of Romanian/Moldovan. However communication problems were denied by underlining that everyone quickly learned the necessary degree of Romanian. In this sense the overcoming of language barriers or the Ausbau of linguistic repertoires is considered as automatic. The main reasons for denying any problems seem to be that these are identified with conflict. Normal, majorized linguistic repertoires in the Moldovan Military Academy therefore include modest practical resources of Romanian/Moldovan, which is remarkable for several reasons. The puristic

war cooperation between NATO and non-NATO states. On 16th March 1994 Moldova joined the Partnership for Peace Programme. This cooperation, in spite of neutrality, is not exceptional, since there are other neutral states that cooperate with NATO, too. Exchange between these countries (including Moldova since recently) is institutionalized in the informal group of "Western European Partners" (Austria, Switzerland, Finland, Ireland and Sweden) (Coropcean 2012, 9). It is remarkable though that neutrality is not recognized internationally. Neither the USA nor Russia are interested in doing so; the latter still has troops on territory that according to international law belongs to Moldova (Transnistria) and wants to prevent Moldova from sliding into a tighter cooperation with NATO (Litra 2012, 1).

[11] The Military Academy has a well equipped Linguistic Centre that is supported by NATO. For more information, see http://www.academy.army.md/studii/centrul-lingvistic/

discourse of cultural romanophone and romanophile elites in Moldova that denounce "polluted and spoiled Romanian" is almost absent and therefore pragmatic expectations prevail (over expectations of speaking "good" Romanian, as might have been anticipated). At the same time the supposed automatism of learning the state language goes hand in hand with the absence of institutionalized structures of support (for learning the state language). The desired and fragile normality causes a denial of problems and thereby minorizes speakers who have difficulties learning the state language, including those that are deterred from applying to the Military Academy because of this.

3.3 "Other" languages

The institutionalization of the learning of English is advanced, and interest in learning it is high. Thus correspondingly a large number of cadets and officers do indeed learn English. So far this is true first and foremost of the younger generation. Resources in English are not represented as self-evident but as desirable and distinctive. It is represented as the normal language of international communication although people's experience abroad features many examples where Romanian or Russian served as communicative means outside of Moldova.

In contrast, the role of Russian is twofold – it is the first language of a significant number of officers and has a role as a language of interethnic communication within Moldova (and unofficially within the Military, too). Indeed, it is represented as a language that everyone knows. At the same time it is a language that is relatively widespread internationally. However, it is not represented as a language of international communication (with "international" here exclusively connotated with the West). Interest in communication with and relations towards the east, apart from Ukraine and Georgia which have close relations to NATO, is hardly mentioned.

This arrangement of languages is represented as a matter of course to such an extent that our interview partners were stunned at some of our questions. This perception of normality has serious consequences, because:

1. it is undifferentiated in respect to registers
2. it is not represented as a personal competence to be acknowledged
3. the Ausbau of Russian is not institutionalized

Although several students know Ukrainian and/or Gagauzian, neither the speakers themselves nor others accorded any importance or usefulness to this in the context of the Military Academy. The same is true of French (which many Moldovans know from school) and other foreign languages (with the slight exception of German).

4. Conclusion

In this chapter I have suggested alternative ways of researching sociolinguistic relations by focusing on the sociolinguistic positions speakers are being put into by prevalent representations of linguistic "normality". A revealing starting point for this could be to analyse representations of normal linguistic repertoires as a part of processes of majorization. Studies working with Bourdieu's concept of the linguistic market have concentrated on notions like linguistic or symbolic capital and distinction. I have proposed adding an analysis of normality to that of prestige because, just as minorization can only be understood in comparison to majorization, prestige is only distinctive in comparison to what counts as normal or self-evident in a given context.

If the aim is to extend our understanding of majorization processes, we have to work towards a more refined understanding of privilege and its interconnectedness with language on the one hand and a social theory concerned with the duality of social structure and agency on the other. Giddens' theory of structuration or Bourdieu's theory of practice might be starting points for making sense of how society imposes restrictions on speakers and how at the same time speakers' practices reproduce and transform the rules of the linguistic market. This also means understanding institutions as social spaces with their own explicit and implicit rules of linguistic interaction at the same time as seeing their interrelatedness. In this sense, the overview presented above can apply to different contexts and levels of interaction.

The discussion of Moldova as a nationalizing state has to be done on a relatively large scale, as it is intertwined with transnational scales and local or institutional scales, both in Moldova and as a result of enormous movements of transmigration abroad. My examples of majorized linguistic repertoires in the Military Academy of Moldova have shown how symbolic profit on the linguistic market of the institution can be produced by elaborated registers of standard Romanian, as well as knowledge of English as a foreign language that is associated with internationalism, career and modernism/future. Neither of the two are part of what is tacitly assumed as a normal linguistic repertoire consisting of basic practical knowledge of Romanian/Moldovan and knowledge of Russian. This fact seems to reflect the geopolitical situation of Moldova and the related transnationalization of the linguistic market. Representations of learning processes carry the traces of a dynamic historical situation in a nationalizing state. While learning Romanian/Moldovan and Russian are represented as automatic processes, English competences are not (yet) seen as self evident but as something that requires effort. Whereas a restructuration of the linguistic market towards English is clearly under way, knowledge of English is still a challenge. Other foreign languages (especially French) and local languages (such as Ukrainian or Gagauzian) are also excluded from representations of normality as well as from distinction.

Based on my observations I can indicate several ways in which these representations might be related to practice and institutionalization. The most obvious link is the institutionalization of language-learning support or structures: since English is not considered a "normal" part of the officers' linguistic repertoire but is associated with prestige, English learning is prominently institutionalized. In contrast to that, no classes for Romanian and Russian exist, since these languages are considered a normal part of the linguistic repertoires. Indeed interview questions in this direction caused irritation and so the idea that learning Romanian or Russian could or should be institutionally supported seemed to transgress the limits of the sayable. We can thus suggest that such a representation of normality and its institutional consequences affect speakers whose linguistic repertoires diverge from this normality. There are certainly young people that refrain from applying to the Military Academy because they believe their resources in Romanian/Moldovan are insufficient and do not believe that learning will come automatically.

Finally, the majorization of linguistic repertoires is not only a topic of sociolinguistics but should also be of interest to social theory, which tends to neglect linguistic repertoires when speaking about privilege and dominance although they play a crucial role in social inequalities and in having a voice.

References

Amesberger, Helga/Halbmayr, Brigitte (2008): Das Privileg der Unsichtbarkeit. Rassismus unter dem Blickwinkel von Weißsein und Dominanzkultur. Wien: Braumüller

Alber, Jean-Luc (1989): Les processus de construction/interprétation de l'information interactive en situation de minorisation socio-culturelle: le cas d'une consultation medicin d'oreil (metropolitain)/créole à la Réunion. In: Py, B./Jeanneret, R. (eds): Minorisation linguistique et interaction. Actes du symposium organisé par l'Association internationale de linguistique appliquée et la Commission interuniversitaire suisse de linguistique appliquée, Neuchâtel, 16-18 septembre 1987. Neuchâtel: Faculté des Lettres, p. 39-50

Aracil, Lluis (1982): Conflit linguistique et normalisation linguistique dans l'Europe nouvelle. In: Papers de sociolingüística. Barcelona: Ed. de la Magrana, p. 23-38

Bédard, Edith/Maurais, Jacques (1983): Réflexion sur la normalisation linguistique au Québec. In: Bédard, E./Maurais, J. (eds): La norme linguistique. Paris: Le Robert, p. 435-459

Biroul Naţional de Statistică al Republicii Moldova (2004): Recensămentul populaţiei. Vol.1: Caracteristici demografice, naţionale, lingvistice, culturale. Chişinău

Biroul Naţional de Statistică (2008): Migraţia Forţei de Muncă. http://www.statistica.md/public/files/publicatii_electronice/migratia/Migratia _FM.pdf (accessed 15.10.2013)

Blanchet, Philippe (2005): Minorations, minorisations, minorités. Essai de théoretisation d'un processus complexe. In: Huck, D./Blanchet P. (eds): Minorations, minorisations, minorités. Études exploratoires. Rennes: Presses universitaires de Rennes, p. 17-47

Blommaert, Jan/Backus, Ad (2011): Repertoires revisited: "Knowing language" in superdiversity. Working Papers in Urban Language and Literacies 67 http://www.kcl.ac.uk/innovation/groups/ldc/publications/workingpapers/67.p df (accessed 17.03.2013)

Bochmann, Klaus (1997): Der Name der Sprache und die wissenschaftliche Wahrheit. Ein sprachpolitischer Erlebnisbericht aus der Republik Moldova. In: Quo vadis, Romania? – Zeitschrift für eine aktuelle Romanistik 10, p. 77-85

Bochmann, Klaus (2012): Die Staatssprache – "Moldauisch" oder "Rumänisch"? In: Bochmann, K./Dumbrava, V./Reinhard, V./Müller, D. (eds): Die Republik Moldau. Ein Handbuch. Leipzig: Leipziger Universitätsverlag, p. 609-616

Bourdieu, Pierre (1982): Ce que parler veut dire. L'économie des échanges linguistiques. Paris: Fayard

Bourdieu, Pierre/Boltanski, Luc (1975): Le fétichisme de la langue. In: Actes de la recherche en sciences sociales 1, 4, p. 2-32

Boyer, Henri (2006): Le nationalisme linguistique: une option interventionniste face aux conceptions libérales du marché des langues. In: Noves SL. Revista de Sociolinguistica, http://www6.gencat.net/llengcat/noves/hm06tardor-hive rn/docs/boyer.pdf (accessed: 10.09.2013)

Brubaker, Rogers (1993): National minorities, nationalizing states and external national homelands in the new Europe. Notes toward a relational analysis. Wien: Institut für Höhere Studien (Reihe Politikwissenschaft)

Brubaker, Rogers (1996): Nationalism Reframed. Nationhood and the National Question in the New Europe. Cambridge: Cambridge University Press

Busch, Brigitta (2012): The linguistic repertoire revisited. In: Applied Linguistics 33, p. 1-22.

Butler, Judith (1997): Excitable Speech. A Politics of the Performative. London: Routledge

Calvet, Louis-Jean (2002): Linguistique et colonialisme. Paris: Payot

Calvet, Louis-Jean (2011): La sociolinguistique (7ème édition). Paris: Presses Universitaires de France

Ciobanu, Vitalie/Marinuţa, Vitalie (2012): Aspecte ale colaborării militare Republica Moldova – state UE, membre NATO. In: Securitate prin Cooperare 7, p. 4-8

Ciscel, Matthew (2007): The Language of the Moldovans. Romania, Russia, and Identity in an ex-Soviet Republic. Lanham: Lexington Books

Ciscel, Matthew (2008): Uneasy compromise: Language and education in Moldova. In: International Journal of Bilingual Education and Bilingualism 11, p. 373-395

Coropcean, Ion (2012): Operaţiunile de menţinere a păcii pentru Republica Moldova – intre dileme şi prioritate. In: Securitate prin Cooperare 7, p. 9-13

Coste, Daniel (2010): Multilinguisme, politiques linguistiques et passages entre les langues. In: Suso López, J. (ed.): Plurilinguisme et enseignement des langues en Europe. Aspects historiques, didactiques et sociolinguistiques. Granada: Editorial Universidad de Granada, p. 49-78

Coste, Daniel/Moore, Danièle/Zarate, Geneviève (1997): Compétence plurilingue et pluriculturelle. Vers un cadre européen commun de référence pour l'enseignement et l'apprentisssage des langues vivantes. Strasbourg: Editions du Conseil de l'Europe

Dom, Rosanna (2012): Die russische Elite in der Republik Moldau. Populismus und Euroskeptizismus? In: Südosteuropa 60, p. 264-285

Dungaciu, Dan (2005): Moldova ante portas. Bucureşti: Tritonic

Dumbrava, Vasile (2004): Sprachkonflikt und Sprachbewusstsein in der Republik Moldova – eine empirische Studie in gemischtethnischen Familien. Frankfurt am Main: Peter Lang

Erfurt, Jürgen (1996): Sprachwandel und Schriftlichkeit. In: Günther, H./ Ludwig, O. (eds): Schrift und Schriftlichkeit, 2nd Vol. Berlin/New York: Walter de Gruyter, p. 1387-1404

Erfurt, Jürgen (1998): Sprachpolitik und Sprachpraxis in der Republik Moldova. In: Grenzgänge 9, p. 113-121

Erfurt, Jürgen (2001): „Unsere Sprache ist verschmutzt und verdorben". Sprachliche Ideologien und Konflikte in der Republik Moldova. In: Nelde, P./ Rindler Schjerve, R. (eds): Minorities and Language Policy. St. Augustin: Asgard, p. 193–208

Erfurt, Jürgen (2002): Dimensiunile sociolingvistice ale limbii române vorbite. In: Bochmann, K. et al (eds): Limba română. Vorbită în Moldova istorică. Leipzig: Universitätsverlag, p. 15-36

Erfurt, Jürgen (2003): Plurizentrischer Sprachausbau und die Herausbildung von Standardvarietäten in Moldova und Québec. In: Quo Vadis Romania? – Zeitschrift für eine aktuelle Romanistik 22, p. 8-21

Erfurt, Jürgen (2012): Sprachen und Sprachpolitik. In: Bochmann, K./ Dumbrava, V./Müller, D./Reinhardt, V. (eds): Die Republik Moldau. Ein Handbuch. Leipzig: Leipziger Universitatsverlag, p. 617-627

Erfurt, Jürgen/Weirich, Anna-Christine (2013): Sprachliche Dynamik in der Republik Moldova. In: Stehl, T./Busse, L./Schlaak, C. (eds): Sprachkontakt, Sprachvariation, Migration: Methodenfragen und Prozessanalysen. Frankfurt: Peter Lang, p. 307-332

Francard, Michel (1997): Insécurité linguistique. In: Moreau, Marie-Louise (ed.): Sociolinguistique. Concepts de base. Sprimont, p. 170-176

Frankenberg, Ruth (1993): The Social Construction of Whiteness. White Women, Race Matters. Minneapolis: Minnesota Press

Giddens, Anthony (1984): The Constitution of Society. Outline of the Theory of Structuration. Berkeley: University of California Press

Gumperz, John (1989): Linguistic and social characteristics of minorization/ majorization in verbal interaction. In: Py, B./Jeanneret, R. (eds): Minorisation linguistique et interaction. Actes du symposium organisé par l'Association internationale de linguistique appliquée et la Commission interuniversitaire suisse de linguistique appliquée, Neuchâtel, 16-18 septembre 1987. Neuchâtel, p. 21-37

Handrabura, Loretta (2006): Ethnic/national identity and self identification of ethnic groups from Moldova. In: Barbăroşie, A./Cibotaru, V. (eds): Ethnobarometer in the Republic of Moldova. Chişinău, p. 219-239

Hornbacher, Elina (2002): Der Stellenwert der russischen Sprache in der Republik Moldau. Ein Beispiel für die Spätfolgen sowjetischer Sprachpolitik. In: Osteuropa 52, p. 38-51

Hornscheidt, Antje (2009): (Nicht)Benennungen. Critical whiteness studies und Linguistik. In: Eggers, M.M./Kilomba, G./Piesche, P./Arndt, S. (eds): Mythos, Masken und Subjekte. Kritische Weißseinsforschung in Deutschland. Münster: Unrast, p. 476-489

Jäger, Siegfried (2009): Kritische Diskursanalyse. Eine Einführung. Münster: Unrast

King, Charles (2000): The Moldovans. Romania, Russia, and the Politics of Culture. Stanford: Hoover

Kloss, Heinz (1967): "Abstand Languages" and "Ausbau Languages". In Anthropological Linguistics 9, 7, p. 29-41

Lecercle, Jean-Jacques (2004): Une philosophie marxiste du langage. Paris: PUF

Litra, Leonid (2012): The neutrality and sovereignity of Moldova in the sight of Russia. Moldova's Foreign Policy Statewatch 49, November 2012. http://www.viitorul.org/doc.php?l=ro&idc=358&id=4034&t=/PUBLICATIIPERIODICE/Buletin-de-politica-externa/Neutralitatea-si-suveranitatea-Moldovei-in-vizorul-Rusiei (accessed: 17.03.2013)

Lüdi, Georges (2011): Integration and empowerment of immigrant language minorities. In: De Florio Hansen, I. (ed.): Toward Multilingualism and the Inclusion of Cultural Diversity. Kassel: Kassel University Press, p. 129-152

Lüdi, Georges/Py, Bernard (2002[2]): Etre bilingue. Bern: Lang

Lüdi, Georges/Py, Bernard (2009): To be or not to be ... a plurilingual speaker. In: International Journal of Multilingualism 6, p. 154-167

Maas, Utz (2008): Sprache und Sprachen in der Migrationsgesellschaft. Die schriftkulturelle Dimension. Göttingen: V&R Unipress

Mappes-Niedek (2013): Muslime gegen Marsmenschen. In Bosnien-Herzegowina wird erstmals nach dem Krieg wieder das Volk gezählt. In: Frankfurter Rundschau, 16. September, S. 8

Mletchko, Tatjana (2007): Die Sprachgesetzgebung im Zeitraum 1989-2005. Ein Überblick. In: Bochmann, K./Dumbrava, V. (eds): Sprachliche Individuation in mehrsprachigen Regionen Osteuropas, Vol. 1: Republik Moldova. Leipzig: Leipziger Universitätsverlag, p. 44-56

Moldovanu, Gheorghe (2007): Politică şi planificare lingvistică. De la teorie la practiă (in baza materialului din Republica Moldova şi din alte state). Chişinău: ASEM

Pütz, Martin (2004): Sprachrepertoire/linguistic repertoire. In: Ammon, U./Wiegand, H.E. (eds): Sociolinguistics. An International Handbook of the Science of Language and Society, Vol. 1. Berlin: de Gruyter, p. 226-232

Rondeau, Guy (1983): La normalisation linguistique, terminologique et technique au Québec. In: Bédard, E./Maurais, J. (eds): La norme linguistique. Paris: Le Robert, p. 415-434

Sainenco, Ala/Poptîng, Tatiana (2009): Comunităţile multietnice: interferenţe culturale, interferenţe lingvale. In: Roşca, A. (ed.): Omagiu lui Ion Dumbrăveanu la 70 de ani. Chişinău: CEP, p. 402-409

Schneider, Britta (2010): Deconstructing national identity – what does it mean for language rights. In: Bieswanger M./Mühleisen, S./ Motschenbacher, H. (eds): Language in its Socio-cultural Context. New Explorations in Gendered, Global and Media Uses. Frankfurt: Peter Lang, p. 175-198

Schulze, Wolfgang (2002): Gagausisch. In: Okuka, M. (ed.): Lexikon der Sprachen des europäischen Ostens. Klagenfurt: Wieser, p. 781-786

Sinaeva-Pankowksa, Natalia (2010): Multiple identities as a basis for construction of (post)modern Moldovan identity. In: Burbick, J./Glass, W. (eds): Beyond Imagined Uniqueness. Nationalisms in Contemporary Perspectives. Newcastle: Cambridge Scholars Publishing, p. 261-287

Steyerl, Hito/Gutierréz Rodriguez, Encarnación (2012): Einleitung. In: Steyerl, H./Gutierréz Rodriguez, E. (eds): Spricht die Subalterne Deutsch? Migration und postkoloniale Kritik. Münster: Unrast, p. 7-16

Tontsch, Günther H. (2004): Minderheitenschutz im östlichen Europa. Moldau. http://www-uni-koeln-de/jur-fak/ostrecht/minderheitenschutz/ (accessed 26. 09.2013)

Trifon, Nicolas (2010): Guerre et paix des langues sur fond de malaise identitaire. In: Cazacu, M./Trifon, N. (eds): La République Moldovie. Un état en quête de nation. Paris: Non Lieu, p. 169-274

Verebceanu, Galaction (2007): "Rumänisch habe ich sehr spät in meinem Leben gelernt": Identität und Sprache in der Nationalarmee. In: Bochmann, K./Dumbrava, V. (eds): Sprachliche Individuation in mehrsprachigen Regionen Osteuropas, Vol. 1: Republik Moldova. Leipzig: Leipziger Universitätsverlag, p. 312-339

Vremiş, Maria/Craievschi-Toartă, Viorica/Burdelnii, Eugeniu/Herm, Anne/
    Poulain, Michel (2012): Extended migration profile of the Republic of
    Moldova. Prepared for the International Organization for Migration (IOM).
    Chişinău. http://publications.iom.int/bookstore/free/110_emp_report.pdf (ac-
    cessed: 26.09.2013)
Weirich, Anna-Christine (2013): Ausbau events and the linguist's role in the
    dynamics of minorization in Northern Moldova. In: Slovo 25, p. 65-82
Weirich, Anna (forthcoming): Two distinct peripheral linguistic markets:
    "Moldovan" and feminist language politics. In: Abbou, J./Baider, F. (eds):
    Gender and the Periphery. Grammatical and Social Gender from the
    Margins. Amsterdam/Philadelphia: Benjamins

JOANNA KREMER

"Come back next year to be a Luxembourger": Perspectives on language testing and citizenship legislation "from below"

Abstract

Since the turn of the 21st century, testing the "national language" has become a widely used policy in many European Union member-states and is the subject of popular, political and academic debates. This chapter focuses on trilingual Luxembourg and in particular the law on Luxembourgish citizenship (*nationalité*), which was implemented in January 2009, including a test in the Luxembourgish language.

1 Introduction

Changing patterns of migration have brought different habits and practices to many EU countries. This perceived insecurity enhanced by the presence of immigrants, has led many countries to strive for safety and confidence by relying on the idea of a culturally and linguistically homogeneous nation-state (Van Avermaet 2009, 19 and 37). The latter can be defined as a conflation of the "historical-cultural and the legal political dimensions of nationhood", creating a homogenous national culture, which its members can be committed to (May 2001, 55-56). Since its conceptualisation, the nation-state has played a key role in underpinning the "formation of linguistic and cultural homogeneity via the establishment of a common (usually single) hegemonic 'national language'" (Shohamy 2006, 29). One of the consequences of the centrality of the nation-state is that the dominant discourse in many EU countries underlines the idea that it is the immigrant's duty to adapt to the values of the nation-state and learn the national language, for integration's sake (Van Avermaet 2009, 37). The politics of belonging and exclusion have therefore become as salient as ever.

It has been argued that there have been three paradigmatic shifts in the field of language policy and planning (Ricento 2000). This chapter situates itself in the final and current one, which tends to focus on agency, the unequal division of power and resources, language ideologies and language rights. Informed by Shohamy's (2009) call for language policy research based on personal experiences, the focus is on individual perceptions of language testing as a language policy "mechanism", which can indirectly or directly affect language behaviour (Shohamy 2006, 164). This chapter will firstly focus on language ideological debates, in particular on how the function and status of the Luxembourgish language has been framed in debates on Luxembourgish citizenship (*nationalité*). It also considers a broader European perspective and addresses recent scholarship, which has looked at how language testing regimes across Europe have been discursively justified and constructed. Central to these discussions is the argument that these policies are part of larger ideological processes (Hogan-Brun et al. 2009, 4-5).

The extracts discussed in this chapter originate from 27 semi-structured individual interviews with recent applicants for Luxembourgish *nationalité* and are analysed using a broad discourse analytical approach. They were collected from January to August 2013 in Luxembourg and conducted in four languages: French, German, English and Luxembourgish. An initial comparison of the 27 interviews shows varying perceptions of the testing procedure (i.e. positive and negative perceptions). Some of the recurring themes are normality, objectivity/ subjectivity, fairness/unfairness, social selection, and exclusion/belonging. The extracts analysed in this chapter highlight these key themes. I investigate how, and in what ways, the participants justify or contest language testing for Luxembourgish *nationalité*. Through comparing their discourses, and discussing similarities and differences, I foreground a variety of voices "from below" and explore the complexities of putting policy into practice.

2 Framing the language situation and language ideological debates in Luxembourg

Situated between France, Germany and Belgium, Luxembourg is one of the smallest EU member states with an area of 2,586m². Compared to other EU member states, Luxembourg also has the highest proportion of resident foreigners (44.5 per cent of the total population of 537,000) with the Portuguese (88,200) making up the largest group (Eurostat 2012; Statec 2013). These figures are central to the debates on Luxembourgish *nationalité* and, in particular, influence discussions on the "imagined" Luxembourgish community (Anderson [1983]1991). As national voting rights are currently only granted to Luxembourgish passport holders, these numbers are also indicative of the fact that just over half of the country's population is allowed to vote. They question the viability of the country's democratic status. In addition, Luxembourg has about 157,700 cross-border workers (often referred to as *frontaliers*), the majority of whom come from France (79,700) followed by Belgium (40,400) and Germany (39,600) (Statec 2013).

Through the 1984 language law, Luxembourg officially recognises French, German and Luxembourgish. The Luxembourgish language is defined as the "national language", has Germanic origins and is mainly used as an oral language. French and German are languages for judicial, legal and administrative purposes and carry out important written functions (Mémorial A, N° 16, 1984, art. 1, 2, 3). French is used as a lingua franca by many francophone cross-border workers and spoken English is common in the international bank sector (Horner/Weber 2008, 71 and 120). Portuguese is also spoken by a significant part of the population, but is not taught widely in Luxembourgish state schools. The 1843 Education Act made instruction in German and French mandatory at primary school level and in 1912, the School Reform Act added Luxembourgish to the curriculum (Mémorial A, N° 39, 1843, chap. 1, art. 1; Mémorial A, N° 61, 1912, art. 23). It has been argued that the addition of Luxembourgish to the school system in 1912 marks the "official recognition of a trilingual paradigm" (Spizzo 1995, quoted in Horner 2009a, 148). The education system is based on the assumptions that Luxembourgish is used as a (primary) home language by students and that this language is not (yet) firmly bound up with the processes of standardisation (Horner 2009a, 149-150). Therefore, German is the language used to teach basic literacy skills, which (frequently) creates problems for the large number of romano- and lusophone students (i.e. high failure rates; see Weber 2009). French is added as a subject during the second semester of the second year of primary school. English is taught in secondary school.

The use of written Luxembourgish has recently become more popular. Written Luxembourgish is not learned extensively at school: it is taught for only one hour a week in primary school and in the first year of secondary school. On the other hand, there has recently been an increase in the number of Luxembourgish courses offered (outside of the school system) and an increase in the availability of pedagogical material (e.g. dictionaries). These developments have influenced on-going debates over whether Luxembourgish should be propagated as a written medium or not (Horner 2011, 494). Furthermore, debates concerning the perceived Luxembourgish ethnic core are linked to two different identification strategies: identification with Luxembourgish and identification with trilingualism (i.e. the mastery of the standard, written varieties of French and German with the [supposed] consistent use of spoken Luxembourgish). It has been argued that the oscillation between these two identification strategies has been central to national group membership at least since the beginning of the 20th century. The relationship between the two identification strategies has at times been complementary but, since the 1970s, more conflictual (Horner 2009a, 148-149). One contributing factor of this conflict was the ratification of the 1984 language law, which indicated a shift towards an explicit language policy: Luxembourgish was positioned on a different level (as the "national language") than French and German (as legislative and/or administrative languages; see Horner/Weber 2008, 106-118).

3 Debates on Luxembourgish *nationalité*

Debates on *nationalité* often revolve around the function and status of Luxembourgish and are reinforced by the *one nation, one language* ideology (i.e. the belief that the ideal nation-state is home to a homogeneous linguistic community). As in many other EU countries, Luxembourgish mainstream media discourses on *nationalité* tend to portray societal multilingualism as a problem, especially if it breaks away from the prescribed trilingual (Luxembourgish, German, French) plus English paradigm (Horner 2011, 492). Before the 2008 law on Luxembourgish *nationalité* was passed, there had been amendments made in 2001 to the 1968 law. The 2001 amendments, which have been discussed in much detail by Scuto (2005) and Horner (2009a, 2009b), were the first to stipulate language requirements. The applicant had to show proficiency in one of the three officially recognized languages as well as "basic knowledge" of Luxembourgish.

The 2008 *loi sur la nationalité luxembourgeoise* (law on Luxembourgish *nationalité*), including a Luxembourgish language test, was officially put into place in January 2009. As in many other countries, the use of *nationalité* for legal citizenship "refracts the ways in which perceptions of national group membership based on shared ethnicity are intertwined with legal ties to the state" (May 2001, 75, quoted in Horner 2009, 112). The agreed target level is based on B1 of the Common European Framework of Reference for Languages (CEFR) for oral comprehension and A2 for oral expression (Council of Europe 2013). Testing written Luxembourgish would have been questionable, seeing that the language is not fully bound up with the processes of standardisation (indeed many Luxembourgish passport holders would fail this part themselves; see Horner 2009b, 124). The residency period was increased to seven consecutive years regardless of the applicant's marital status. In addition, it was stipulated that applicants must attend "civic instruction" lessons, one of which must focus on Luxembourg's institutions and fundamental rights.

It was agreed for the language test to take place at the National Institute for Languages (*Institut National des Langues*), which was also put in charge of the test's development. The fee is currently set at €75, which is only paid back if the applicant successfully passes the test. The test is divided up into two parts. First, there is a multiple choice exercise with a listening/comprehension element. Applicants complete this in an examination hall with evenly spaced individual tables. The second part consists of an individual interview (a description of a picture and discussion) with an examiner and a note taker in a smaller room.

Exemptions from the language test and the "civic instruction" lessons are granted if a person has completed Luxembourgish state education for at least seven years, has been legally living in Luxembourg since before 31st December 1984, or can prove they have ancestors who had Luxembourgish *nationalité* on 1st January 1900.

The debates prior to the passing of this law focused on various (currently still relevant) issues. Similar to other EU countries, the required level of achievement was a discussion point amongst political parties (Horner/Weber 2010, 188). There was tension between responding to the "democratic deficit" (i.e. the increase in foreign residents who do not possess national voting rights) versus protecting the socioeconomic interests and privileges of the dominant group (Horner 2009b, 124). However, the latter issue cannot be framed openly in political discourses if Luxembourg wants to continue its international reputation as an open and multilingual country, an image stemming from its official recognition of three languages as well as how they are taught and used in the education system (Horner 2011, 492). As a way around this, political discourses on language testing tend to portray Luxembourgish as an "acultural" instrument or resource, facilitating the process of integration and, in theory, available to everyone (Horner 2009b, 124; Horner forthcoming). With the sole focus on Luxembourgish, any person having learnt French can be portrayed as not having taken the necessary step(s) towards integration (Horner/Weber 2010, 186).[1] Discourses focusing on this role of Luxembourgish therefore helped establish this language as the only possible one to test in the context of Luxembourgish *nationalité* (Horner 2009b).

Similar to Luxembourg, many other EU countries introduced language tests for citizenship around the turn of the 21st century, following summits in 1999 (Tampere) and 2000 (Nice), where the framework for the future enlargement of the EU was put into place (Horner 2009a, 110). Hogan-Brun et al. (2009, 3) argue that the introduction of these policies can be seen as a belated formalisation of procedures that should (in theory) introduce a greater degree of transparency. However, it can be said that policy makers often have agendas which are "hidden" behind the masks of official purposes. At the level of the nation-state, languages are frequently used as tools to create, impose and perpetuate collective identities, homogeneous and hegemonic ideologies, unified standards and categories of inclusion and exclusion (Shohamy 2006, xvii). Language policy is therefore not just about language itself but about the "sites where underlying language ideologies are constructed, reproduced and challenged" (Horner 2011, 497).

---

[1] E.g. many Portuguese people were encouraged to learn French when they first moved to Luxembourg.

4 Previous research on language testing regimes

Scholars who have looked at testing regimes in the context of citizenship legislation have focused on various aspects. Some have taken a quantitative approach, such as de Jong et al. (2009), who justify the development and implementation of the language testing procedure in their study on the Netherlands. They argue that this policy could lead to a more just treatment of those applying and that it benefits both the immigrant and the nation. Most of the sociolinguistic scholarship deals with how testing of the "national language" has been constructed, justified and implemented (Extra et al. 2009; Hogan-Brun et al. 2009). It has been found that a way of justifying language requirements and ultimately language testing for citizenship in an EU context is by arguing that they contribute to the social cohesion of society. In this sense, tests are used as resources that enable "the imagining of the nation as a cohesive community, access to which can be granted or denied depending on parameters of language proficiency, which are also taken as parameters of cultural and moral understanding" (Milani 2008, 46). For example in the U.K., proficiency in English is constructed in connection to "British values" and the immigrant's demonstration of this proficiency is seen as contributing to the general achievement of national unity and a sense of common belonging (Blackledge 2009, 66).

Language testing is also frequently framed as a "fair" and "objective" procedure which people may theoretically complete if they try hard enough (Horner 2009a, 163). Constructed as symbols of "success, standards, objectivity and merit", tests provide a way of perpetuating dominance through "symbolic violence". Bourdieu sees this as "the imposition of systems of symbolism and meaning (i.e. culture) upon groups or classes in such a way that they are experienced as legitimate". This legitimacy obscures the power relations which permit that imposition to be successful (Jenkins 1992, 104). Consequently, even those subjected to the tests may trust and respect them as they have internalised the power they convey (Shohamy 2009, 49-51).

Language testing scholars have focused mainly on issues of validity and fairness. In many EU countries language testing is assessed in terms of levels determined by the CEFR. These levels mainly refer to practical communicative competencies (Van Avermaet 2009, 24-25). Countries differ in terms of level of testing, which can be explained by varying interpretations of the CEFR in different contexts. Recent scholarship tends to see the use of the CEFR critically for various reasons. The overarching issue is that, originally developed for the learning and teaching of foreign languages and the promotion of multilingualism in Europe, it is being used to propagate monolingualism in the context of policies relating to citizenship. Moreover when the CEFR was introduced, its original target group was literate, educated and mainly adolescent. It has been noted with concern that, as many countries use it to test language proficiency for citizenship, all kinds of different people with varying levels of literacy and schooling are being subjected to it (Van Avermaet 2009, 34). This points to questions about how fair and ethical these tests are, especially when they are being used for the implementation of policies concerning citizenship, as this gives people access to other things such as social security, voting rights, etc. (Shohamy/McNamara 2009, 1).

A prevalent argument concerning testing regimes is that they can be considered gatekeeping devices for governments to control the flow of migrants (Stevenson 2006). In line with Foucault, it can be said that tests take over the main role in the ritual of exclusion (McNamara 2009, 226). One of the ways in which this is achieved is by constructing policies based on assumptions such as the belief that immigrants have unsuitable language tools to function "properly" in a new country. National languages are seen as symbols of belonging and loyalty toward the nation-state on the one hand, while "immigrant" languages are, on the other hand, often framed as sub-standard and of no use in this context. Another way of excluding people is by hiding undeclared purposes such as the testing of cultural or social knowledge in a language test (Shohamy 1997, 344). These implicit aspects are rarely admitted publicly and are difficult to pinpoint, mainly because they are arbitrary.

5 Methodology

This chapter builds on research in citizenship studies, sociolinguistics, linguistic anthropology and Luxembourg studies. As it is not interested in generalising or multiplying results but in analysing the socially constructed nature of reality, it follows a qualitative approach. As Blommaert (2005, 2) suggests, language can be seen as an ingredient of "power processes resulting in and sustained by forms of inequality", which is why discourse is considered a justifiable object of analysis and a crucial way of understanding power relations. Discourses need to be seen as "sites in which social meanings are formed and reproduced, social identities are shaped, and social facts are secured" (Tonkiss 2004, 373; Blommaert 2005). This is the reason why a broad discourse analytical approach is taken in this chapter. The extracts in the following section originate from interviews with 27 recent applicants in different stages of acquiring Luxembourgish *nationalité*. Not every participant has taken the Luxembourgish language test due to them being exempt (for the reasons mentioned previously). Ten are male and seventeen are female, four in the age bracket of 18-25, seven in the age bracket of 25-35, three in the age bracket of 35-45, ten in the age bracket of 45-55 and three in the bracket of 55-65. Pseudonyms are used and any other information that could identify the participant has been eliminated. All translations from German, French and Luxembourgish into English are my own;

any words in bold are for emphasis of key words and phrases, and brackets{}
are used to add relevant information for readers.[2]

6 Analysis

Inspired by Bourdieu's writings, some of the recent scholarship has noted the
unfairness of using language as a criterion for excluding unwanted immigrants
(Shohamy/McNamara 2009, 2). Others have justified the potential of language
testing for treating applicants more justly and have emphasized the benefits it
might have for the nation (de Jong et al. 2009). In Luxembourg studies, Horner's
(forthcoming) analysis of discourses of some media and policy sources shows
how language testing has been justified and contested in this context. It can be
argued that scholars have so far not extensively addressed perspectives "from
below". It is this gap in scholarship that this chapter aims to fill by exploring
individual experiences of this procedure. The analysis of the extracts in this
section focuses on the following questions: how is language testing perceived by
recent applicants? do they justify or contest it? how, and in what ways? what
sort of discourses do they draw upon?

All of the extracts quoted below are in reply to my question of: "What is
your opinion on the fact that there is a language test?", apart from the first one
which is in relation to the following question: "Are there any aspects of the 2008
law that you would change, if you could?" The first extract is by Melissa, who is
in her early 50s. She passed the test on her second attempt. Melissa is referring
to the changes in legislation resulting in the 2008 law on Luxembourgish
nationalité. This extract shows how the testing procedure is considered
positively, even though Melissa had told me during an earlier part that she had
to take the test twice before passing it. When I asked her about how she felt
when she failed, she replied that she had "half expected it".

Extract 1
Yeah, I think since the law has changed, it's more objective. So people know. You know
that if you want it, you know what you have to go through, and everyone does the same
thing. So it's not like some people do less than other people. It sets a standard, and it's
important to have a standard and a framework. I think that's why that's good.

---

[2]   Further transcription conventions include the following: three dots ... are used for
      inaudible speech: e.g. Je dois dire au Luxembourg, les personnes, le pays ... *Italics* are
      used for any words that are not in the original interview language: e.g. Ech fannen dat déi
      ganz, op englesch gëtt dat *integration measures* genannt, ne? (*Italics*) are used for
      conversational noises: e.g. That's a bit my problem with it (*laughs*). " " are used for
      reported speech: e.g. If there is a will there if there is some effort and or what are they
      going to say? "Come back next year to be a Luxembourger if your Luxembourgish is
      good enough."

Her experience of the testing procedure (i.e. her first failure of the test) does not mean that she views it negatively. On the contrary, she puts an emphasis on the objectivity of the test, the standard it sets and the equality that ensues from this ("everyone does the same thing"). She first uses the more general ("people know") before focusing on the individual ("you know"). This indicates a shift in position: the responsibility of knowing is the key to understanding how the procedure works and ensuring that "everyone does the same thing". At an earlier point in the interview, Melissa had explained that she saw the pre-2008 procedure as subjective. As previously mentioned, the law on Luxembourgish *nationalité* which had been passed in 1968 was amended in 2001 to include proficiency in one of the three officially recognized languages and "basic knowledge" of Luxembourgish.

Extract 2
It's good that the law [changed] so it had a proper structure. Like we said before that it was ... You know I think you had to go to your commune and you organised an interview and you would have an interview with somebody. It depends ... It was very subjective, I suppose. "What do you talk about? How do you?" ... But I never went through that.

Extracts 1 and 2 show a transition from Melissa's view of the 2001 amendments ("very subjective") to the 2008 law ("more objective"). In extract 2, Melissa justifies her perception of the subjectivity of the pre-2008 procedure by explaining how she considers the "interview" at the commune as having been arbitrary.[3] Her question: "What do you talk about?" refers to her uneasiness about the questions that would have been asked during this "interview". What is noticeable about extracts 1 and 2 is that their wording follows a pattern: "proper structure", "objective", "you know", "people know", "a standard" and "a framework". These words emphasize the importance of a prescriptive approach, which encourages a certain type of behaviour. The words used in extracts 1 and 2 are reminiscent of some of the discourse found in policy documents (cf. Horner 2009a, 2009b, forthcoming). This is particularly clear in the wording of the 2008 law (*loi sur la nationalité luxembourgeoise*), which includes the following:

---

[3]   Luxembourg is divided up into "communes", i.e. different municipalities in charge of handing out the application forms for Luxembourgish citizenship (*Nationalitéit*). Before 2008, the "commune" used to be in charge of "reviewing" (what Melissa refers to as "interview") the applicants, i.e. checking their proficiency in any of the three officially recognized languages and their "basic knowledge" of Luxembourgish. What this "interview" consisted of and how it affected applicants is not known as there is no research on this topic. This was before the formalised testing procedure at the *Institut National des Langues* was introduced.

naturalization will be refused to the foreigner if he [*sic*] does not demonstrate sufficient integration, namely ... if he [*sic*] does not demonstrate sufficient active and passive knowledge of at least one of the languages stipulated by the language law of February 24th 1984 and if he [*sic*] does not pass an evaluative test in spoken Luxembourgish. The level of competence to be achieved in the Luxembourgish language is that of level B1 of the Common European Framework of Reference for languages for oral comprehension and level A2 of the same framework for oral production.[4]

A comparison of this official discourse and that of extracts 1 and 2 shows that the demonstration of knowledge, achievement and competency are particularly relevant. Furthermore, the "framework" is central as it dictates the standard level of achievement. This also crops up in the next extract. Andrée is in her early 50s and was exempt from the test.

Extract 3
Ech fannen et bësse normal. Dass du mindestens awer e bësse Lëtzebuergesch kenns, wanns du déi Nationalitéit ... Et ass e Minimum, he? Ech wees och net wéi schwéier deen {den Test} ass, mä ech mengen et ass wirklech e Minimum, he?

I find it quite normal. That you at least know a bit of Luxembourgish, if you want that Nationalitéit ... A minimum, yeah? I also don't know how hard it {the test} is, but I think that it is really a minimum, yeah?

In extract 3, the language test is considered a "quite normal" procedure linked to knowing "a bit" of Luxembourgish. Extract 3 suggests that the perceived level of testing ("how hard the test is") and the effort ("a minimum") that has to be put in by the applicant are rather arbitrary, allowing for a loose interpretation of what the "effort" and "a bit of Luxembourgish" consist of. The following words used in extract 3 could be grouped together: "normal", "a bit of Luxembourgish" and "a minimum", and they are linked with the discourse of the 2008 law ("at least", "sufficient", "level"). Luxembourgish has taken over the role of a duty (i.e. it is the applicant's duty to "at least know a bit of Luxembourgish"). Horner (forthcoming) has similarly found that official governmental discourses tend to focus more on the learning of Luxembourgish as central to the vaguely formulated process of integration rather than underlining links between the Luxembourgish language and national group membership. This is how the

---

[4]   This is Horner's (forthcoming) translated English version of the original French version: «La naturalisation sera refusée à l'étranger lorsqu'il ne justifie pas d'une intégration suffisante, à savoir ... lorsqu'il ne justifie pas d'une connaissance active et passive suffisante d'au moins une des langues prévues par la loi du 24 février 1984 sur le régime des langues et lorsqu'il n'a pas réussi une épreuve d'évaluation de la langue luxembourgeoise parlée. Le niveau de compétence à atteindre en langue luxembourgeoise est celui du niveau B1 du Cadre européen commun de référence pour les langues pour la compréhension de l'oral et du niveau A2 du même cadre pour l'expression orale» (Mémorial A, N° 158, 2008, art. 7b).

discourse of integration is able to place the responsibility of learning Luxembourgish onto the applicant. In extract 3, the Luxembourgish language is also the identifying marker of Luxembourgish *Nationalitéit*. Andrée's extract is an instantiation of the monolingual identification strategy (i.e. focus on Luxembourgish), which, as argued by Horner and Weber (2010, 189), has been central in recent debates on Luxembourgish *nationalité*.

The extracts presented so far are (mostly) similar in terms of content. The words used in these extracts ("normal", "standard", "framework", "objective", "at least", "a bit of Luxembourgish", "a minimum") can be seen as part of a normalising framework, which encourages a certain type of (linguistic) behaviour. It has been established that this type of discourse (as it appears in extracts 1, 2 and 3) is similar to some of the official governmental discourses discussed by Horner (2009a, 2009b, forthcoming). The following extracts, on the other hand, have been chosen because of their focus on questioning and contesting this policy. The first one is by Robert, who is in his late forties and has yet to take the language test.

Extract 4
I am a little bit wondering about the level of the test and I don't think you should exclude people from being Luxembourgish if their level is not high enough, you know? If there is a will there, if there is some effort and, or what are they going to say? "Come back next year to be a Luxembourger if your Luxembourgish is good enough." I would find that just a strange thing to say, but since I haven't seen the test, I can't say. Maybe I am just misjudging them or.

In extract 4, "a will" and "some effort" are perceived to be conditions that applicants need to fulfill in order to have a chance at passing the test, and ultimately "becoming Luxembourgish". What the level of testing consists of (i.e. how high/low it is) is not mentioned. On this note, extract 4 is similar to extract 3 ("I don't know how hard the test is", "a minimum") because the lines along which the "level" of testing is understood in both extracts 3 and 4 are blurred. Individual perceptions of the level of testing are very fluid in comparison to the official declarations of each country (e.g. Luxembourg's B1 of the CEFR for oral comprehension and A2 for oral expression). In both extracts 3 and 4, there is no mention of the CEFR levels, nor is there any indication of the difference in levels between comprehension and expression.

Extract 4 is also an example of how the level of testing is seen as a way of excluding people from "being Luxembourgish". The words Robert uses ("I am a little bit wondering", "maybe I am misjudging them") indicate his uncertainty of the testing procedure and especially his uneasiness about the level(s). The expression ("Come back next year to be a Luxembourger if your Luxembourgish is good enough") is Robert's way of disagreeing with what he understands as a rigid procedure (i.e. one that does not account for different "levels" between applicants). In the next extract by Julia, the topics of unfairness and social selection are addressed. She is in her mid-thirties and passed the test on her first attempt.

> Extract 5
>
> Et ass trotzdeem onfair. Also ech hunn dat net ganz fair fonnt, soen mir sou ... Dat verlangt engem Mensch deen net vill schoulesch Erfahrungen gemeet huet ganz vill of. Mä dat doten ass en typeschen Test wéi den Bourdieu géif soen, deen do ass quasi fir eng sozial Selektioun ze maachen. Ween wees am firaus schon wat deen Examen vun deem well?
>
> It's still unfair. I didn't think it was very fair to do it that way ... It demands quite a lot from someone who has little schooling. But it's a typical test as Bourdieu would say, that exists to make a social selection. Who knows in advance what the test wants them to do?

Extract 5 shows an example of how the experience of the language testing procedure does not correlate with the applicant's perception of it. To put it briefly, even though passing the test on her first attempt, Julia considers the procedure "unfair". She first makes a general statement ("it's still unfair") and then makes a clarification of her own position ("I didn't think it was very fair"). This perception of unfairness is justified by the fact that the testing procedure ignores social differences between participants. There are different ways of making a "social selection" and advance knowledge of what the test (might) consist of could give some people an advantage over others. In fact, it could be argued that the testing procedure itself (exam type setting with individual tables for the first part and "interview"/discussion with an examiner for the second part) requires a certain type of knowledge about how to "master" both situations (in addition to having linguistic competencies tested). In extract 5, the reference to "someone who has little schooling" points to a person's social status and to their possible inexperience with different types of testing procedures. How much a person knows about what is expected of them in a testing environment therefore depends on experience of and familiarity with similar situations. These experiences can only be accumulated under certain conditions (e.g. by reaching high levels of schooling or by attending job interviews; cf. Bourdieu's concept of "capital").

It has been argued that in debates on language testing and legal citizenship the "unifying nature of named languages" is often foregrounded and their divisive nature tends to be backgrounded (Horner 2009a, 155). Extracts 4 and 5 focus on exclusion ("I don't think you should exclude people", "social selection") and unfair treatment ("It's still unfair"). The "divisive nature" of named languages is therefore being emphasized. This is an issue which is further highlighted in extract 6 (Bernardo). He is in his fifties and was exempt from the testing procedure.

Extract 6
Et pour le reste la langue. Bon je pense que la langue ... je suis privilégié. Bon, la langue à mon avis, il faut la connaître, mais je pense que ça ne devait pas être une barrière insurmontable. C'est ça que je pense, moi, ça je pense en général, pas seulement pour le Luxembourg ... Donc moi, je considère que la langue, c'est important de la connaître, la langue du pays. Mais ça ne devra pas vraiment être une barrière rigide, une barrière qu'on ne peut pas franchir.

And for the language. Well, I think that the language ... I am privileged. Well, in my opinion you should know it, but it should not be an insurmountable barrier. This is what I think in general, not only for Luxembourg ... So, I think that it's important to know the language, it's important to know the language of the country. But it should not be a rigid barrier, an insurmountable barrier.

Bernardo considers himself privileged, because he has been exempt from the test due to the fact that he has been living in Luxembourg since before the 1984 language law (officially recognizing French, German and Luxembourgish) was passed. As he told me in an earlier part of the interview, he understands a "little Luxembourgish", but does not speak it. He explains this as follows: "I have to say that I have a bit of a bad conscience. I have never learnt it. At work, I have never had the opportunity to be pushed a little." (*Mais je dois dire que là, j'ai un peu mauvaise conscience. J'ai jamais appris. Mais parce que aussi dans le travail, moi, je n'ai jamais l'occasion d'être poussé un peu.*). He feels under pressure to learn Luxembourgish and he emphasizes how important it is to him to know it and how bad he feels for not speaking it. When I asked him what languages he uses at work he told me he uses French and English adding that at the moment he thinks he uses 70 per cent English and 30 per cent French. Bernardo's experience (at work) challenges the prescribed language policy, which concentrates on the three officially recognized languages of the 1984 language law. Horner (forthcoming) has argued that an issue which is consistently erased in governmental discourse and (some) mainstream newspapers is that Luxembourgish does not necessarily play a central role in the everyday lives of many residents, nor is it always accessible (e.g. availability/cost of language courses). She notes that the acknowledgement (of the absence of Luxembourgish in many peoples' lives) would undermine the positioning of Luxembourgish as the language of integration. In this way, Bernardo's experience highlights the complexities of language policy and practice, and provides a concrete example supporting Horner's argument.

In extract 6, Bernardo talks about language in the singular ("the language of the country"). While it can be inferred that he is referring to Luxembourgish, the interesting part is his consideration of it as a potentially "rigid" or "insurmountable" barrier. In some cases Luxembourgish is positioned as "everybody's language – rather than solely as a cultural symbol of national identity in an endeavour to justify citizenship policy and language testing" (Horner 2009b, 124; Horner forthcoming). In extract 6, Bernardo portrays the "language of the country" as both something "you should know" (i.e. duty) and "an insurmountable barrier" (i.e. problem). His view potentially opposes the portrayal of Luxembourgish as an "acultural resource" (cf. Horner forthcoming), including an understanding of "the language of the country" which might be problematic in the eyes of those wanting to portray it as "everybody's language".

7 Conclusion

In light of recent developments in many EU countries that have led to the introduction of testing in the "national language", scholarship has had to come to terms with the complexity of issues and has drawn different conclusions. Because this is still a fairly recent phenomenon, not much is known about the individual experiences of applicants and long-term consequences. A close analysis of the extracts has provided some examples of the types of discourses used by my participants. A core finding is that the participants have very diverse perspectives on the language testing. Furthermore, I have found that these perspectives do not always correlate with their experiences of the testing procedure (extracts 1, 2 [Melissa] and 5 [Julia] in particular). In other words, someone who has passed the test may nevertheless have a negative view of it and someone who has failed may agree with the policy.

In addition to this, the analysis has identified some similarities, in particular in relation to the wording. I have argued that extracts 1, 2 and 3 could be classified under a discursive framework based on "normalisation" or "standardisation". Unlike these supportive views, extracts 4, 5 and 6 illustrate applicants' contestation or questioning of this policy. Here, the topics of exclusion and unfairness play a significant role in the applicants' arguments. I have noted that words such as "exclude", "social selection" and "barrier" could be grouped together into a framework emphasizing the potentially divisive nature of languages, which, as Horner (2009a, 155) maintains, tends to be backgrounded in debates on language testing and legal citizenship.

Most of the sociolinguistic scholarship on language testing is based on the assumption that language policies are being constructed through ideology (Hogan-Brun et al. 2009, 4-5). Language policy "mechanisms" such as language testing can therefore be seen as a way of ensuring that certain types of linguistic behaviour take place and of punishing those who do not conform (e.g. by exclusion). Informed by Ricento's (2000) work, this chapter contributes to research on language policy and planning that focuses on individual agency and experiences (cf. Shohamy 2009). By following this approach, I have been able to put the spotlight on the complexities of language policy and practice. My findings have shown how the voices "from below" highlight the different roles played by individuals in the "processes of language use, attitudes and ultimately policies" (Ricento 2000, 208). In this way, the chapter has revealed what language policy means to people and how it is tied up with broader issues such as power, belonging/exclusion and, in this particular context, Luxembourgish *Nationalitéit*. By presenting a variety of voices, it has enabled us to see the different ways in which policy is experienced and to study its effects.

References

Anderson, Benedict ([1983]1991): Imagined Communities: Reflections on the Origin and Spread of Nationalism. London: Verso

Blackledge, Adrien (2009): Inventing English as convenient fiction: Language testing regimes in the United Kingdom. In: Extra, G./Spotti, M./van Avermaet, P. (eds): Language Testing, Migration and Citizenship. London: Continuum, p. 66-86

Blommaert, Jan (2005): Discourse: A Critical Introduction. Cambridge: Cambridge University Press

Blommaert, Jan/Verschueren, Jef (1998): Debating Diversity: Analysing the Discourse of Tolerance. London: Routledge

Council of Europe (2013): Common European Framework of Reference for Languages: Learning, teaching, assessment (CEFR). http://www.coe.int/t/dg4/linguistic/cadre1_en.asp (accessed: 19.09.2013)

de Jong, John H.A.L./Lennig, Matthew/Kerkhoff, Anne/Poelmans, Petra (2009): Development of a test of spoken Dutch for prospective immigrants. In: Language Assessment Quarterly 6, 1, p. 41-60

European Social Statistics Pocketbook (EUROSTAT) (2012): All social statistics on the EU in one publication. http://epp.eurostat.ec.europa.eu/cache/ity_public/3-17072013-bp/en/3-17072013-bp-en.pdf (accessed: 19.09. 2013)

Extra, Guus/Spotti, Massimiliano/van Avermaet, Piet (2009): Testing regimes for newcomers. In: Extra, G./Spotti, M./van Avermaet, P. (eds): Language Testing, Migration and Citizenship. London: Continuum, p. 3-33

Extra, Guus/Spotti, Massimiliano/van Avermaet, Piet (2009): Language Testing, Migration and Citizenship: Cross-national Perspectives on Integration Regimes. London: Continuum

Hogan-Brun, Gabrielle/Mar-Molinero, Clare/Stevenson, Patrick (2009): Testing regimes: Introducing cross-national perspectives on language, migration and citizenship. In: Hogan-Brun, G./Mar-Molinero, C./Stevenson, P. (eds): Discourses on Language and Integration. Amsterdam: John Benjamins, p. 1-13

Horner, Kristine (2009a): Language, mobility and citizenship in Luxembourg. In: Extra, G./Spotti, M./van Avermaet, P. (eds): Language Testing, Migration and Citizenship. London: Continuum, p. 148-166

Horner, Kristine (2009b): Language, citizenship and Europeanisation. In: Hogan-Brun, G./Mar-Molinero, C./Stevenson, P. (eds): Discourses on Language and Integration. Amsterdam: John Benjamins, p. 109-128

Horner, Kristine (2011): Media representations of multilingual Luxembourg: Constructing language as a resource, problem, right and duty. In: Journal of Language and Politics 10, 4, p. 491-510

Horner, Kristine (forthcoming): Language regimes and acts of citizenship in multilingual Luxembourg. In: Journal of Language and Politics

Horner, Kristine/Weber, Jean-Jacques (2008): The language situation in Luxembourg. In: Current Issues in Language Planning 9, 1, p. 69–128

Horner, Kristine/Weber, Jean-Jacques (2010): Small languages, education and citizenship: The paradoxical case of Luxembourgish. In: International Journal of the Sociology of Language 205, p. 179-192

Jenkins, Richard (1992): Pierre Bourdieu. London: Routledge

Kroskrity, Paul V. (2000): Regimenting languages. In: Kroskrity, P.V. (ed.): Regimes of Language: Ideologies, Polities, and Identities. Santa Fe: School of American Research Press, p. 1-34

Statec (Le Portail des Statistiques: Grand-Duché de Luxembourg) (2013): Emploi salarié intérieur par lieu de résidence et nationalité (x 1 000 personnes) 1995-2013. http://www.statistiques.public.lu/stat/TableViewer/ tableView.as px?ReportId=7252&IF_Language=fra&MainTheme=2&FldrName=3&RFPa th=92 (accessed: 18.09.2013)

Statec (Le Portail des Statistiques: Grand-Duché de Luxembourg) (2013): Population par sexe et par nationalité (x 1 000) 1981, 1991, 2001-2013. http:// www.statistiques.public.lu/stat/TableViewer/tableView.aspx?ReportId=384 &IF_Language=fra&MainTheme=2&FldrName=1 (accessed: 20.09. 2013)

May, Stephen (2001): Language and Minority Rights: Ethnicity, Nationalism and the Politics of Language. Harlow: Longman

McNamara, Tim (2009): The spectre of the Dictation Test: Language testing for immigration and citizenship in Australia. In: Extra, G./Spotti, M./van Avermaet, P. (eds): Language Testing, Migration and Citizenship. London: Continuum, p. 224-241

McNamara, Tim/Shohamy, Elana (2008): Viewpoint: Language tests and human rights. In: International Journal of Applied Linguistics 18, 1, p. 89-95

Mémorial Legislatif et Administratif du Grand-Duché de Luxembourg/ Verwaltungs und Verordnungsblatt des Großherzogtums Luxemburg. Arrêté Royal Grand-ducal. A-N°39, 26 juillet 1843, p. 561-592

Mémorial: Journal Officiel du Grand-Duché de Luxembourg/Mémorial: Amtsblatt des Großherzogtums Luxemburg. Recueil de Législation. A –N° 61, 11 août 1912, p. 761-798

Mémorial: Journal Officiel du Grand-Duché de Luxembourg/Mémorial: Amtsblatt des Großherzogtums Luxemburg. Recueil de Législation. A- N° 16, 27 février 1984, p. 191-205

Mémorial: Journal Officiel du Grand-Duché de Luxembourg/Mémorial: Amtsblatt des Großherzogtums Luxemburg. Recueil de Législation. A- N° 158, 27 octobre 2008, p. 2221-2227

Milani, Tommaso M. (2008): Language testing and citizenship: A language ideological debate in Sweden. In: Language in Society 37, p. 27-59

Ricento, Thomas (2000): Historical and theoretical perspectives in language policy and planning. In: Journal of Sociolinguistics 4, 2, p. 196-213

Scuto, Denis (2005): Qu'est-ce qu'un Luxembourgeois? Histoire de la nationalité luxembourgeoise du Code Napoléon à nos jours. In: Forum für Politik, Gesellschaft und Kultur 244, p. 40-46

Shohamy, Elana (1997): Testing methods, testing consequences: Are they ethical? Are they fair? In: Language Testing 14, 3, p. 340-349

Shohamy, Elana (2006): Language Policy: Hidden Agendas and New Approaches. London: Routledge

Shohamy, Elana (2009): Language policy as experiences. In: Language Problems and Language Planning 33, 2, p. 185-189

Shohamy, Elana (2013) The discourse of language testing as a tool for shaping national, global, and transnational identities. In: Language and Intercultural Communication 13, 2, p. 225-236

Shohamy, Elana/McNamara, Tim (2009): Language tests for citizenship, immigration and asylum. In: Language Assessment Quarterly 6, 1, p. 1-5

Spizzo, Daniel (1995): La nation luxembourgeoise: Genèse et structure d'une identité. Paris: Harmattan

Stevenson, Patrick (2006): National languages in transnational contexts: Language, migration and citizenship in Europe. In: Mar-Molinero, C./ Stevenson, P. (eds): Language Ideologies, Policies and Practices: Language and the Future of Europe. Basingstoke: Palgrave Macmillan, p. 147-161

Tonkiss, Fran (2004): Analysing text and speech: Content and discourse analysis. In: Seale, C. (ed.): Researching Society and Culture. London: Sage, p. 367-382

van Avermaet, Piet (2009): Fortress Europe? Language policy regimes for immigration and citizenship. In: Mar-Molinero, C./Stevenson, P. (eds): Language Ideologies, Policies and Practices: Language and the Future of Europe. Basingstoke: Palgrave Macmillan, p. 15-43

Weber, Jean-Jacques (2009): Multilingualism, Education and Change. Frankfurt/ Main: Peter Lang

ANNIE FLORE MADE MBE

Parents' representations of the family language policy within bilingual families in Luxembourg: Choices, motivations, strategies and children's language development

Abstract

The chapter analyses participants' representations of the linguistic practices within bi-/ multilingual families in Luxembourg. Through ethnographic interviews, I focus on five families with diverse linguistic profiles. I explore parents' language use prior to the birth of the children and the family language policy after the birth of the children, and analyse how parents implement particular communication strategies.

1 Introduction

Parents around the world are becoming more and more aware of the advantages of early bilingualism, and struggle on a daily basis to give their children the opportunity to acquire two or more languages at a young age. This awareness is due to parents' own experiences of language learning, expert advice, friends' and family members' support and the growing interest of researchers in the field of individual bilingualism (King/Fogle 2006). The study of linguistic practices in the home setting falls into the field of Family Language Policy, which is embedded within the domain of Language Policy. Research on language policy has traditionally focused on public institutional contexts such as schools or workplaces, with less attention devoted to the intimate sphere of the family (King et al. 2008). However, the family setting provides a complex context for negotiating policies and practices regarding language use (Li Wei 2012). It is therefore an important field of investigation, especially in bi-/multilingual families, as it reveals how interactional patterns of language use, parental language ideologies and parent-child communication strategies connect in significant ways with children's formal school success and lay the foundation of language maintenance (King et al. 2008). This chapter constitutes a part of a larger project studying the linguistic ideologies and practices of bi-/multilingual families living in Luxembourg. In this exploratory phase, I focus on families with diverse linguistic profiles and, more specifically, on the language communication strategies used by parents and their potential effects on the children's language development. I look at the family language policy both prior to the birth of the children and after the birth of the children. First, I review the relevant literature on bilingual families' language practices.

Yamamoto (2001) investigates children's language acquisition in English-Japanese families in Japan and concludes that language acquisition is neither spontaneous nor natural. It depends mostly on parents' investment, particularly on the part of the conveyor of the minority language, as Quay (2012) also shows. Yamamoto also argues that once the older children get socialized into the mainstream language, it tends to become their preferred language and thus influences the language practices of younger siblings who, as a result, may become passive bilinguals or even monolinguals.

Döpke (1992) focuses on the viability of the *one-parent-one-language* (*OPOL*) approach, in which parents have a different native language and each parent speaks their language to the children. She concludes that the quality and quantity of linguistic input that the children receive and the style of parent-child verbal interactions determine children's bilingual competencies. Further, she compares the language acquisition of "early-born children" and "later-born children" in the same family and concludes, in line with Yamamoto and Quay, that often the later-born children become passive bilinguals, since they receive less input in the minority language, compared to that received by the early-born children. She also insists that children need to be exposed to the minority language for its maintenance in their language repertoire. Along the same lines, Lanza (1997) investigates parental discourse strategies in Norwegian-English bilingual families in Norway. She identifies a number of strategies that parents use in different situations and concludes that the discursive strategies the parents use are very important in determining the acquisition and maintenance of the minority language in bilingual families. For instance, in Lanza's study parents who used what she refers to as the "*minimal grasp*" strategy (i.e. pretending not to understand what the child says in Norwegian instead of English) encouraged the child to change the language. In this way, they promoted a spontaneous and long-term use of English by the children.

Hoffmann (1985) describes the language acquisition of her two children living in England; she also emphasizes the importance of children's exposure to the minority language. Her advice for minority language speaking parents is that, though they are the conveyors of these languages, they should create a social network in which their children would be in contact with people speaking these languages. She also encourages parents to take their children regularly to their country of origin, for them to see how other children speak the language with their parents. But one should bear in mind that though parents set out plans and implement discursive strategies, children's attitudes are very determining in the success of these plans, as Hélot (2007) explains. In her view, a child can at a certain stage of his/her development refuse to speak a language and address his/her parents in one language, even if each parent speaks their language with this child, and this temporary refusal can be a source of "conflict" or disappointment for the parent whose language is left aside.

Moreover, Kirsch (2012) investigates the aspirations, language beliefs, planning and practices of mothers who struggle to raise their children bilingually in Luxembourgish and English in Great Britain where there is no Luxembourgish community. She considers the burden of active early bilingualism to be on the parents' shoulders. She emphasizes that the minority language speaking parent needs to be aware of his/her role and the status of his/her language, and the majority language speaking parent needs to be supportive of both bilingualism and the heritage language. Further, she affirms that the dominant language ideologies in Luxembourg (a trilingual country, where most of the multilingual residents code-switch between languages according to the situation), the mothers' multilingual competence and their experience of multilingualism strongly motivated them to pass Luxembourgish on to their children. Her findings corroborate those of King et al. (2008), who explain that parental language ideologies and beliefs play a crucial role in children's language development in multilingual homes. Although parental language ideologies are key motivators of parenting practices, migrant parents in particular face the serious challenge of passing the heritage language on to their children while they acquire the host language (Moin et al. 2013).

2 Socio-cultural context of the study

With regard to the many challenges of bilingual child rearing, how do parents with different linguistic backgrounds and living in an officially trilingual country, implement their bi-/multilingual family language policy? The linguistic situation in Luxembourg is characterized by the practice and the recognition of three languages: French, German and the national language Luxembourgish, as established by the Language Law of 1984. These three languages are also referred to as administrative and/or judiciary languages. Furthermore, Luxembourg is the EU country with the highest proportion of foreign residents. According to government sources (Statec 2013), 44.5% of the total population of 537,000 is foreign and there are passport-holders of more than 150 states living on the territory. People from other EU countries, in particular Portugal, Italy, France, Belgium and Germany, constitute the dominant immigrant groups. The official discourse promotes a trilingual identity emphasising the benefits of multilingualism (Kirsch 2012). The educational system is trilingual, with a progressive introduction of the officially recognised languages.

In multilingual Luxembourg, numerous languages tend to be interwoven in people's daily interactions and in all spheres of public life, and most residents switch languages according to the situation. The heterogeneity of the population, the cultural and linguistic diversity of the country give rise to many multilingual families, who adopt diverse family language policies based on their diverse linguistic profiles. These characteristics of the Luxembourgish society explain why studies of language beliefs and ideologies in the home setting are vital to understand how parents bring up their children, as far as heritage languages, host languages, the school system and children's language development are concerned (Davis 1994).

3 Methodology

The purpose of this study is to investigate parents' representations of language in bi-/multilingual families living in Luxembourg. Five families (ten parents) participated in audio-recorded, ethnographic, semi-structured interviews, a data collection technique which allows the researcher to understand participants' daily experiences (Blommaert/Jie Dong 2010). Parents were recruited through two means: (1) personal contact and (2) snow-ball sampling. Before each interview, a brief explanation of the purpose of the study was given to the parents, and they signed a consent form. In all cases, both parents were interviewed together. They had the choice to be interviewed in French, English or German, but all of them chose French. This choice was offered to the parents in light of the trilingual status of the country as well as the heterogeneous nature of the participants' linguistic repertoires. In this chapter, I only include my English translation of the parents' narratives. I focus on the parents as a way of gaining an insight into their view of linguistic practices in the home setting. The interviews took place in the participants' homes at their convenience with a relaxed atmosphere and lasted between 45 and 60 minutes. All the interviews were based on the following key questions:

> As a couple what language(s) did you usually speak prior to the birth of the children?
> How did the births of the children impact upon the linguistic practices of the whole family?
> What communication strategies do you use with the children? And why?
> What language(s) do the children speak with you and between themselves?

In this qualitative study based on an ethnographic approach, I use content analysis to analyse the data collected. All the interviews were coded and thematically analysed using standard procedures for qualitative data analysis (Kvale 2009). In the following section I discuss key themes such as the effect of *interlingual* marriage on parents' linguistic practices, parent-child communication strategies and their underlying motivations, parent-child language use and siblings' language use. I focus on parents' narratives and how they present both their previous language use (prior to the birth of their children) and current practices within the family since the birth of children. Interestingly, all the families relied upon a version of the *OPOL* (*one-parent-one-language*) strategy.

The participants include the following (for the sake of privacy, names have been changed to ensure anonymity):

Family 1: Henry and Florence Fischer
Henry is 59 years old and was born in Denmark, where he obtained his Master's Degree in Law. He moved to Luxembourg twenty years ago for professional reasons, worked as a lawyer at the European Commission and is now retired. Apart from Danish, he also speaks German, French, English and Luxembourgish. He met his wife Florence in Brussels; they have a six-year-old son, who was born in Luxembourg and attended Luxembourgish day-care and school. Florence is 37 years old and was born in Burkina-Faso, where she also attended secondary school and now works as a nurse. In addition to Dagari, she speaks French and Luxembourgish. Neither of them uses their L1 at home. Florence speaks mostly French with Henry and their son, while Henry uses Luxembourgish with his wife and their son. The dominant language in family conversations is Luxembourgish, because the father frequently switches from French to Luxembourgish since their son does not understand French very well. The mother reported her son to be a passive bilingual in French.

Family 2: André and Marie Welter
André and Marie are in their early fifties. They met at a university in Switzerland. André is from Luxembourg and has a Master's Degree in theology. Besides Luxembourgish, he speaks French, English and Swiss-German. Marie has a mixed English Canadian-Swiss background. She holds a degree in the same discipline as her husband. In addition to English and Swiss-German, she speaks Luxembourgish, German, French and Portuguese. She and her husband work in church management. The couple's main language of communication is English. They have a twelve-year-old son, who was born in Luxembourg and attended Luxembourgish day-care and school. André speaks Luxembourgish with his son and Marie French, combined with a little bit of English. The parents reported their son to be multilingual.

Family 3: Franck and Sonja Weber
Franck and Sonja are in their fifties. Franck was born in the Democratic Republic of Congo and moved later on to France for studies. He holds a PhD in social sciences. In addition to Lingala, he speaks French, English German and Luxembourgish. He met his wife Sonja at the university in France. Sonja is from Luxembourg. She moved to France for her studies. She holds a Master's Degree

in Modern Languages and Literatures and works as a French teacher. Apart from Luxembourgish, she also speaks French, English and German. The couple's main language of communication is French. They have three children aged between 20-26 years old, who were born in Luxembourg and attended Luxembourgish day-care and school. Sonja speaks Luxembourgish with the children and Franck French. They reported their children to be perfectly multilingual.

Family 4: Hans and Lillian Bauer
Hans and Lillian are in their forties. Hans is from Germany and Lilian from France. They met at a university in Germany and moved later on to France for one academic year. They have two children of 10 and 12 years, born in Luxembourg. The children attended a French day-care before attending the German section of the European school. Apart from German, Hans speaks French, English and Luxembourgish. He is a doctor in a public hospital. His wife Lillian speaks French, as well as German and English, and works as a translator at the European Parliament. German is the couple's main language of communication. They previously used the *OPOL* discourse strategy, but with time French has become the main language of communication with the children.

Family 5: Marc and Nadia Johnson
Marc and Nadia are in their fifties. They met in France at a university. Marc has a mixed French–Scottish background. In addition to English and French, he speaks Luxembourgish, German and Italian. He has a Master's Degree in translation and works as a translator. His wife Nadia is from Germany. She speaks the same languages as her husband. She holds a Bachelor Degree in Education and has never taken a job. They have four children aged between 19 and 27 years, born in Luxembourg. The children first attended Luxembourgish day-care and joined the German section of the European school. The parental communication strategy is *OPOL*, with Marc speaking French to the children and Nadia German. They reported their children to be multilingual.

4 Data analysis

4.1 Parents' representations of their language use and the linguistic processes they have gone through

This sub-section discusses parents' representations of their language use and the effect of the mixed marriage on their language practices. Further themes that were dominant in parents' narratives included the learning of the partner's language(s), as well as increasing or decreasing fluency in their own language(s).

4.1.1 The use of a common language

Language plays a vital role for enabling mutual understanding and human relationships. Based on the place where they met, the linguistic repertoire of each partner and the language(s) of the place of residence, parents make linguistic choices for their communication, which sometimes do not change even after the birth of the children. All couples reported using a common language for their daily communication, except the Bauer family, who alternated between languages when they temporally moved to France, which is Lillian's country. All the other participants decided to adhere to the language of their first meeting. In most cases, this was the language of one of the partners and/or the language they both knew and were strongly attached to:

(1) **Franck Weber**: It is a choice we made. We got to know each other in French and *we must continue to speak French*. For me, I cannot express my *feelings* in Luxembourgish. Adjectives do not have the same meaning in all languages.

(2) **Sonja Weber**: *I love the French language*, and I am a French teacher. So for me, it *sounds natural* to use French.

(3) **Marc Johnson**: We *have always spoken French* together, since we met in France ... We spoke English and a little bit of German sometimes, but with my wife, we *always* spoke French, even today.

(4) **Hans Bauer**: I was not speaking French when we met. Naturally, German was the language we both knew, and we used it ... *But when we moved to France, little by little we started to use French* together in front of the children. (italics added here and passim for emphasis)

One can see from the above extracts that languages are not just simple tools of communication. These couples are emotionally strongly attached to the language of their first meeting, and it becomes one central element in their life. In addition the birth of children does not in all cases affect their language of communication. Their language choices are fundamental to their identity construction, becoming even more salient in situations where two or more cultures are in contact. In this sense, one can conclude that these couples decided to use a common language in order to maintain the sense of connectedness and to give a strong sense of belonging to their family in the new country of residence, and they keep on using the common language out of strength of habit (*"We have always spoken"*, *"we must continue to speak"*, *"it sounds natural to use"*).

4.1.2 Learning the partner's language

All the parents acknowledged that forming a bilingual couple led to many linguistic changes in their personal lives. The need to communicate with the in-

laws and integration in the society were the most important reasons for the
language learning process that the couples went through. The decision to acquire
a particular language was made to overcome or prevent frustrating linguistic
experiences that bilingual couples might otherwise have to face:

> (5) **Franck Weber**: I learned Luxembourgish because I needed to communicate with her
> [Sonja] ... and even if I could not find the right words, she always helped me.

> (6) **André Welter**: When we arrived here in 1994, my wife immediately took
> Luxembourgish language courses and studied it for four years. I helped her to improve
> her speaking but I could not write it, since I did not study it at school.

It is important to mention that, despite the fact that Luxembourgish is one of the
officially recognised languages of Luxembourg and despite the efforts of the
government to promote it, it is still mostly used as an oral language and is not
used extensively in written domains. Most native Luxembourgish people acquire
it through exposure within the home and the community, since the school
curriculum allows its use mostly at the preschool level only. As a result,
foreigners who learn Luxembourgish as a foreign language may master the
written form better than native speakers, which is the reason why André says
that he could not help his wife with the written forms of the language.

Many parents recognised that their partner significantly helped them to
increase their linguistic skills in the partner's L1 and to maintain a bilingual
competence:

> (7) **Henry Fischer**: My French has evolved significantly. Before [meeting Florence] I
> mostly knew *legal French*. My wife speaks *everyday French* and that has helped me a lot
> ... She enhances my French.

> (8) **Marc Johnson**: Yes, my German has evolved thanks to my wife. Today, I speak it
> very well ... and *I even speak it as it is spoken in her region of origin.*

These extracts not only show how proud Henry and Marc are of their learning of
their partner's language, but they also reveal some language beliefs concerning
the importance of mastering a regional variety of a language or different
registers. Mastering only a specific professional jargon (such as legal French)
restricts mutual understanding when speaking the language with another person
who does not share the same profession. As for extract (8), it shows that the
notion of language status is quite subjective and can vary from one person to
another: whereas many people highly value the "authority" of the standard
language, others may value the "authenticity" of regional varieties.

4.1.3 Decreasing fluency in one's L1

Many parents deplored the loss of their speaking abilities in their home
language(s), due to their partner's lower competencies in this language and the

environment in which they live. It is the case of Florence Fischer, whose husband had a relatively low competence in French; moreover, they lived in Mondercange, a town quite dominated by Luxembourgish natives, who do not use a lot of French on a daily basis:

> **(9) Florence Fischer**: I do not understand French anymore [because she only uses French within the family]. My French has decreased considerably … In Mondercange, we do not yet have a multicultural environment, compared to the City [Luxembourg] and Esch. Here it is still PURE Luxembourgish.

Hans Bauer also deplored his decreasing fluency in his L1. According to him, the German spoken in Luxembourg is different from that of Germany:

> **(10) Hans Bauer:** I am losing a bit of *my German* here. But it is not only because I have a French wife, it is the fact of not living in my country. It is important to mention the fact that *the German spoken in Germany* is different from *that of Luxembourg.*

Hans' response is informed by an interesting language ideology: he assumes that there is only one "German spoken in Germany" (presumably, Standard German), as opposed to the varieties of German spoken outside of Germany. In fact, the "German spoken in Germany" includes many regional varieties different from the standard form that is codified in grammar books and upheld by efforts to prescribe the way in which people should use the language. But Hans' language ideology makes him think that the "German spoken in Germany" is a single and fixed entity, that there is a unique way of speaking it and that not speaking German in this way is using it in the wrong way.

4.2 Parents' motivations and strategies for developing their children's early bilingual competencies

All the parents said that their children's early bilingualism was a great challenge to them and that they were aware of the fact that the children's acquisition of the home languages depended firstly on their own commitment. Parents' narratives revealed their motivations for implementing a bilingual communication mode in the home and the strategies they used to achieve this goal.

Practical and emotional benefits of bilingual upbringing for the children were dominant and even ubiquitous in the parents' narratives (see also Zurer Pearson 2008). The parents also assumed that it was a spontaneous decision they both made, regarding their personal experience as a bilingual couple and the advantages of bilingual competencies. In no case did parents regret their choices, although the children did not have equal competencies in all the home languages. The parents' beliefs about bilingualism and the trilingual status of the country influenced the decisions they took concerning the language of communication with their children as well as the type of school. They emphasized pragmatic benefits for the children such as easy access to the educational system, broader communication outlook and better employment opportunities:

> **(11) Henry Fischer**: We think it has a real value if the small one [his six-year-old boy] learns French as his second mother-tongue, that he has a solid bilingual background, so that he can speak with many other people.

> **(12) Marc Johnson:** After the Luxembourgish kindergarten, they entered the German section of the European school.

From a linguistic point of view, Luxembourgish is closer to German than French. And at the level of kindergarten in the Luxembourgish school system, the language of instruction is Luxembourgish. This linguistic closeness is what motivated the Johnsons to send their children to the German section of the European School.

Emotional benefits, such as harmonious communication in the home, creation of a sense of belonging, adaptation to a different milieu and maintenance of links with the larger family, were also dominant in the parents' narratives as key factors for their children's linguistic socialization and the construction of their identity:

> **(13) Marc Johnson**: I speak French to my children and my wife German, for them to use only one language with each of us. It was not the ideal choice, but we thought that is was the only thing to do if we wanted to maintain both languages at home.

> **(14) Marie Welter**: It was very important that he [her son] learnt at least the two languages. My mother speaks only English and it was very important for us, because he regularly spends holidays with her and he also meets other cousins.

These motivations strongly influenced the parents' communication strategies and in particular encouraged them to use the *OPOL* strategy.

In fact, all parents adopted the *OPOL* communication strategy for passing their languages on to their children though, within the Bauer family, it was not implemented at the earliest age of the children. The idea behind the strategy is that each parent speaks one language with the children. This is necessary for enhancing the children's bilingual development and could lead them in turn to use one language with each parent (see Döpke 1992; Harding-Esch/Riley 1986). Moreover, the choice of the language of communication with the children is strongly linked to the trilingual situation of Luxembourg. For some parents, the choice seemed obvious, especially when one or two parental languages matched with those of the country (i.e. families 1, 3 and 4). For parents from other bi- or multilingual backgrounds, the choice tended to be less obvious, especially for parents with African languages. Thus, Florence (Family 1) and Franck (Family 3) abandoned their L1 and instead speak the official language (inherited from colonization) of their country of origin. In all the parents' narratives, the communication strategy was explained clearly:

(15) **Henry Fischer**: I speak Luxembourgish with the son and French with my wife. In general, when my wife speaks with the son, she uses French.

(16) **Marie Welter**: each of us tries to use his or her own language, but we do a lot of mixing. For us, it was important that he [her son] at least learnt the two languages.

(17) **Sonja Weber**: When we are all together with the children, we speak French with them. And when I am alone, automatically it is Luxembourgish.

(18) **Hans Bauer**: I speak 90% German with them. But not since they were born … At the beginning, I tended to use a lot of French with them, and my wife really pushed me to speak German with them.

(19) **Franck Weber**: my priority was to develop their ability to speak French, which is a great language. In Luxembourg, it was not worthwhile for me to emphasize that language [Lingala]. I think in Luxembourg, the children are the only ones in the world to think in many languages.

In relation to extract (19), it is important to mention that the majority of African languages in Africa continue to have lower status and are not really valued in the National Language Policies, compared to European languages, which are the official languages in most African countries. Thus, the language policy of the country of origin, the parental language ideology, the context and personal experiences could be additional reasons why African parents frequently forgo their languages when they settle in Europe. This is confirmed by Stavans (2012, 14) who, in his study of the family language policies of Ethiopian families in Israel, concludes as follows:

Non-affluent families tend to forgo one of the languages in favour of the other, usually the original language is neglected in favour of the target language … They are convinced that the target language must be provided quickly to ensure their children's scholastic and social success.

In sum, although parents set up communication rules in the home setting, they admit that these rules are not always strictly followed by themselves and that parent-child communication strategies are not fixed entities, but changing and evolving processes. I now turn to the ways in which children react to their parents' language expectations.

4.3 Parents' representations of their children's language use and its impact upon the family language(s) of communication

Generally, when the parents implement a communication strategy such as *OPOL*, they above all want to keep the family languages alive. Largely monolingual day-to-day interactions between them and their children are the means to this goal. But when the children are socialized outside the home in the wider community language (which may or may not be one of the home languages), this can lead to an unbalanced and unequal use of the home languages by the children. The language(s) of the outside world influence the child-parent language of communication:

> **(20) Henry Fischer**: The small one [his son] has a poor vocabulary in French … Many Luxembourgish phrases get into his French … he mostly speaks Luxembourgish.

Henry's wife revealed her fears of seeing French disappear in her family in the future. She was very disappointed at not being able to have a "real" conversation with her six-year-old son, despite her daily efforts and the fact that she has always spoken French with him since his birth. In this way, the son's lack of fluency in French – even though it is also one of the school languages – has become a barrier between mother and son, and has a negative effect on her affective relationship with him.

In other families, the children use the appropriate languages to address their parents but with some flexibility and variations. The choice of language depends on the child's willingness and the person the child addresses:

> **(21) Marie Welter**: Automatically with the father, it is German or Luxembourgish … it depends … But he also talks to me in English.

> **(22) Marc Johnson**: Our first two children always answered in French, even when the mother spoke German … But it changed when they started the Luxembourgish day-care. German took over.

These examples show that parental expectations are not always met. The children may be the ones "controlling" languages at home, and the success or failure of the family language policy depends mostly on them. They socialize their parents in the language they want (see Luykx 2005). Hence I agree with Hélot (2007, 69), who argues as follows:

> We should not forget that the child is also part of the family language strategy, and can refuse to speak one of the two languages at different stages of his/her development. (my translation)

In families 1 and 2, with only one child who attended Luxembourgish school, the child's preferred language is Luxembourgish. Generally, the children's preferred language threatens the other family languages. Parents then need to make more efforts to keep the 'weaker' language(s) active within the family (see Döpke 1992). Their fears are about their children's lower language competencies in these languages:

> **(23) Marc Johnson**: Their French is weaker because they do not have enough opportunity to use it apart from their relationship with me. And most of the times I need to fight to get everybody back to French.

Although French is one of the officially recognised languages of the country, as soon as children get acquainted with the dominant languages of the school, which is German in this case, this affects the linguistic practices of the entire family. Parents often become powerless and unable to strictly control children's language use, as the latter are often "the incipience of change and alteration in family relations, decisions and behavior" (Stavans 2012, 14).

5 Conclusion

This chapter has examined parents' representations of linguistic practices within bi-/multilingual families living in Luxembourg. With regard to the two first interview questions on the language(s) the parents spoke prior to the birth of the children and how the birth of children brought about any change in their linguistic practices, we found that couples are strongly emotionally attached to the language of their first meeting and continue to use it even after the birth of the children. In addition, learning of the partner's language, decreasing or increasing fluency in their L1 and maintenance of a bilingual competence are major processes which parents go through as far as language use is concerned.

With regard to the third key question about what communication strategies parents use with their children and why, we found that most parents use the *OPOL* approach, even if it was not applied at the earliest stage of the children's lives in all cases. Each parent speaks his/her language to the children, though again this principle is not always strictly applied. Parents' motivations for the intergenerational transmission of languages were twofold: emotional and pragmatic benefits for the children. The parents wanted to create and maintain family cohesion, enable the children to communicate with members of the larger family, facilitate their access to school, broaden their communication outlook and increase their future employment opportunities. Finally, with regard to the fourth question about what language(s) children speak with the parents and between themselves, our findings reveal that the child-parent and the siblings' language of communication is strongly influenced by the school language(s).

To conclude, this exploratory study has many limitations, which include the relatively small size of the sample (five couples) and the highly diverse linguistic profiles of the participants. In addition, the children did not participate in the study, nor did we collect data that reveal the parents' and children's actual linguistic practices. Hence, although it is impossible to generalize the findings from such a small data set, the study has provided some relevant insights into the workings of family language policies, including the following: how family language policies are the basis of children's language development; how such policies are not fixed entities but changing and dynamic processes; how the language(s) of the wider society always enter the home when siblings get schooled in that language (or those languages); and how the success or failure of a family communication strategy depends to a large extent on the children's attitudes and practices.

References

Barron-Hauwaert, Suzanne (2004): Language Strategies for Families: The One-Parent-One-Language Approach. Clevedon: Multilingual Matters

Barron-Hauwaert, Suzanne (2011): Bilingual Siblings: Language Use in Families. Bristol: Multilingual Matters

Blommaert, Jan/Jie Dong (2010): Ethnographic Fieldwork: A Beginner's Guide. Bristol: Multilingual Matters

Davis, Kathryn (1994): Language Planning in Multilingual Contexts: Policies, Communities and Schools in Luxembourg. Amsterdam: John Benjamins

Döpke, Susanne (1992): One Parent–One Language: An Interactional Approach. Amsterdam: Benjamins

Harding-Esch, Edith/Riley, Philip (1986): The Bilingual Family: A Handbook for Parents. Cambridge: Cambridge University Press

Hélot, Christine (2007): Du bilinguisme en famille au plurilinguisme à l'école. Paris: L'Harmattan

Hoffmann, Charlotte (1985): Language acquisition in two trilingual children. In: Journal of Multilingual and Multicultural Development 6, p. 479-495

King, Kendall A./Fogle, Lyn (2006): Bilingual parenting as good parenting: Parent's perspectives on family language policy for additive bilingualism. In: International Journal of Bilingual Education and Bilingualism 6, p. 695-712

King, Kendall A./Fogle, Lyn/Logan-Terry, Aubrey (2008): Family language policy. In: Language and Linguistics Compass 5, p. 907–922

Kirsch, Claudine (2012): Ideologies, struggles and contradictions: An account of mothers raising their children bilingually in Luxembourgish and English in Great Britain. In: International Journal of Bilingual Education and Bilingualism 1, p. 95-112

Kvale, Steiner (2009): Doing Interviews. London: Sage

Lanza, Elisabeth (1997): Language Mixing in Infant Bilingualism: A Sociolinguistic Perspective. Oxford: Oxford University Press

Li Wei (2012): Language policy and practice in multilingual, transnational families and beyond. In: Journal of Multilingual and Multicultural Development 33, 1, p. 1-2

Luykx, Aurolyn (2005): Children as socializing agents: Family language policy in situations of language shift. In: Cohen, J./McAlister, K.T./Rolstad, K./MacSwan, J. (eds): Proceedings of the 4th International Symposium on Bilingualism. Somerville, MA: Cascadilla Press, p. 1407-1414

Moin, Viktor/Schwartz, Ludmila/Leikin, Mark (2013): Immigrant parents' lay theories of children's preschool bilingual development and family language ideologies. In: International Multilingual Research Journal 2, p. 99-118

Piller, Ingrid (2002): Bilingual Couples Talk: The Discursive Construction of Hybrydity. Amsterdam: John Benjamins

Quay, Suzanne (2012): Discourse practices of trilingual mothers: Effect on minority home language development in Japan. In: International Journal of Bilingual Education and Bilingualism 4, p. 435-453

Stavans, Anat (2012): Language policy and literacy practices in the family: The case of Ethiopian parental input. In: Journal of Multilingual and Multicultural Development 33, 1, p. 13-33

Yamamoto, Massayo (2001): Language Use in Interlingual Families: A Japanese-English Sociolinguistic Study. Clevedon: Multilingual Matters

Zurer Pearson, Barbara (2008): Raising a Bilingual Child. USA: Living Language

ANGÉLIQUE BOUCHÉS-RÉMOND-RÉMONT

Family language policy and the English language in francophone families in France: A focus on parents' reasons as decision-takers

Abstract

In this chapter, I explore the family language policy, regarding the English language, of eleven francophone families who live in France. The research focuses on parents as decision-takers and presents the overall process of their decision-taking by analysing the reasons why they opt for English for their children. To explore this issue, informal and semi-structured interviews were conducted via Skype and two focus groups were carried out.

1 Introduction

Family language policy takes into consideration "what families actually do with language in day-to-day interactions; their beliefs and ideologies about language and language use; and their goals and efforts to shape language use and learning outcomes" (King et al. 2008, 909). This study investigates family language policy in eleven francophone families who live in France, a country that is well-known for its "monolingual ideology" (Hélot 2007, 30). I shall use the term "francophone" to refer to people whose native language is French. The eleven francophone families that are part of the present study are thus made up of parents and children whose native language is French. In these families, the parents have decided, for some reasons, to raise their children with at least two languages, French and English.

The present chapter reports on the reasons why these francophone parents have decided to introduce English in their family, be it via an au-pair, an international school and/or the parents themselves. This focus on the process of decision-taking includes the parents' declared strategies, beliefs about languages in general and about English in particular, as well as their beliefs about the extensive teaching of foreign languages at school in France.[1]

What makes up the background of this study is the 1999 Survey on Family Languages, the first of its kind in France. It was conducted by INSEE[2], the National Institute for Statistics and Economic Studies, in collaboration with INED[3], the National Institute for Demographic Studies. The 380,000 participants were asked what languages they were spoken to in their childhood and what language they spoke to their children as adults. The findings show that English is the foreign language that is most widely spoken outside the family as 2,725,000 participants report using English with parents, relatives, friends, shop owners, etc. When it comes to addressing the languages spoken in the home, it appears that monolingualism is more and more frequent as most of the adults surveyed do not transmit the foreign language(s) they were sometimes spoken to in their childhood (Héran et al. 2002, 4-5). In a number of families, however, the English language is transmitted to the children in the family even though it is not part of family heritage. Why is there such an interest in English? What leads some parents to transmit a language other than their native language?

To allow readers to grasp the whole phenomenon, I will first describe the specificities of the French context when addressing the issue of languages in France and of English in particular. Then I will move to the conceptual framework into which the present study fits before presenting the research approach. Finally, I will present the main findings relating to the families' decision-taking process.

2 The French context

France is not only a monolingual country with one official language, it is also a country with a "monolingual identity" (Hélot 2003, 255) with a long tradition of defensive actions for the preservation of the French language against other languages and particularly against English, a foreign language in France (Uysal 2007). To better understand what is at stake in this study, one needs to understand the specificity of the French context when referring to other languages and to the teaching of foreign languages at school. One of the main reasons why France has always defended itself against other languages and more recently against the English language is that the French language is associated with national identity (Cohen 2012).

Back in the 16th century, the French language was given more importance over the use of Latin, as the *édit* of Villers-Cotterêt made the use of French

---

[1]   *Extensive* teaching of foreign languages in France refers to approximately three hours of teaching per week.

[2]   Institut National de la Statistique et des Études Économiques

[3]   Institut National d'Études Démographiques

compulsory in administration and justice. The 1789 French revolution is considered as another turning point in the predominance of the French language: "the association of linguistic unity and national unity and the role of language as a political weapon, became most clearly articulated" (Cohen 2012, 14). What is more, the relationship between the French language and national identity was reinforced with the Revolution and as Munro (2000, 131) puts it, "language became inextricably linked both to the values on which the republic was founded and to one of the key institutions of the republic, *l'école*". Almost a century later, in 1880, free compulsory education in French was introduced, and was considered as "a major example of the emergence of a national identity" (Cohen 2012, 3). More than twenty years ago, a new clause was added to the Constitution in 1992: "the language of the Republic is French", making it clear that the French language is strongly associated with the nation-state.

France also has several bodies to ensure and enrich the use of the French language. The role of the *Académie Française*, created in 1635, was originally to "give definite rules and to make the French language pure".[4] Nowadays, it is still strongly involved in the standardization of the French language by accurately determining standard rules of grammar and vocabulary.

Two very important laws related to the status of French were passed in France, the Bas-Lauriol law in 1975[5] and the Toubon law in 1994[6]. The former aimed at making the use of French compulsory in advertising and business, on the radio and on television, and could be considered as a way of protecting "the priority of the French language" (Cohen 2012, 13). The latter was passed to replace the first law as it was poorly applied, and was linked to the new clause that had been added to the Constitution. The Toubon Law required that all documents relating to goods, services and education, including academic meetings, be in French. When the law was passed, the main clause that prohibited the use of any foreign term or expression wherever a French equivalent existed was made more flexible and "was considered constitutional only when applied to public corporate bodies and private persons on a public assignment" (Landick 2000, 133).

Following the Toubon law, and "to avoid the use of too many foreign terms, mainly Anglo-Saxon, in the fields of science and technology"[7], the General Commission on Terminology and Neologisms[8] was created in 1996.[9] Its role is to enrich the French language in as many domains as possible by suggesting

---

[4]   Article 24 of the Statutes of the Académie Française
[5]   Loi n° 75-1349 du 31 décembre 1975 relative à l'emploi de la langue française
[6]   Loi n° 94-665 du 4 août 1994 relative à l'emploi de la langue française
[7]   Translated from French as it appears on the website of the Académie Française (http://www.academie-francaise.fr/la-langue-francaise/terminologie-et-neologie)
[8]   The role of the General Commission on Terminology and Neologisms was revised on December 17, 2012 with the new government.
[9]   3 July 1996 decree

translations of foreign words or sometimes by creating new words in French. This commission is one of the partners of the official language policy organization in France, the DGLFLF[10] (General Delegation for the French Language and the Languages of France), which considers itself as the "cornerstone of the enrichment process of the French language".[11] It is supported by a network of partner organizations including the Senior Council for the French Language and the General Commission for Terminology and Neologisms. It has five missions: to guarantee the rights of the French language and particularly the Toubon law, to enable the French language to strengthen social unity, to enrich and modernize the French language (with the participation of the *Académie Française* and the General Commission on Terminology and Neologisms mentioned above), to promote linguistic diversity and to promote and enhance the languages of France.[12] It also publishes several documents and resources related to the French language or to the French-speaking world. Finally, it promotes the French language outside of France mainly through the International Organization of *la Francophonie*. Apart from these official bodies, more than 200 associations for the promotion and defence of French exist and are actively engaged in their role (Landick 2000, 134).

More recently the debate over the proposed law allowing French universities to have more courses in English was met with fierce oppositions. The *Académie Française* was obviously against the proposed law that it considered as a "danger". For Claude Hagège, this was a "drive toward self-destruction" (*Le Monde*, 25 April 2013) as the measure could jeopardize the French language.

Yet, according to the International Organisation of *la Francophonie*, more than 220 million francophone people are reported in the world and more than 700 million are forecast by 2050.[13] A French channel, TV5, broadcasts programmes in French (subtitled in twelve different languages)[14] around the world, thus ensuring "one of the best means of influence in the world" (DGLFLF, *Les langues dans le monde, Références* 2012). This approach does not really apply in France where most programmes, films or series, are still dubbed into French, thus limiting the "language friendly living environment" referred to by the European Commission in 2013.

---

[10] The DGLFLF (Délégation Générale à la Langue Française et aux Langues de France) was renamed in 2001 to take into consideration the different languages of France. It was formerly called the DGLF (Délégation Générale à la Langue Française).

[11] http://www.dgfl.culture.gouv.fr/ (all websites accessed in Sept-Oct 2013)

[12] For more details see http://www.dglf.culture.gouv.fr/dglf_presentation_anglais.htm

[13] http://www.francophonie.org/Welcome-to-the-International.html

[14] For more details see http://www.francophonie.org/-La-Francophonie-en-chiffres-.html

3 Conceptual framework

To understand the functioning of language policy in various domains, Spolsky's (2004) tripartite framework highlights the three different components of language policy: language ideology, language practices and language management. Language practices are "what people actually do" with languages whereas language ideologies are "what people think should be done" (Spolsky 2004, 14). Any "explicit and observable effort by someone or some group that has or claims authority over the participants in the domain to modify their practices or beliefs" (Spolsky 2009, 4) is considered as part of language management. Spolsky (2004) also sheds light on the different domains where a language policy can be found, be it at the state or school level, and the family is one of the domains he mentions. In other words, in the family domain, power may be represented by those who have authority, namely parents.

Family language policy (FLP) refers to overt (Schiffman 1996) or explicit (Shohamy 2006) planning regarding language use in the family among family members. It is considered as "conscious decisions" (Shohamy 2006) and also includes the way parents "understand, explain and defend their decisions" (King/Fogle 2006, 696). For Curdt-Christiansen (2009, 352), family language policy can be seen as a "deliberate attempt at practising a particular use pattern and particular literacy practices within home domains and among family members". As Curdt-Christiansen (2009, 352) argues, family language policy tends to draw from what the "family believes will strengthen the family's social standing and best serve and support the family members' goals in life". In other words, parents's ideologies or beliefs play a fundamental role in the implementation of a specific family language policy, and "understanding what language ideologies underlie parenting practices and how these ideologies are formed is of primary concern to family language policy research" (King et al. 2008, 911).

Speaking to the child in a language that is not one's native language is referred to as "artificial" (Kielhöfer/Jonekeit 1983; Saunders 1988), "intended" (Stefanik 1996) or "non native" (Barron-Hauwaert 2010). It is rather under-documented in the literature on family language policy, and very few studies have addressed the issue of family language policy when the language spoken to the child is deliberately one of the parents' foreign languages (Saunders 1988, 1990; Kouritzin 2000; Yamamoto 2002; Tannenbaum 2005; King/Fogle 2006). As for families in France who opted for English, with English being a foreign language for them, they have to my knowledge never been investigated so far.

The purpose of this chapter is to examine why these parents have decided to choose a language that is not their native language. It is unlikely that their reasons relate to the possibility for the child to be able to communicate, via English, with their extended family. So what incites these parents to do so? The following section presents the research approach that was selected to address this research question.

4 Research approach

4.1 Data collection

A recruitment announcement[15] was first posted on a list targeted towards teachers of English but none of the respondents belonged to a family where both parents shared French as a native language.[16] As a result, the same announcement was then posted on a website specialized in bi/plurilingualism.[17] When the families responded, they were asked to provide information on the languages spoken in the home in order to get an overview of the pattern of language use in their family. They were also requested to provide information about their children, the number of children they had, their age and the type of school they attended. Eligible families were then informed about what participating in the study implied, namely two types of interviews via Skype and possibly participation in a focus group.

To set up a date to meet for our interview via Skype, either the participants were asked to fill in a schedule on doodle or e-mails were sent. In order to minimize the possibility of malfunction, as was the case with the first informal interview, the interviews were recorded with a digital minidisk recorder as well as with a cell phone and a piece of software that is both an audio and video recorder, *Camtasia Studio* (though body language was not analysed).

The first step in the collection of data consisted in carrying out informal interviews via Skype in order to get acquainted with and to get information on the family, as handing out questionnaires was not considered relevant for this study because of the many different strategies and family histories. The second step involved semi-structured interviews (also via Skype) that were conducted between July 2012 and October 2013. The questions focused on parents' strategies, decision-making and beliefs about languages in general, and English in particular, and on the extensive teaching of foreign languages in French schools. Finally, in June 2013, two focus groups were organized in Paris with some of the mothers and one father. The focus groups aimed at sharing experience on strategies and on the extensive teaching of foreign languages in

---

[15] The announcement was as follows: We are looking for francophone families whose parents have decided to speak English to their children, English being a language that is not the parents' native language.

[16] One family seemed to correspond to the profile but never answered my e-mails.

[17] http://enfantsbilingues.com (renamed http://www.bilinguisme-conseil.com); this site was created by Barbara Abdelilah-Bauer.

French schools. It was also the opportunity to meet as the participants had never met before.

4.2 Participants

Twelve families participated in the two types of interviews between April 2011 and October 2013.[18] In eleven of these families, French is the native language of both parents (in one family Spanish was eventually stated as the first language in the interviews). Six families out of eleven live in Ile de France[19] (Paris and its eight surrounding departments), one family lives in Auvergne, two families live in Alsace, one lives in Provence-Alpes-Côte d'Azur and one family lives in Champagne-Ardenne. Two categories of families are part of this study: families who already have children (N=9) and families without children (N=2) at the time they were recruited, though one participant in the latter category was pregnant at the time of the interview (see table 1 for the profile of each family).

Table 1: Families' profiles at the time of the interview

Families	Parents' job or field of activity Mother/Father	No of children	Children's birthdates
FA1	IT consultant/ Policeman	1	2008
FA2	Teacher/Engineer	0	
FA3	Oncology/Performing arts	2	2002/2005
FA4	Special educational needs teacher/ Assistant sales manager	2	2009/2011
FA5	Business manager/Engineer	4	2000/2002/2004/2006
FA6	Teacher/Teacher	2	2007/2007
FA7	Director/Senior official	1	2002
FA8	Primary school teacher/Engineer	3	1992/1995/2004
FA9	Teacher/Engineer	0	
FA10	Childcare assistant/Engineer	2	2007/2009
FA11	Psychologist/Research engineer	3	2008/2009/2012

All the families in this study are two-parent families. They are multilingual and used to be, or still are, mobile families.[20] In most families, at least one of the two parents spent time abroad, mainly for professional reasons (FA1, FA3, FA4, FA10), for their studies (FA2, FA6, FA7, FA8, FA9, FA10) or for their family

---

[18] The two families who live in Alsace were not recruited via enfantsbilingues.com and participated in the study from August 2013 to October 2013.

[19] In order to preserve the anonymity of the participants, the names of the regions they live in, instead of the departments, are mentioned.

[20] Be it before or after the birth of their children.

holidays (FA5). For two families, the children also lived abroad (FA3 and FA8) and attended international schools in Mexico (FA3) or French schools in the USA (FA8). The linguistic repertoires of the participants range from three to six languages, English and French being shared by all participants,[21] which allows us to place the families on a continuum of multilingualism (King/Fogle 2006, 699). At one end of the continuum are families with three languages and at the other end is the family with six languages. This notion of continuum is central to the present study as the participants have different language strategies resulting in the children being differently exposed to English. The parents were born between 1957 and 1983, are well-educated and are part of the middle to upper middle class, which probably has an impact on the input the children received at home or through trips abroad.

As part of the thematic analysis, the audio-recordings of the informal interviews were scrutinized in order to enrich the notes that had been taken at the time of these informal interviews. Listening repeatedly to these informal discussions made it possible to get familiar with the family and their specificities. It allowed me to draw a general picture of each family as regards the languages that were part of the parents' linguistic repertoire and the pattern of language use in the home. Then, the transcriptions of the semi-structured interviews were analysed and the relevant extracts were classified according to the main topics addressed in the interview, following the approach of Miles and Huberman (2003). The next step was to label the main themes and, in order to get a bird's eye view of the main themes present in the corpus, mind maps were used to refine the themes that had been discovered. What needs to be mentioned here is the fact that the above process was not always clear-cut. Indeed, some of the interviewees did not immediately answer some of the questions or some of the questions were not necessarily asked as the interviewees had already discussed them at an earlier point.

5 Analysis

5.1 Decision-taking process

The decision of introducing another language in the family was taken at different moments, depending on the families. For the two families without children at the time they were recruited and interviewed, the decision to raise their children bilingually was obviously taken prior to the birth of the child (Baker 2007). For other participants, the decision was also taken sometimes before the child's birth (FA4, FA1, FA10, FA8). Sometimes the idea was in the

---

[21]   Then comes German (shared by 13 parents), Spanish (7 parents), Italian (2 parents), Lingala (2 parents), Russian, Japanese and Chinese (1 parent).

back of one of the parents' minds and became real after the child's birth (FA6), or while looking for a caretaker (FA6, FA7), or even when witnessing family bilingualism in other families (FA5, FA6). What follows is an overview of the decision-taking process regarding the moment when and the way in which the decision was taken.

For one participant, it was when she started travelling for business that she started discovering what being bilingual meant to her: "[when] I started to – I would say – feel like speaking English better myself ... and I started travelling so I started to improve my English" (FA1). Fifteen years prior to the birth of her child, this participant had already opted for more than one language for her child. Other participants explain that the decision was taken without really discussing the strategy before the child's birth, in line with Schwartz and Moin's (2011, 180) argument that it "does not always involve clear processes and arises at times spontaneously without discussion". For one participant, "it just happened" (FA3) as the two children were already trilingual when they came back to France after a three-year period abroad. The family language policy is thus a way of maintaining the languages within the home. Another participant (FA8) says that when the family moved back to France, after years in the US, the two elder children were already French-English bilingual. When the mother became pregnant, the couple decided that the new-born would have the right to have the same chances as their other children. As a result, the mother decided to speak English to the third child because she considered herself good enough at English and because, as she says, "mothers are the ones who raise their children". Another participant explains that speaking English is just "natural" (FA5) and that the couple did not really try to plan what they intended to do with languages in the home. For the parents in FA7, the project arose when they decided to look for caretakers: "since we were looking for a babysitter, why not look for a foreign babysitter?"

Finally, three participants had already thought of introducing another language but the project came true when they witnessed friends who had themselves decided to raise their children bilingually: "that was a great idea ... why not do the same?" (FA5), "I observed ... and ... it took a concrete turn" (FA6) In another family, the father decided to do the same as his brother: "I saw the kids understand what was being said to them in English ... and I said why not do the same" (FA11). After a fifteen-day period, the father had started to speak English to his children while his brother's family was staying at his place for the holidays.

5.2 Why such a decision?

One of the research questions related to the overall decision-making process was about the reasons why these parents had opted for English in their family, be it via an au-pair, an international school and/or one of the parents themselves.

Some parents consider it natural to speak English to the children, others put forward the fact that English is related to their "self" but at the same time that it is not the language "of their heart" (FA4, FA2), thus relating language to their identity (Kouritzin 2000; Tannenbaum 2005). Other participants talk about their love and passion for English, showing positive attitudes towards the targeted language, its speakers and their culture. In this way, underlying motivations emerge when the parents explain their family language policy as being linked to their experience: their experience (positive or negative) with languages or the experience they would have liked to have.

Why the parents opted for English is sometimes related to a difficult experience in learning another language as an adult. The participants often negatively compare the acquisition of another language in adulthood with the acquisition of languages in childhood. As an adult, they often report the difficulties involved in the process: learning another language in adulthood requires efforts and is considered too late to reach spontaneity and naturalness: "it was complicated ... I felt frustrated" (FA1), "I had to look up in the dictionary ... it's not spontaneous for me" (FA5), it is "not spontaneous ... I can do it but it's hard for me" (FA1). Having witnessed their children acquiring another language, they often consider it natural, easy and spontaneous. These views on the advantages of acquiring several languages at an early stage and the advantages of having more than one language are often put forward by the participants.

Some participants also mention their negative experience with the extensive learning of foreign languages at school: "for those like me who learnt [English] at school we are so bad at English that we will never be able to understand [Ken Loach's films]" (FA1). For this participant, the perceived inefficient or superficial learning of foreign languages at school may account for the reasons why she decided that her daughter would not have the same experience, and the international school she chose for her child is, in her eyes, a means of ensuring a better learning of English. One mother says that when she was a student, she "was always told that [she] was bad at languages" (FA7). This resulted in an under-confidence that she only managed to overcome when she decided to go and work in England for six months. This mother explains that thanks to the au-pair they have recruited, her son will probably "excel in one subject at least", which can be considered as a positive outcome of their family language policy. She would like to protect her son from having to go through what she herself went through at school. Tannenbaum's (2005) research in the context of immigrant parents relates to the findings of the present study to the extent that the parents' decision is clearly rooted in their past, and often painful, experiences. However, in this study, the positive experiences of the participants also frequently account for their use of English in the home.

Introducing English within the family is often linked to a positive experience in childhood. One mother (FA5), who speaks English to her four children on a daily basis using the One Parent–One Language strategy (OPOL), explains that speaking English is a way of reminding her of Ireland, a country where she used to go every summer as a child. Though the family can no longer go to Ireland, they go abroad at least once a year, which is also a way of reminding her of her holidays with her own parents in her childhood, when she saw her mother speak other languages and thus understood the importance of being bi-/plurilingual: "I always heard my mother speak English ... and it seems that it was a good means of getting in touch with people." Another participant (FA9) explains that she remembers her parents using French and Breton, which she particularly enjoyed, as well as her relationship with one German-speaking friend whom she used to see in her childhood.

The parents' experience abroad and their way of life influence the choice of family language policy. Several participants imagine that English will enable the children to follow the same path as their parents. One mother explains that having more than one language will enable the child to live like his parents: "so that he can travel like us ... or live abroad like me or his dad" (FA4). The child could thus have similar experiences abroad thanks to the English language, which relates positively to his parents' experience in English-speaking countries. The two participants who were not mothers at the time of the interview envisage their relationship with their children by relating it to their own way of life: "I love [going to] the US and England too, so [the child] will be in contact with English anyway" (FA9) and "I have always [even before the child's birth] said that I would bring my child with me" (FA2).

The parents' positive experience with languages and cultures is thus a major reason why these parents have decided to give their children the opportunity of growing up with more than one language. Several participants explain their positive experience with the acquisition of a language, be it French or another language. The following participant began to be interested in the field of bilingualism because working abroad was associated with emerging bilingualism for herself: "well I began to be interested in bilingualism ... when I started to travel" (FA1). The same participant goes further and explains that the acquisition of French on the part of her daughter was such an extraordinary experience that repeating it with English was a way of recreating this experience: "I found it [language acquisition] extraordinary ... so I somehow wanted to live it a second time with English" (FA1).

Some of the parents also argue that they themselves would have liked to be raised bilingually. The participants often wish they had been bilingual or raised bilingually in their childhood: "I know that when I was a child at about 9 or 10 – I would have liked to learn English but the opportunity didn't show up" (FA2), "I would like to catch up what I didn't have myself as a child" (FA1). They would like to give their children the "opportunity" (*la chance*; a word that they repeatedly use) of being bilingual. Their decisions are linked to what they would have liked to live themselves, which is seen as a missed experience (King/Fogle 2006).

The importance of English is obvious to all the participants who, in one way or another, mention this factor. First of all, their experience with English at work or abroad enables them to acknowledge the importance of speaking or understanding English. All the participants explain that English is an advantage, that you can travel almost everywhere if you know English or that everyone "will need to speak English" (FA3). Nevertheless, it is not the instrumental motivation that prevails for these parents. Indeed, though the importance of English worldwide cannot be denied, the parents often state that they could have done the same with another language, provided they could understand and/or speak it well enough.

5.3 A look back at the implementation of the family language policy

Parents do not always provide the main English language input for the child. Among the reasons mentioned for this is the fact that they do not consider themselves proficient enough in English or that English is not their native language. Other participants just want their children to have even more exposure to English outside the home.

As for those who speak English to their children, they explain that they had to overcome a number of difficulties. Among these difficulties, they mention the lack of vocabulary, which was overcome thanks to American or English speaking friends of theirs (FA8) or which implied that they had to look up words in the dictionary (Kouritzin 2000). Apart from lexical difficulties, others found it difficult or sometimes embarrassing to speak English when they were outside the home because speaking a language other than one's native language can be perceived as weird by the participants themselves or by the people they encounter. This perception vanishes as the children grow up or when the children attend a school where English is the main language of communication, thus creating an English-speaking environment.

The parents' pleasure in implementing the family language policy is recurrent in the interviews. Most of the time, English is not forced upon the child as it has to be synonymous of pleasure, both for the child and the parents: "English has to remain the language of game" (FA1), "it's a family game" (FA6), "it's fun" (FA1, FA4, FA6), "when we speak English to him [the child] it's for fun" (FA7), "I do it with pleasure" (FA6). The pleasure involved in having English in the family is not only linked to fun, it is also closely related to a specific relationship between children and their parents: "it's something between him and me" (FA8) or "it's something I have with my children" (FA11). Nothing is forced upon the child and no "rigid" rules are applied (Schwartz 2010, 179).

However, one of the mothers-to-be (FA2) feels torn between what English implies for her as a person and what French represents for her as a mother-to-be. In the first e-mail she sent, this participant considers English as part of her "self" but she negatively defines its use when related to her role as a mother whose native language is the French language. The words she uses ("forced", "force", "reject", "imposes", "counterproductive") are associated with constraint and power over the child. For her, speaking a language that is not her native language means establishing a relationship that would be "artificial" to the extent that in doing so she might endanger her relationship with her child. This is what Tannenbaum (2005, 249) also reports: "parents frequently communicate with their children most meaningfully, spontaneously, and authentically in their mother tongue." The mother-to-be did not want to be the only person speaking English in the home, and hoped to find alternative strategies such as an English-speaking nanny. The family language policy was thus revised during pregnancy and the OPOL strategy was rejected, which shows the dynamic aspect of the decision-taking process as related to the strategies that will be used: nothing is fixed for ever (Deprez 1999; Hélot 2007).

6 Conclusion

The context of the present study is quite specific. First of all, the two languages that are part of this study are French and English, namely two languages that have a high status (Hélot 2007), thus easily leading to an additive type of bilingualism in the families participating in this research. Second, the families deliberately choose English as an additional language in their family, though English is neither of the parents' native language (Saunders 1990). The type of school chosen for the children adds to the specificities of this context, as most families opt for an international school, a private school of "alternative pedagogy"[22] or an "immersion school", thus ensuring more exposure to English for the child. Moreover, the study has been carried out in France, a country known for its monolingual ideology and for its long tradition and fight for the defence and preservation of the French language. At the macro level, much has been done to protect the French language from other languages, and from English in particular. Yet, what can be witnessed at the micro level shows that French is not considered as being jeopardized by the use of English in the family.

The reasons involved in the decision-taking process are a direct or indirect result of parents' experiences. These parents choose English mainly because of their personal experience, as children or as adults. All the benefits they were able to draw from their positive experience led them to take decisions related to

---

[22]   Also referred to as "new pedagogy" in French.

the use of English for their children. As a consequence, it can be argued that when parents' experience was positive, they want their children to enjoy the same advantages that they themselves had in their own lives. On the contrary, when their experience with languages was negative, they do not want their children to have to go through the same negative experiences. As one mother (FA7) puts it, "I wish he could learn [English] without it being painful".

Parents' beliefs and attitudes about the extensive learning of foreign languages at school also frequently account for the existence of a bilingual language policy within their family. Indeed, six families with children have opted for an alternative or reinforcement strategy, which consists in recruiting an au-pair or schooling their children in a private school, an international school or a pre-school created by one of the families (FA6).[23] But even if parents are not the main input, both English and French exist together in the family sphere and parents definitely have a specific interest in English. As we have seen, a fundamental role in their decision-taking is played by what English means and symbolizes for them, in terms of not only instrumental but also integrative motivations for learning the language.

References

Baker, Colin (2007): A Parents' and Teachers' Guide to Bilingualism. Clevedon: Multilingual Matters

Barron-Hauwaert, Suzanne (2010): Bilingual Siblings: Language Use in Families. Clevedon: Multilingual Matters

Caldas, Stephen (2006): Raising Bilingual-biliterate Children in Monolingual Cultures. Clevedon: Multilingual Matters

Cohen, Laura (2012): The French identity crisis: Fending off the Franglais invasion. http://digitalcommons.iwu.edu/french_honproj/5

Curdt-Christiansen, Xiao Lan (2009): Visible and invisible language planning: Ideological factors in the family language policy of Chinese immigrant families in Quebec. In: Language Policy 8, 4, p. 351-375

Deprez, Christine (1999): Les enquêtes micro. Pratiques et transmissions familiales des langues d'origine dans l'immigration en France. In Calvet, L.-J./ Dumont, P. (eds): L'enquête sociolinguistique. L'Harmattan, p. 77-102

DGLFLF (2012): La langue française dans le monde. http://www.dglf.culture .gouv.fr/publications/References12_la_langue_francaise_dans_le_monde.pdf (accessed: 01-02-2014)

---

[23] Such a type of pre-school is a non-profit *association* within the meaning of the 1901 law and is not recognized by the Ministry of Education. Creating such a school is possible as schooling in France is only mandatory as of age 6 (the first year of primary school).

European Commission (2013): First European Survey on Language Competences. http://ec.europa.eu/languages/eslc/index.html (accessed: 01/10/2013)

Hagège, Claude (2013): Refusons le sabordage du français. http://www.lemonde .fr/idees/article/2013/04/25/refusons-le-sabordage-du-francais-par-claude-ha gege_3166350_3232.html (accessed: 29/09/2013)

Hélot, Christine (2003): Language policy and the ideology of bilingual education in France. In: Language Policy 2, p. 255-277

Hélot, Christine (2007): Du bilinguisme en famille au plurilinguisme à l'école. Paris: L'Harmattan

Héran, François et al. (2002): La dynamique des langues en France au fil du XXe siècle. In: Populations et société 376, p. 1-4

Kielhöfer, Bernd/Jonekeit, Sylvie (1983): Zweisprachige Erziehung. Tübingen: Stauffenburg Verlag

King, Kendall/Fogle, Lyn (2006): Bilingual parenting as good parenting: Parents' perspectives on FLP for additive bilingualism. In: International Journal of Bilingual Education and Bilingualism 9, 6, p. 695-712

King, Kendall/Fogle, Lyn/Logan-Terry, Aubrey (2008): Family language policy. In: Language and Linguistics Compass 2, 5, p. 907-922

Kouritzin, Sandra. (2000): A mother's tongue. In: TESOL Quarterly 34, 2, p. 311-324

Landick, Marie (2000): French courts and language legislation. In: French Cultural Studies 11, 31, p. 131-148

Miles, Matthew/Huberman Michael (2003): Analyse des données qualitatives. Brussels: De Boeck

Ministère de l'Education Nationale (2013): Repères et références statistiques sur les enseignements, la formation et la recherche. http://www.education.gouv. fr/cid57096/reperes-et-references-statistiques.html (accessed 08/10/2013)

Munro, James (2000): If it isn't clear, it isn't French: Language and identity. In: Kidd, W./Reynolds, S. (eds): Contemporary French Cultural Studies. London: Routledge, p. 129-139

Okita, Toshie (2002): Invisible Work: Bilingualism, Language Choice and Child Rearing in Intermarried Families. Amsterdam: John Benjamins

Paillé, Pierre/Mucchielli, Alex (2008): L'analyse qualitative en sciences humaines. Paris: Armand Colin

Saunders, George (1988): From Birth to Teens. Clevedon: Multilingual Matters

Saunders, George (1990): "Artificial" bilingualism: Must it fail? In: Halliday, M.A.K./Gibbons, J./Nicholas, H. (eds): Learning, Keeping and Using Language. Amsterdam and Philadelphia: John Benjamins, p.115-134

Schiffman, Harold (1996): Linguistic Culture and Language Policy. New York: Routledge

Schwartz, Mila (2010): Family language policy: Core issues of an emerging field. In: Applied Linguistics Review 1, p. 171-192

Schwartz, Mila/Moin, Victor (2011): Immigrants family language policy toward children's preschool bilingual education: Parents' perspective. In: International Multilingual Research Journal 4, 2, p. 1-21

Shohamy, Elana (2006): Language Policy: Hidden Agendas and New Approaches. New York: Routledge

Spolsky, Bernard (2004): Language Policy. Cambridge: Cambridge University Press

Spolsky, Bernard (2009): Language Management. Cambridge: Cambridge University Press

Stefanik, Jozef (1996): Intentional bilingualism in children. In: Human Affairs 6, 2, p. 135-141

Tannenbaum, Michael (2005): Viewing family relations through a linguistic lens: Symbolic aspects of language maintenance in immigrant families. In: Journal of Family Communication 5, 3, p. 229-252

Uysal, Hacer et al. (2007): English language spread in local contexts: Turkey, Latvia and France. In: Current Issues in Language Planning 8, 2, p. 192-207

Yamamoto, Masayo (2002): Language use in families with parents of different native languages: An investigation of Japanese-non-English and Japanese-English families. Journal of Multilingual and Multicultural Development 23, 6, p. 531-554

STEFAN KARL SERWE/INGRID DE SAINT-GEORGES

"Ohne Glutamat/Without MSG": Shelf label design in a Thai supermarket

Abstract

Ethnic businesses are physical manifestations of the mobility of humans and goods around the globe. At the same time they constitute spaces for multilingual practices. One such practice is the design of shelf labels: typically small pieces of paper attached to the edge of a product display featuring the price and the product's name. This chapter sheds light on the use of German and Thai on handwritten shelf labels in a small immigrant-owned convenience store in rural Germany.

1 Introduction

A recent NBC video shows Washington DC mayor, Vincent Gray, doing a forceful drug paraphernalia search along Georgia Avenue, NW. The video displays him going from shop to shop, warning shop-owners that there will be no tolerance in the future for drug-related business in his town. In one of the shops, Mayor Gray encounters what the news site describes as a "language barrier with an Ethiopian shop-keeper". As Gray asks the shop-keeper questions about drugs, he realizes with growing frustration that the clerk does not understand him. A news article related to the video reports him lecturing the clerk:

> How do you sell anything if you don't understand? ... If someone asks you for something, do you know what they're asking for? ... You never heard of marijuana? ... I don't really know how you work in here if you can't communicate with the people who are coming here.[1]

---

[1] The authors wish to thank Cecilia Castillo Ayometzi for pointing the video out to us. A link to it can be found at: http://www.nbcwashington.com/news/local/Mayor--216102301. html (accessed: 20-09-2013).

This excerpt reflects a commonly held view in public discourse today: that immigrants' lack of competencies in the national repertoire(s) of their new home constitutes a problem and an obstacle in the daily pursuit of their work and lives. In this chapter, shifting from the US context to rural Germany, we would like to show that away from this rather caricatural view, the picture on the ground is, as it is often the case, more complex than this news report portrays. We would like to do so by examining one small practice: that of producing shelf labels for products in a small retail store operated by an immigrant owner. While this practice could seem at first glance rather trivial and unremarkable, following a Mediated Discourse Analysis perspective (Norris/Jones 2005; Scollon 2001; Scollon/Scollon 2004; Scollon/de Saint-Georges 2011), we would like to show that this entry point can help us unpack a variety of social discourses and linguistic practices that shed light on the complexity of the multilingual practices of ethnic entrepreneurs. The practices that we will take up for analysis are those of a Thai female shop owner in the region of Saarland, whom we will call "Wipa".

2 Matrimonial mobility and ethnic entrepreneurship

Thai nationals are a minority migrant group in Germany. Of the roughly 7 million foreign nationals registered in Germany in 2011, Thais only account for 0.8%. Even among all foreigners hailing from Asia, Thais are a minority of only 6.7%. But since the early 1980s their overall number has been rising steadily (Statistisches Bundesamt 2012a). An aspect that sets the Thai immigrant community in Germany apart from others is gender: women have always and still do constitute more than 80% of the group. For instance, 86.7% of Thai nationals in 2011 were female. At the same time, registered marriages between German men and Thai women have been on the rise, which leads Ruenkaew (2003, 258) to suggest a causal connection between the migration of these women and marriage.

Research on marriage migration has shown that conjugal unions between Asian women and Western men happen for a variety of reasons and motivations. While early studies describe them as a form of forced labour migration from the economic periphery to the centre (Lipka 1989; Niesner et al. 1997), contemporary investigations highlight that a variety of economic and socio-cultural factors are at play, such as negative experiences in a previous marriage, being considered too old to marry in the country of origin, or striving to secure a stable future for children (Lapanun 2012; Ruenkaew 2003; Suksomboon 2009). Marrying abroad thus presents a viable opportunity for both parties involved and ultimately underscores the agency these women exercise in the process when matrimony with a Western man becomes a choice rather than a chore. In this context, transnational family ties are usually not severed but maintained, e.g.

through the sending of remittances generated through the wife's paid work. Linguistically, this means that these women seem to maintain their Thai language actively, while at the same time finding themselves in a position where they have to learn one or more new languages to be economically active in their new home.

With regards to work, self-employment presents an access route to the labour market often taken by these Thai women. Like many other countries around the world, Germany shows higher than average self-employment rates for certain migrant groups. Table 1 below illustrates that among South and Southeast Asians in Germany between 2005 and 2011 these rates have been continuously higher than the national average and the average of those with and without a migration background. While non-EU migrants to Germany are usually barred from self-employment, foreign spouses of German citizens have for their part full access to the labour market according to §27 (5) of the Residence Act. This means that after a successful migration process, Thai women have the right to set up and operate a private business.

Table 1: Self-employment rates in Germany (percentages calculated from Statistisches Bundesamt 2009a, 2009b, 2009c, 2010, 2011a, 2011b, 2012b)

Self-employment rates in Germany	2005	2006	2007	2008	2009	2010	2011
national average	11.2	11.1	10.9	10.7	10.9	10.9	11.0
without migration background	11.5	11.4	11.2	10.9	11.1	11.1	11.2
with migration background	9.6	9.5	9.4	9.5	10.0	10.2	10.3
South & Southeast Asians	17.5	15.4	16.8	15.0	14.8	15.5	15.0

A mixture of push and pull factors explains the greater likelihood of self-employment among migrants. Motivating factors are in particular the need to avoid unemployment, discrimination at work, the prospect of obtaining higher socio-economic status, as well as professional independence and self-fulfilment (Leicht et al. 2005; Leicht et al. 2012). Secondly, institutional structures in the host society only provide a limited number of entry opportunities for migrants. Immigrant businesses thus tend to occupy markets that have low formal entry requirements (Kloosterman 2010), e.g. the catering industry or the retail sector. Thirdly, in these market segments migrants often capitalize on a skill, knowledge, service or product that reflects or bears witness to their cultural or ethnic origin (Light/Gold 2000). In other words: due to their mobility, these individuals are able to turn cultural capital into entrepreneurial capital in the context of their new home. All this may explain why many Thai women in Germany open up massage salons and convenience stores, such as the one run by Wipa, who arrived in Germany with her German husband 22 years ago and who has been successfully operating her business for the past 12 years.

3 Migration, work and language use

In terms of how language plays out in the work of migrant business owners, the research literature on ethnic entrepreneurs has repeatedly made reference to issues linked to the migrants' linguistic repertoires, distinguishing both its beneficial and problematic aspects for the business. Use and maintenance of the mother tongue or first language aids in securing alternative financial resources and supply chains, managing and contracting staff, and creating customer loyalty within the migrant community (Light/Gold 2000). On the other hand, a successful business venture seems to demand a level of proficiency in the language(s) of the host economy. In particular in the European context, administrative issues are dealt with in a state language that often presents a recent addition to the migrant owner's repertoire. More importantly even, long-term survival of an immigrant business appears to be linked to the ability to rise above the ethnic market, in order to open up the service to an ethnically diverse clientele (Kloosterman 2010). This in turn involves the ability of the entrepreneur to open up linguistically. While this literature on ethnic entrepreneurship provides a broad frame to reflect about the relationship between migration, business and language use, it is however mainly located in the fields of economics and sociology, and does not pay much specific attention to language practices as they play out in the daily work of the entrepreneurs themselves.

The field of "language and work"[2] has paid more detailed attention to such language practices, even though the number of studies focusing on multilingualism at work is still comparatively small (Hewitt 2012; Kameyama/Meyer 2007; Meyer/Apfelbaum 2010; Roberts 2007). Aspects of multilingual language use have been investigated for a variety of professional contexts around the world, e.g. in the health care sector (Moyer 2011), multinational and transnational companies (Kingsley 2009; Lüdi/Höchle/Yanaprasart 2010; Nekula/Nekvapil/Šichová 2005; Piller/Takahashi 2013), engineering (Hill/van Zyl 2002), supermarkets and IT companies (Franziskus 2013), pharmaceutical companies and humanitarian aid organizations (Stalder 2010), factory plants (Holmes/Stubbe 2004), to name but a few. These studies illustrate, among other aspects, the tensions between corporate efforts to manage linguistic diversity at work and the employees'

---

[2] The study of language at work has been growing steadily since the 1990s and is now a
     well established field (for synthesizing volumes see Bargiela-Chiappini 2009;
     Sarangi/Roberts 1999; Drew/Heritage 1992, among others).

actual language practices. But here again, despite the fact that the research on multilingualism in the workplace is burgeoning, investigations of multilingualism in small private businesses remain rare, even though communicative practices play an important role in the workplaces of entrepreneurs (Müller/Volery/von Siemens 2012). In fact, only a handful of studies in applied linguistics focus on immigrant entrepreneurs (Collier 2006; Collier 2010; Hewitt 2007; Leung 2009). Their findings present several common points. For instance, ethnic businesses often rely on bi- or multilingual administrative staff and business expansion depends on the development of multilingual repertoires at crucial points in the business. For instance, Hewitt's (2007) study of immigrant-owned businesses in the London area shows that the transnational supply chains of Polish-owned construction companies require the administrative staff to be literate in Polish and English. Solo entrepreneurs with a migration background on the other hand must manage such multilingual demands alone. Collier's (2006, 2010) studies in the US context of nailcare and hair braiding salons illustrate that successful female migrant entrepreneurs competently transform into bilingual and bicultural agents in the context of their businesses. It is in the course of their daily work that they employ their mother tongue and develop their knowledge in the language and culture of their clients.

4 The multilingual practice of designing shelf labels

The brief review of the literature above makes clear that while issues of language knowledge are directly related to the successful management of immigrant businesses, still little is known about the actual language practices occurring in these workplaces. In this chapter, we intend to give a glimpse into them. More specifically, we have chosen to focus on the literacy practice of producing shelf labels by Wipa, the Thai manager of a small convenience store in the German region of Saarland, a rural area bordering with France and Luxembourg. Shelf labels are the small rectangular strips of paper indicating information about the name, the price, the container, or weight of the products on the shelves. While small, they constitute a conspicuous feature of the semiotic landscape of a retail store, as they can be found on almost all the displays in the shop. Interestingly, in the case of Wipa's store they do not display a uniform design principle with respect to the languages used for their inscriptions. Consequently, our aim here is to attempt to understand and explain why this is so: What are the motives behind the use of German and Thai on the shelf labels? Why do the shelf labels show variation with respect to the use of languages? And beyond that, what does looking at these shelf labels in the context of their production tell us about issues such as: the identity and agency of the producer of the signs, her trajectory of migration and mobility, or broad discourses related to managing a food retail store?

To explore these questions, our analysis is based on two kinds of data. On the one hand, we analyzed a set of photographs of the shelf labels and the products they are tagged to in the convenience store. On the other hand, we relied on 50 hours of ethnographic observations carried out during the first half of 2013 by one of the authors to research and document language practices in several immigrant-owned businesses.[3] In the tradition of linguistic anthropology and the ethnography of communication, these observations were recorded through fieldnotes, still photographs, as well as audio and videorecordings. They also included specific anecdotes and statements made by the owner of the store about the use of languages on the labels. In combining the close study of shelf labels as multimodal objects with a broad materialistic and ethnographic approach to these signs, we have also aligned with a specific framework, that of geosemiotics (Scollon/Scollon 2003), which we describe briefly below.

5 *Geosemiotics*: the study of signs in place

Shelf labels can be viewed as signs that take on a specific meaning because of their placement in some public or semi-public space. Traditionally, as Blommaert and Huang (2010) note, two approaches have specifically looked at such signs. Linguistic Landscape studies have had an early interest in studying posters, billboards, road signs, etc. and have traditionally focused on the *linguistic* aspects of signs in public spaces, counting, for example, the distribution of languages (e.g. Backhaus 2007; Gorter 2006; Shohamy/Gorter 2009). The other discipline that has paid particular attention to how signs are designed and used is the field of social semiotics (Kress/van Leeuwen 1996). Multimodal approaches to signs have, for example, sought to analyse their visual, textural, textual and linguistic aspects, in order to find out "what they can teach us about the social processes in which they are embedded" (Blommaert/Huang 2010, 13). In this study, we have chosen to adopt yet another perspective on signs in public space, that of *geosemiotics*, partly building on social semiotics and multimodal approaches to discourse, but also contributing its own original framework and empirical studies to the study of signs in space (de Saint-Georges 2004; Lou 2007; Scollon/Scollon 2003).

Geosemiotics was first articulated as a framework by Scollon and Scollon in their book *Discourses in Place: Language in the Material World* (2003). In this and subsequent work, the Scollons put forward the idea that a focus purely on language constitutes a form of analytical self-censorship. "A close focus on language", Scollon (2005, 470) notes, "leads to insights about language but

---

[3]   This chapter is part of the PhD research project by Stefan Karl Serwe, entitled "Exploiting linguistic resources for success? Language use among ethnic entrepreneurs" (University of Luxembourg).

tends to lead away from engagement with ... social issues". They thus propose that both the study of language and that of social questions can be illuminated by investigating the relations between the political and the social economy of a place and the semiotic signs designed and used in that socially, historically, and culturally shaped place (e.g. Lou 2007). In their view, these relations can be best investigated by attending to the close analysis of three interlinked semiotic subsystems: (1) visual semiotics, (2) the interaction order and (3) place semiotics.

Roughly speaking, *visual semiotics*, in the tradition of Kress and van Leeuwen (1996), studies how signs are designed and analyses what kind of multimodal ensembles they form: what is represented on the sign and how is the representation composed? how are signs materially designed (code-preference, inscription, color, typefont, etc.) and what meanings are stressed or repressed? what types of interactions do the signs assume with their potential reader?, etc. (Lou 2013).

The *interaction order* is a term borrowed from sociologist Erving Goffman (1959) to refer to the specific configurations participants in an interaction take up to each other. Signs, for example, take on different meanings depending on the type of encounter they figure in (e.g. a service encounter, a meeting, a conversation). The meaning of a political text is not the same whether it is read at home in front of a mirror, in front of a large group of members of one's own party, or during a TV interview facing one's political opponent (Scollon 2008, 19).

Place semiotics refers to the idea that space is never a neutral container for action but that it also affects both what is going on in it and how it can be interpreted. How signs are placed in space is another meaning system, "neither located in the persons of the social actors [nor] in the framed artefacts of visual semiotics" (Scollon/Scollon 2003, 8). Or, as Blommaert and Huang (2010, 3) note,

> Sociological, cultural, sociolinguistic, and political features of ... space will determine how signs look and work in that space, and signs will contribute to the organization and regulation of that space by defining addressees and selecting audiences and by imposing particular restrictions, offering invitations, articulating norms of conduct and so on to these selected audiences.

Scollon and Scollon (2004) also insist on the importance of looking at the Discourses that circulate in any one place and that make up that space as a unique nexus of discourses in tension.

In that sense looking jointly at the emplacement of signs, their semiotic design, the type of interaction order they enter, and the discourses they materialize can teach us a lot. It can be a window to learn something about the designers of the signs: what is their legitimacy in constructing signs and space? what linguistic and other cultural resources do they have available to do so? It

can also inform us about the users of the space: what do they do with signs? do
signs affect users? do users shape the signs in any way? It also provides
information about the belief systems of the targeted audience: what kinds of
social discourses are made visible through the way the signs are constructed?
which ones are attended to by the producers and readers of signs? In the analysis
that follows we take a closer, geosemiotic look at shelf labels. Using a
contrastive approach to highlight what is at play with shelf label design, we
begin by considering a standard type of shelf label as it is used in a large
German supermarket chain, before comparing it to the label found in the Thai-
owned convenience store.

6 What's in a shelf label?

In most supermarket chains, the production of shelf labels is tied in with the
stock management system. The labels are machine-printed on a regular basis.
Employees slot them into the plastic covered skirting that is glued to the edge of
the rack, so that they appear directly underneath the product. Figure 1 depicts an
example of such a shelf label together with the product, here stock cubes, as it is
used by one of Germany's biggest supermarket chains. What kinds of
information are available on such labels? To find this out we need to pay close
attention to the label's visual composition, its place in the interaction order of
the supermarket, and its physical placement on the shelf.[4]

Figure 1: Stock cubes Asia

---

[4]   Legal regulations regarding price labelling do exist in Germany. The *PreisangabenVO*
(Price Regulation Act) states that the price per unit must be clearly visible on a label and
easily accessible for the customer. There are no guidelines with respect to language use,
however.

There are various information units on a shelf label: product name, manufacturer, packet size, price per unit, price, date of label printing, the barcode, and numerical codes identifying the product and the supplying warehouse. These pieces of information are not randomly placed on the label but follow a polarized left-right arrangement. On the left is the information about the product and store internal information. On the right are the details about the product price. Certain elements are also given salience due to their font size and type face, or in other words the *modality* of the inscriptions on the label (Kress/van Leeuwen 1996; Scollon/Scollon 2003). The large font size and bold type face visually highlight the price in comparison to the packet size above or the price per single unit immediately below. On the left, capital letters and bold type face emphasize the name of the product and the manufacturer over the store internal information. Composition and modality of the information units on the shelf label thus follow a certain order. On the one hand, the visual composition permits distinguishing internal information for store employees from information for the clients. On the other hand, the label can be said to materialize a certain interaction order often found in retail settings: the service encounter.

In more traditional settings (for example, a weekly fresh market or the corner store), researchers have noted that service encounters typically involve an interactional routine comprising three stages (Ayoola 2009; Bailey 1997): the sale request or opening, the negotiation of the business transaction, and the purchase itself. Supermarkets, by and large, are on the contrary organized so as to keep direct interactions between seller and buyer to a minimum. This is possible because as part of the infrastructural discourse of the retail space, the shelf labels materialize information exchanges in the form of an artefact. By informing the clients about the price of the product, the labels relieve the employees of the potentially recurring need to answer clients' requests for information in face-to-face interactions. This explains the visual salience of pricing and product info. However, the meaning of the label is only complete through its physical emplacement and thus its alignment with the product and other labels.[5]

As in our example, in many supermarkets, the shelf label is positioned immediately below the product. Primarily due to this vertical alignment of product and label, onlookers link the information on the label with the product. This is particularly true for the visually most salient information on the label, the price. The connection between the label and the product is further strengthened through the reproduction of the product name and the manufacturer on the label

---

[5]   There are surely other modes of price labelling, e.g. by displaying the price directly on the product through a tag or in writing. Shelf labels, however, have become a staple feature in food retail. More generally, the practice of price labelling ties in with the fixed pricing policy prevalent in the retail industry. Attaching a price label to a product indicates that the merchant intends to refrain from bargaining over the price.

via a process of exophoric indexicality (Scollon/Scollon 2003, 153). Moreover, if the product were to be missing, the label would act as a place-holder, reminding the client of what *should* be stacked on the shelf. Finally, even more broadly speaking, the shelf label enters into an intertextual relationship with other labels around it (not shown here). Comparing labels, for example, allows to immediately identify which product is the cheapest in the same row.

The labels in Wipa's store, such as the one shown in Figure 2 below, follow the same basic semiotic principles. They contain fewer information units, but their composition and the modalities of the inscriptions support the commercial interaction order. They are also pasted to the edges of the shelves just below the products. Unlike the corporate labels though, the inscriptions are handwritten and the product name is given in two languages, German and Thai, but, as mentioned above, not consistently so. In the following sections, we intend to investigate why the inscriptions sometimes draw on one language and sometimes on two and what this tells us about the multilingual practices and the agency of Wipa as the producer of these signs.

7 Bilingual labels: Catering to the needs of all customers

A distinctive feature of the inscriptions on the shelf labels in Wipa's store is the use of both German and Thai for product names. In Figure 2 below, the label is not attached to a shelf but pasted on the inside of a fridge filled with fresh vegetables, so that it appears just below the product when the door remains closed. While the vegetables themselves are not labelled, the inscription helps to identify the product, specifies the package size, and announces the prize and the currency.[6] For the name of the product "coriander", Wipa used two languages: German *Koriander* and Thai ผักชี

A bilingual inscription such as this one basically gives off a variety of sociolinguistic information (Scollon/Scollon 2003, 116-124). Firstly, the use of German points to the shop's location and embeddedness in a German-language consumer economy. The use of Thai suggests the Asian or Thai theme of the store. Secondly, assuming that the Thai script does not express a symbolic value only – much like European languages signal trendy and fashionable retail outlets in Asia (Blommaert 2010; Curtin 2009; Scollon/Scollon 2003; Serwe/Ong/Ghesquière 2013) – the languages index an audience that is literate in both or either of the languages. And thirdly, it suggests that the producer of the sign, Wipa, is able to use these two linguistic resources.

---

[6]   Interestingly, on the supermarket shelf label the currency (Euros €) was not explicitly mentioned, but simply assumed.

Figure 2: Coriander

While these descriptions account for some of the reasons these two languages are displayed, ethnographic evidence allows us to take the analysis one step further (Blommaert 2012; Scollon/Scollon 2003, 122-124). Observations in the store confirm that female Thai customers are responsible for a significant part of the overall revenue of this business. Particularly popular with Thai customers are vegetables, all of which Wipa obtains through a German wholesaler who imports them directly from Thailand, so that the greens are freshly available every Tuesday. At first sight, the use of Thai seems to indicate Wipa's effort to accommodate to the language knowledge of a particularly loyal community of customers. However, Wipa's statement in Excerpt 1 below reveals her motivation for using Thai for the product name on the shelf label:

Excerpt 1
W: also hauptsächlich ich hab geschrieben damit die,
   well mainly I wrote that they,
   viele kann nicht Deutsch lesen.
   many cannot read German.

Wipa construes the lack of German reading skills among her Thai customers (referred to with the definite plural article *die*) as the main reason for using Thai on the shelf labels (*hauptsächlich* "mainly"). Therefore, the use of Thai is not only a means of representing the seemingly strong or preferred resource in her Thai clients' repertoires, but Wipa presents its use as a necessity, based on a concrete social fact. She wants to ensure that the situated indexical meaning of the shelf label remains intact even for those among her customers that cannot read German. The ethnographic contextualization of this bilingual sign makes clear some of the socio-political realities within the Thai community in this part of Germany that a descriptive analysis alone would not allow us to recover. It also reveals something about Wipa. In designing the signs, she makes active use of both her knowledge of the conditions in the local community and her linguistic knowledge of German and Thai.

In the next section, we look at another bilingual shelf label in the vegetable section, but now we focus on the part of the sign written in German. The analysis will tell us more about the types of knowledge Wipa draws on to produce the inscriptions on the label.

8 Bilingual labels: Showing expert knowledge

Figure 3: Bean sprouts

The discussion in the previous section illustrated that Wipa's use of Thai is grounded in her familiarity with the state of language and literacy knowledge of the local Thai migrant community. As we are about to show, the use of German on the label in Figure 3 seems to rely upon her knowledge of the product and the commercial register in German.

The label in Figure 3 refers to a popular ingredient in Asian cooking, namely bean sprouts or ถั่วงอก in Thai. There are two major types of bean sprouts: the commonly used mung bean sprout, which is white in colour, and the larger-sized soy bean sprout, which comes in a yellowish hue. Both types are used in Asian cuisine, but due to its milder taste and smaller size mung bean sprouts are the more popular. While in Thai ถั่วงอก "bean sprouts" does not make reference to the type of bean, the respective German noun compounds do: *Mungbohnensprossen* "mung bean sprouts" and *Sojabohnensprossen* "soy bean sprouts" or simply *Sojasprossen* "soy sprouts". The sprouts that Wipa sells originate from the mung bean and are thus *Mungbohnensprossen* in German. Wipa uses the appropriate referring expression and has written it on the shelf label. With this practice she follows the commercial register in German, which differentiates between *Mungbohnensprossen* and *Sojabohnensprossen*. However, in colloquial German the referring expression to any kind of bean sprout is *Sojasprossen*, despite the fuzziness of the term. Indeed, recordings of sales interactions in Wipa's store show that the term *Sojasprossen* is almost exclusively used in reference to the sprouts by customers and owner. Excerpt 2 below shows that Wipa is aware of the difference between the commercial and colloquial use and her customers' preference for the term *Sojasprossen*, but she still prefers to use the technical term:

Excerpt 2
W: ich hab mungbohnensprossen geschrieben,
    I wrote mung bean sprouts,
    weil eh,
    because uh,
    anfang hab ich auch sojaprossen geschrieben?
    in the beginning I also wrote soy bean sprouts?
S: ja.
    yes.
W: und dann nachher,
    and then later on,
    dacht ich nee das ist nicht von sojabohnen ne?
    I thought no this is not from soy beans right?
S: ach [so].
    [okay].
W: [wollt] dann korrekt schreiben.
    [then] wanted to write correctly.
    es gibt auch schon dat die deutschen kunden kommen wundern,
    it happens also at times that the German clients come wonder,
    dieser name aber,
    this name but
    dat ist mungobohnen.
    that is mung beans.
    nee wir wollen sojabohnen sprossen haben.
    no we want to have soy bean sprouts.
S: ach so.
    okay.
W: dat ist es,
    that is it,
    dann muss ich wieder erklären.
    then I have to explain again.

Although Wipa's use of *Mungbohnensprossen* "mung bean sprouts" on the label may lead to misunderstandings among German-literate customers and subsequently to her efforts to resolve them, as she expresses in the quote, Wipa is convinced that she should continue to use the accurate biological term instead of the colloquial one as the referring expression. This provides us with some clues about Wipa. First, she demonstrates her German language knowledge by showing awareness of register variation. The choice of the technical over the lay expression reflects her choice to be congruent with the commercial jargon commonly used by retailers. At the same time, the non-standard spelling (*Mungbohnen Sprossen* instead of *Mungbohnensprossen*) can be said to give away her German learner identity. Second, Wipa's choice of

Mungbohnensprossen rests on expert conceptual knowledge relevant to her occupational field. Her word choice can thus be seen as an expression of her professional integrity.

The majority of the products in Wipa's store are imports from Asia. Depending on the country of origin, the product labels feature Asian languages and scripts, such as Thai, Chinese or Vietnamese, but also English. Therefore, another function of the bilingual inscriptions on Wipa's shelf labels is to provide a translation that will inform clients about the product. It is to this next aspect of Wipa's multilingual shelf label design that we turn now.

9 Bilingual labels: Mediating between culinary cultures

Customers may encounter products that only feature English on the packet as in Figure 4 below, so that on her shelf label Wipa appears to provide the translations of the product name. The inscription in German and Thai accommodates to the linguistic resources of her customers. In this case, however, both the German as well as the Thai phrase do not provide literal translations of the product name. The German phrase *Würzpaste für hainanesisches Reisgericht mit Huhn* "spice paste for Hainanese rice dish with chicken" is an informative rendition of the original, and the Thai one เครื่องปรุงข้าวมันไก่ "seasoning rice fat chicken" is a free idiomatic translation. The question now is: which resources does Wipa draw on to arrive at these translations?

As the lower part of Figure 4 illustrates, the German phrase on the shelf label is copied from the product description on the back of the product itself. It is important to mention here that German legislation on product safety (ProdSG) requires all importers of food to provide translations of the product information in German on each unit, so that consumers are able to quickly and clearly obtain relevant information. Consequently, food products usually carry details on the ingredients as well as cooking instructions in German (here also in Dutch and French). They are usually provided on an adhesive that is stuck to the back of the product.

On the other hand Wipa also relies on her own translation skills. The Thai phrase has not been lifted from another source, but it represents a free idiomatic translation based on Wipa's familiarity with the dish as it is displayed on the product and her knowledge of the culinary customs in Thailand, as she reports in Excerpt 3.

Figure 4: Chicken rice paste

Excerpt 3

W: ich hab das geschrieben ne? auf thailändisch.
   I wrote that right? in thai.
   damit die thai wissen,
   so that the Thais know,
   weil dat ist auch bekannt in Thailand?
   because it is also known in Thailand?
   nur? eh wie sagt genau nach wort zu übersetzen,
   only? uh as I said to translate word by word,
   nach meiner meinung,
   in my opinion,
   die leute die leute versteht nicht.
   the people the people don't understand.
   (...)
   gai ist huhn.
   gai is chicken.
   kao man ist typisch wenn ma äh,
   kao man is typical if one uh,
   reis mit was fettiges fetthaltige so zum kochen dann ne?
   rice with something oily containing oil to then boil right?
   zum beispiel wenn äh,
   for example if uh,
   meersalat kochen wir auch kokosmilch und reis,
   sea food salad we also cook with coconut milk and rice,
   den Klebereis.

the glutinous rice.
fast ähnlich wie dieser Hainan Chicken Rice aber,
very similar to this Hainan Chicken rice but,
machen wir dann mit kokosmilch.
we do it with coconut milk then.

The first part of the Thai compound เครื่องปรุง means "seasoning" or "ingredients to mix", which is semantically the closest expression in Thai to the English noun compound *spice paste*. The second part, ข้าวมันไก่, are three nouns that mean "rice fat chicken". As a compound noun they make up the name of a popular dish in Thailand, which, as Wipa explains, turns out to be very similar to *Hainanese Chicken Rice* as it is known in Singapore. The Thai inscription on the shelf label thus rests on Wipa's knowledge of the two languages involved here, but equally on her knowledge of the subtle differences and similarities in Asian cooking. This allows her to act as a cultural and culinary mediator through language.

We hope that our discussions of the bilingual inscriptions on these shelf labels illustrate that a close analysis is able to reveal the various resources that are drawn on in their production. The practice of producing the labels compels Wipa not only to consider the resources in her customers' and her own linguistic repertoires, but it builds upon her knowledge of the professional, cultural, and culinary contexts in Germany, Thailand, and Southeast Asia. The next examples look more closely at monolingual inscriptions on the shelf labels and the motives behind the use of one language only.

10 Monolingual labels in German: Opening up access

As indicated above, the shelf labels in Wipa's store exhibit a common design, but the product names are not always provided in two languages. The label referring to stock cubes in Figure 5 below is such an example that begs the question: why is only one language used for the inscription in this case?

Figure 5 shows the product and the way it is displayed to the customer and the shelf label with a monolingual inscription in German: *Bouillonwürfel ohne Glutamat* "stock cubes without MSG". The product packaging only features descriptions in Thai script. Therefore, Thai-literate clients do not require the shelf label to identify the product. For them the label is merely important for the price, which is emphasized through a larger and thicker font. The absence of German on the product packaging thus explains the monolingual German product name inscription on the shelf label, because it ensures the identification of the product by Wipa's German-literate clients. Unlike in the previous example, Wipa did not take the German noun phrase from the ingredient list on the back of the product, however. Figures 6 and 7 below show that the reference to the flavour has been dropped in favour of the prepositional phrase *ohne*

Glutamat "without MSG". Excerpt 4 below illustrates Wipa's reasons for incorporating this additional piece of information in the shelf label product name.

Figure 5: Stock cubes without MSG

Figure 6: Pork broth cubes: Ingredients label

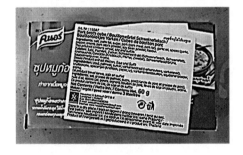

Excerpt 4
S: aber schreiben sie hier ohne glutamat,
    but you write here without MSG,
    warum schreiben sie das hin?
    why do you write it down?
W: es gibt kunden die auf glutamat verzichten müssen vermeiden jo.
    there are customers who must refrain from avoid MSG yeah.
S: ach so.
    okay.
W: jo mh,
    yeah mh,
    allergie.
    allergy.
S: ach so wegen allergie.
    okay due to allergy.

W: ja.
yes.
und gerade wenn knorr gibt dann,
and especially if it's knorr then,
ist bekannt für,
is known for,
bei uns ne?
among us y'know?
glutamat jo ne? mh.
MSG yeah y'know? mh.

Wipa presents the fact that these stock cubes by the manufacturer KNORR contain high amounts of monosodiumglutamate or MSG as common knowledge among Thais ("bei uns ne?"). In public discourse Asian food has indeed been notoriously associated with high MSG content and while considered safe by most national food agencies, the use of the substance has been criticized widely. According to German food safety regulations (LMKV 6) a product's ingredient list has to contain a reference to MSG, if it is used as an ingredient. While there is no set standard of referring to MSG, the noun *Geschmacksverstärker* "flavour enhancer" or the numerical code E621 are most commonly used. As for the particular type of stock cubes that Wipa sells in her shop, they do not contain any MSG, as the product list in Figure 7 shows.

Figure 7: Pork broth cubes: Ingredients label – Details

Obviously, Wipa chose to highlight the absence of MSG in these cubes via the inscription on the shelf label. She explains her addition of *ohne Glutamat* "without MSG" through her knowledge of the potentially negative impact that MSG has on some of her customers' health. Yet her use of a monolingual inscription in German here suggests that this information is projected in particular to her German-literate customers, who may be considerably more concerned about MSG in Asian food products than her Thai-literate clients.

To sum up, this example illustrates the general motivation behind a monolingual inscription in German on a shelf label, namely the presence of Thai and absence of German on the product packaging. German-literate customers require the inscription on the shelf label to identify the product, while her Thai customers have access to the information on the packet. More than that, however, by choosing to add the prepositional phrase *ohne Glutamat* "without MSG" Wipa demonstrates awareness of her customers' health concerns and potentially a greater interest by her German speaking clientele in issues of food content and safety. As in the previous example the inscription is not simply a translation but a strategy to accommodate her customer's concerns and preferences. While a monolingual inscription in German is fuelled by efforts to be more inclusive, the subsequent discussion shows that a monolingual inscription in Thai has the opposite effect.

11 Monolingual labels in Thai: Restricting access

Monolingual inscriptions in Thai are rare on the shelf labels in Wipa's store. The shelf label in Figure 8 was placed in the fridge underneath a stack of transparent plastic containers filled with a red paste as shown in the same image. The inscription in Thai identifies the product as น้ำพริกคั่วมันกุ้ง "roasted shrimp chilli paste". Since the plastic containers lack any further product information, the use of Thai only suggests that the product is advertised to Wipa's Thai-literate community of customers.

Figure 8: Roasted shrimp chilli paste

In an anecdote recorded in the field notes, Wipa related that the proceeds of the sale of this paste were meant to support the visit of a Thai Buddhist monk. Using only an inscription in Thai on the label was thus a strategy to restrict access to the product to fellow Thai Buddhists who may have wanted to support the event. But Wipa gave another reason for regulating interest in the product via the use of Thai only. The paste is not commercially mass-produced, but it is home-made by herself. Due to the fact that the sale of such home-made products in her store may not be entirely legal, she chose a monolingual inscription in Thai as a strategy to advertise the product to a community of clients that she largely knows well personally. While she is sure of the good quality of the product, its sale among the Thai immigrant community may be less likely to lead to an official complaint, should anything be wrong with the paste.

In summary, monolingual inscriptions on the shelf labels are used strategically by Wipa, but with contrasting objectives. Similar to a bilingual inscription, an inscription in German renders a product more accessible to her clients, because such a monolingual label is usually attached to a product that only features Thai on its packaging. But we have also shown that the monolingual German inscription is based on Wipa's knowledge of her customers' culinary preferences or concerns. On the other hand, a monolingual inscription in Thai on the shelf label aims to limit interest in the product to a specific subgroup of customers.

12 Concluding discussion

In closing, we might take up again our initial question: what have we learned from looking at the seemingly inconspicuous practice of producing shelf labels in the context of an ethnic entrepreneur's business?

From a social perspective, the practices analysed first speak about the internationalisation of local markets. Processes of globalization and increased mobility of people and goods are often talked about in the context of highly populated urban centres, but they also have an effect on regions at the periphery of Europe, such as the Saar region in Germany. A visible, material testimony to these movements is the presence of ethnic businesses such as Wipa's convenience store in rural or small town areas. One of the differences between Wipa's business and businesses in urban centres, however, is that owners of ethnic businesses in the periphery cannot entirely fall back on a predominantly co-ethnic clientele to generate returns. In order to thrive economically, they are in need to open up their business as much as possible to a more mainstream market. What we have tried to show in our analysis is that this process of opening up as described in the economic literature also leaves linguistic traces, including down to very small practices, such as the inscription of product names on shelf labels.

From a linguistic perspective, studying the production of shelf labels can work as a diagnostic tool (Blommaert 2012). Their examination allows making visible the levels of multilingualisms that are usually invisible on a regional or even national scale in Germany. It also gives useful information about the linguistic regime operating in the space of the shop (Blommaert 2012). This regime, unlike the regime of more mainstream supermarkets, is one in which a differentiated approach to the clientele can be organized. For example, the fact that many Thai women lack German literacy skills motivates Wipa to provide product names in Thai and more generally, the presence of Thai in the shop alongside German marks the shop as a space where these two resources are valued equally. On the contrary, in mainstream supermarkets, shelf labels are the product of a management system that is not able to cater to the linguistic repertoires of the customers.

From the perspective of individual geographical mobility, the study of Wipa's practices of designing shelf labels also speaks about her own trajectory. Her mobility has exposed her to at least three cultural systems: Thai, German, and the community of (Thai) migrants in Germany. The patterns of language use on the shelf labels present traces of all of these. Consequently, we can regard Wipa's language practices in designing the shelf labels as instances of what Pütz (2003) refers to as *everyday transculturality* exercised by migrant entrepreneurs. Everyday transculturality is the routinized ability of globally mobile individuals to access the resources of various semiotic systems in daily social practice. But Wipa is not just making use of this everyday transculturality for social reasons. She is also a business owner who strives to make profit. In the retail sector where competition is fierce, going the extra mile for your customers may keep you above the rest. We would argue that Wipa's use of German and Thai on the shelf labels also needs to be seen in this economic light. As a business owner she is able to draw on her familiarity with various semiotic systems consciously, in order to gain an advantage over competitors. This is what Pütz (2003) calls *strategic transculturality*, the ability of individuals to make goal-directed use of the semiotic resources at their disposal.

From a discourse perspective, the study of the design of shelf labels also made clear that a shop floor such as that of Wipa's convenience store is the converging point of a complex web of discourses. Labelling in the small ethnic business thus appears to be a complex activity, carried out by making various choices at the intersection of many social discourses related to health, literacy, language policies, migration, economy, religion, culinary practices and food regulations among others. Navigating these discourses, we saw, is one of the competencies owners of such businesses need to develop, if they want to cater to their clientele in the most relevant way.

Altogether, we hope to have shown that a geosemiotic approach, aiming to provide thick ethnographic descriptions of signs in place rather than merely listing languages used on them, can shed a more nuanced light on the multilingual practices on the "ethnic" shop floor. In particular, we hope to have made clearer that the linguistic and cultural competencies required to carry out one's daily business as a self-employed entrepreneur of migrant background are much more versatile and multifaceted than Mayor Gray and many commentators in public discourse usually acknowledge.

References

Ayoola, Kehinde (2009): Haggling exchanges at meat stalls in some markets in Lagos, Nigeria. In: Discourse Studies 11, 387-400

Backhaus, Peter (2007): Linguistic Landscapes: A Comparative Study of Urban Multilingualism in Tokyo. Clevedon: Multilingual Matters

Bailey, Benjamin (1997): Communication of respect in interethnic service encounters. In: Language in Society 26, 327-356

Bargiela-Chiappini, Francesca (2009): The Handbook of Business Discourse. Edinburgh: Edinburgh University Press

Blommaert, Jan (2010): The Sociolinguistics of Globalization. Cambridge: Cambridge University Press

Blommaert, Jan (2012): Chronicles of complexity: Ethnography, superdiversity, and linguistic landscapes. In: Tilburg Papers in Culture Studies 29

Blommaert, Jan/Huang, April (2010): Semiotic and spatial scope: Towards a materialist semiotics. In: Working Papers in Urban Language and Literacies 62

Collier, Shartriya (2006): "And ain't I a woman?" Senegalese women immigrants, language use, acquisition, and cultural maintenance in an African hair-braiding shop. In: Mugane, J./Hutchinson, J.P./Worman, D.A. (eds): Selected Proceedings of the 35th Annual Conference on African Linguistics: African Languages and Linguistics in Broad Perspectives. Somerville: Cascadilla Proceedings Project, p. 66-75

Collier, Shartriya (2010): Getting things done in the L1 and L2: Bilingual immigrant women's use of communication strategies in entrepreneurial contexts. In: Bilingual Research Journal 33, p. 61-81

Curtin, Melissa (2009): Languages on display: Indexical signs, identities and the linguistic landscape of Taipei. In: Shohamy, E./Gorter, D. (eds): Linguistic Landscape: Expanding the Scenery. New York: Routledge, p. 221–237

de Saint-Georges, Ingrid (2004): Materiality in discourse: The influence of space and layout in making meaning. In: Levine, P./Scollon, R. (eds): Discourse and Technology: Multimodal Discourse Analysis. Washington, DC: Georgetown University Press, p. 71-87

Drew, Paul/Heritage, John (1992): Talk at Work: Interaction in Institutional Settings. Cambridge: Cambridge University Press

Franziskus, Anne (2013): Getting by in a multilingual workplace: Language practices, ideologies and norms of cross-border workers in Luxembourg. Unpublished PhD dissertation. University of Luxembourg

Goffman, Erving (1959): The Presentation of Self in Everyday Life. New York: Anchor Books

Gorter, Durk (2006): Linguistic Landscape: A New Approach to Multilingualism. Clevedon: Multilingual Matters

Hewitt, Roger (2007): The capital's "language shortfall" and migrants' economic survival. Full Research Report ESRC End of Award Report, RES-000-22-1846. Swindon: ESRC

Hewitt, Roger (2012): Multilingualism in the workplace. In: Martin-Jones, M./Blackledge, A./Creese, A. (eds): The Routledge Handbook of Multilingualism. Milton Park: Routledge, p. 267-280

Hill, Pat/van Zyl, Susan (2002): English and multilingualism in the South African engineering workplace. World Englishes 21, 1, p. 23-35

Holmes, Janet/Stubbe, Maria (2004): Strategic code-switching in New Zealand workplaces: Scaffolding, solidarity and identity construction. In: House, J./ Rehbein, J. (eds): Multilingual Communication. Amsterdam: John Benjamins, p. 133-154

Kameyama, Shinichi/Meyer, Bernd (eds) (2007): Mehrsprachigkeit am Arbeitsplatz. Frankfurt: Peter Lang

Kingsley, Leilarna (2009): Explicit and implicit dimensions of language policy in multilingual banks in Luxembourg: An analysis of top-down and bottom-up pressures on practices. In: Language Problems & Language Planning 33, 2, p.153-173

Kloosterman, Robert C. (2010): Matching opportunities with resources: A framework for analysing (migrant) entrepreneurship from a mixed embeddedness perspective. In: Entrepreneurship & Regional Development 22, 1, p. 25-45

Kress, Gunther/van Leeuwen, Theo (1996): Reading Images: The Grammar of Visual Design. London: Routledge

Lapanun, Patcharin (2012): It's not just about money: Transnational marriages of Isan women. In: Journal of Mekong Societies 8, 3, p. 1-28

Leicht, René/Humpert, Andreas/Leiss, Markus/Zimmer-Müller, Michael/ Lauxen-Ulbrich, Maria/Fehrenbach, Silke (2005): Die Bedeutung der ethnischen Ökonomie in Deutschland: Push- und Pull-Faktoren für Unternehmensgründungen ausländischer und ausländischstämmiger Mitbürger. Mannheim: Institut für Mittelstandsforschung, Universität Mannheim

Leicht, René/Di Bella, Jessica/Langhauser, Marc/Leiß, Markus/Philipp, Ralf/Volkert, Marieke/Werner, Lena (2012): Schöpferische Kraft der Vielfalt: Zugewanderte und ihre Unternehmen. Bedeutung, Triebkräfte und Leistungen von Migrantenunternehmen in Baden-Württemberg (und Deutschland). Mannheim: Institut für Mittelstandsforschung, Universität Mannheim

Leung, Genevieve (2009): Language use and negotiation in a Philadelphia Chinatown bakery. In: Working Papers in Educational Linguistics 24, 1, p. 61-77

Light, Ivan/Gold, Steven (2000): Ethnic Economies. San Diego: Academic Press

Lipka, Susanne (1989): Das käufliche Glück in Südostasien: Heiratshandel und Sextourismus. Münster: Verlag Westfälisches Dampfboot

Lüdi, Georges/Höchle, Katharina/Yanaprasart, Patchareerat (2010): Plurilingual practices at multilingual workplaces. In: Meyer, B./Apfelbaum, B. (eds): Multilingualism at Work: From Policies to Practices in Public, Medical and Business Settings. Amsterdam: John Benjamins, p. 211-234

Lou, Jackie Jia (2007): Revitalizing Chinatown into heterotopia: A geosemiotic analysis of shop signs in Washington D.C.'s Chinatown. In: Space and Culture 10, 2, p. 170-194

Lou, Jackie Jia (2013): Locating the power of *place* in *space*: A geosemiotic approach to context. In: Flowerdew J. (ed.): Discourse in Context: Contemporary Applied Linguistics (Volume 3). London: Bloomsbury Academic

Meyer, Bernd/Apfelbaum, Birgit (eds) (2010): Multilingualism at Work: From Policies to Practices in Public, Medical and Business Settings. Amsterdam: John Benjamins

Moyer, Melissa (2011): What multilingualism? Agency and unintended consequences of multilingual practices in a Barcelona health clinic. In: Journal of Pragmatics 43, p. 1209-1221

Müller, Susan/Volery, Thierry/von Siemens, Björn (2012): What do entrepreneurs actually do? An observational study of entrepreneurs' everyday behavior in the start-up and growth stages. In: Entrepreneurship Theory and Practice 36, 5, p. 995-1017

Nekula, Marek/Nekvapil, Jiří/Šichová, Kateřina (2005): Sprachen in multinationalen Unternehmen auf dem Gebiet der Tschechischen Republik. forost Arbeitspapier Nr. 31. Munich: forost

Niesner, Elvira/Anonuevo, Estrella/Aparicio, Marta/Sonsiengchai-Fenzl, Petchara (1997): Ein Traum vom besseren Leben: Migrantinnenerfahrungen, soziale Unterstützung und neue Strategien gegen Frauenhandel. Opladen: Leske+Budrich

Norris, Sigrid/Jones, Rodney H. (eds) (2005): Discourse in Action: Introducing Mediated Discourse Analysis. London: Routledge

Piller, Ingrid/Takahashi, Kimie (2013): Language work aboard the low-cost airline. In: Duchêne, A./Moyer, M./Roberts, C. (eds) Language, Migration and Social (In)equality. A critical Sociolinguistic Perspective on Institutions and Work. Clevedon: Multilingual Matters

Pütz, Robert (2003): Culture and entrepreneurship – Remarks on transculturality as practice. In: Tijdschrift voor Economische en Sociale Geografie 94, 5, p. 554-563

Roberts, Celia (2007): Multilingualism in the workplace. In: Auer, P./Wei L. (eds): Handbook of Multilingualism and Multilingual Communication. Berlin: Mouton de Gruyter, p. 405-422

Ruenkaew, Pataya (2003): Heirat nach Deutschland: Motive und Hintergründe thailändisch-deutscher Eheschließungen. Frankfurt: Campus

Sarangi, Srikant/Roberts, Celia (1999): Talk, Work and Institutional Order: Discourse in Medical, Mediation and Management Settings. Berlin: Mouton de Gruyter

Scollon, Ron (2001): Mediated Discourse: The Nexus of Practice. London: Routledge

Scollon, Ron (2005): The discourses of food in the world system: Toward a nexus analysis of a world problem. In: Journal of Language and Politics 4, 3, p. 465-488

Scollon, Ron (2008): Analyzing Public Discourse: Discourse Analysis in the Making of Public Policy. New York: Routledge

Scollon, Ron/Scollon, Suzanne (2003): Discourses in Place: Language in the Material World. New York: Routledge

Scollon, Ron/Scollon, Suzanne (2004): Nexus Analysis: Discourse and the Emerging Internet. New York: Routledge

Scollon, Suzanne/de Saint-Georges, Ingrid (2011): Mediated discourse analysis. In: Gee, J. P./Handford, M. (eds): The Routledge Handbook of Discourse Analysis. London: Routledge, p. 66-78

Serwe, Stefan Karl/Ong, Kenneth Keng Wee/Ghesquière, Jean François (2013): "Bon Appétit, Lion City": The use of French in naming restaurants in Singapore. In: Gerhardt, C./Frobenius, M./Ley, S. (eds): Culinary Linguistics: The Chef's Special. Amsterdam: John Benjamins, p. 281-304

Shohamy, Elana/Gorter, Durk (eds) (2009): Linguistic Landscape: Expanding the Scenery. New York: Routledge

Stalder, Pia (2010): Pratiques imaginées et images des pratiques plurilingues: Stratégies de communication dans les réunions en milieu professionnel international. Frankfurt: Peter Lang

Statistisches Bundesamt (2009a): Bevölkerung mit Migrationshintergrund – Fachserie 1 Reihe 2.2 – 2005: Bevölkerung und Erwerbsarbeit: Ergebnisse des Mikrozensus 2005. Wiesbaden: Statistisches Bundesamt

Statistisches Bundesamt (2009b): Bevölkerung mit Migrationshintergrund – Fachserie 1 Reihe 2.2 – 2006: Bevölkerung und Erwerbsarbeit: Ergebnisse des Mikrozensus 2006. Wiesbaden: Statistisches Bundesamt

Statistisches Bundesamt (2009c): Bevölkerung mit Migrationshintergrund – Fachserie 1 Reihe 2.2 – 2007: Bevölkerung und Erwerbsarbeit: Ergebnisse des Mikrozensus 2007. Wiesbaden: Statistisches Bundesamt

Statistisches Bundesamt (2010): Bevölkerung mit Migrationshintergrund – Fachserie 1 Reihe 2.2 – 2008: Bevölkerung und Erwerbsarbeit: Ergebnisse des Mikrozensus 2008. Wiesbaden: Statistisches Bundesamt

Statistisches Bundesamt (2011a): Bevölkerung mit Migrationshintergrund – Fachserie 1 Reihe 2.2 – 2009: Bevölkerung und Erwerbsarbeit: Ergebnisse des Mikrozensus 2009. Wiesbaden: Statistisches Bundesamt

Statistisches Bundesamt (2011b): Bevölkerung mit Migrationshintergrund – Fachserie 1 Reihe 2.2 – 2010: Bevölkerung und Erwerbsarbeit: Ergebnisse des Mikrozensus 2010. Wiesbaden: Statistisches Bundesamt

Statistisches Bundesamt (2012a): Ausländische Bevölkerung – Fachserie 1 Reihe 2 – 2011: Bevölkerung und Erwerbsarbeit: Ergebnisse des Ausländerzentralregisters. Wiesbaden: Statistisches Bundesamt

Statistisches Bundesamt (2012b): Bevölkerung mit Migrationshintergrund – Fachserie 1 Reihe 2.2 – 2011: Bevölkerung und Erwerbsarbeit: Ergebnisse des Mikrozensus 2011. Wiesbaden: Statistisches Bundesamt

Suksomboon, Panitee (2009): Thai migrant women in the Netherlands: Cross-cultural marriages and families. PhD dissertation. University of Leiden

JENNY CARL

Multilingualism and space:
Memories of place in language biographies
of ethnic Germans in Sopron[1]

Abstract

The chapter investigates the role of memories of place in narrative interviews with ethnic Germans in Sopron about their town and the different languages they speak, and how their accounts relate to the linguistic landscape that is developing in Sopron/Ödenburg on the Austro-Hungarian border. The analysis sheds light on how people conceive of their town and what kind of different social and geographical spaces are created by different languages.

1 Introduction

Low (2009, 25) summarises her conception of "space" as follows:

> dyadic "co-production model", planning, design, funding and construction as well as the flow of global capital, labor and ideas encompass the political economic forces of social production that shape the built environment, encoding it with intentions and aspirations, uses and means that are themselves contentiously appropriated, produced and reproduced by users and residents. For example, while professional designers and political elites may negotiate and enact competing future images of the city, these are rarely consistent with the daily spatial experiences and understandings of urban residents and workers. Interventions that physically shape the landscape attract opposition because they produce sociospatial forms that reference deep and still unresolved or unresolvable conflicts among political economic forces, social actors and collectivities.

This combination of *social production* through economic, social and material factors with *social construction* through social interactions, aspirations, memories and identities (Low 2009, 24) proves particularly useful when studying people's memories of place and their reactions to, and interactions

---

[1] The empirical work for this project was kindly supported by the Faculty of Humanities of the University of Southampton.

within a particular city space that has been transformed radically twice within the second half of the 20th century through the effects of political ideologies and economic market forces. The city space we will look at in this paper is the town of Sopron, located on the Austro-Hungarian border, which has a long historical and cultural connection with the surrounding Burgenland region in Austria. Sopron, or Ödenburg as it is called in German, was predominantly inhabited by German-speakers and most of the public life was conducted in German until the beginning of the 20th century. With the end of the 2nd World War and the subsequent erection of the Iron Curtain, the regional ties with the wider Burgenland were capped, affecting not only economic ties but also cultural and family relationships. In 1946, the majority of ethnic Germans were evicted from Ödenburg and the surrounding villages, making Sopron predominantly Hungarian-speaking with a small German minority. After the collapse of Communism in 1989 German became a popular language again, because it allowed people to take advantage of increasing commercial ties across the Austro-Hungarian border. This also led to an increasing presence of German in public signage, both in bilingual street signs in areas where ethnic Germans had settled in earlier times and on billboards advertising local services and goods to tourists from Austria.

The purpose of this chapter is to highlight instances of the social construction and social production of Sopron space. I will show excerpts from German-speakers' memories of place and examples of their "mental maps" through which they (re-)configure their town as well as examples of the German-Hungarian linguistic landscape where people make use of their particular linguistic resources in order to take advantage of the political transformations since 1989 and the economic opportunities that cross-border trade and tourism offer them. I will start with memories of the vanished German community in Sopron and how people adapt to the changing social and economic situation and reorganise their social space by using their German language skills to travel and work across the border in Austria. I will then discuss some examples of the linguistic landscape where German has made a come-back for political and economic reasons, and I will finish with an interview excerpt that illustrates the interconnected experiences of joy and incredulity about the visible presence of German, the appreciation of better job prospects through German language skills, and the persisting sense of precariousness of living standards which forces people to work in Austria. I will argue that the predominantly nationally configured space of Sopron has been undermined, not only by globalised market forces but also by people's attempts at redefining their community and reclaiming a visible presence in the city.

2 Memories of place and the (re-)construction of identity

The empirical basis of this work are narratives of German-speakers from the town of Sopron on the Austro-Hungarian border, who were interviewed in 2005 and 2011, and whose stories of place were integral to their narrative reconstruction of their community. As Terdiman (1993) describes it, their memories made the past present. Not just in the sense of nostalgic reminiscences, but in a way to evoke the state of their present-day German-speaking community. Descriptions of how people lived, and where, and with whom they shared their space, all serve to describe their community. Their narratives often incorporate stories they have told before, or stories they were told themselves, for example by parents or grandparents, and they are part of a tradition of storytelling that transmits a sense of a shared identity with those who share the same stories. Also, the practices or activities they remember and describe compose and recompose not just the shared and experienced space but also position the individual within the social framework (Bahloul 1996). In the words of Duranti (1997, 342), "speaking about space can be a way of bridging physically distant but emotionally ... close worlds" and communicating them to others. Therefore they are also stories about "the proper community" and what it means and takes to be a member of that community. One characteristic topos from those narratives is the sense of loss that their community has suffered. In extracts 1 and 2 we will see that people sense that their world has vanished, or at least that it has lost its completeness, orderliness and stability, and that it has been replaced with geographical and social fragmentation. But subsequently I will also show how people recover their sense of ownership of their world and their agency by speaking about other – translocal and regional – spaces they have since (re-)discovered. Extract 1 explicitly contrasts the world of the interviewee's grandparents with the current one. Even though her grandparents lacked the material wealth that people nowadays take for granted, they enjoyed stable and lasting relationships. The scene is set by introducing her family who lived on "the Wieden" (line 1) which is the traditional German name for the area of town where many wine growers lived and had their wine cellars. After 1945 the streets in that area were renamed in Hungarian and only in recent times has one of the lanes, "Gazda utca" (literally "farmer's lane") got bilingual street signs which name it "Wieden" again. The reference to the old name thus stands for the lost old world of the past, which was "still in good order" (line 3), where her grandparents grew up next door to each other (lines 4-5) and spent their married life together for more than fifty years (line 6). Their world was self-contained and stable, in contrast to nowadays, where people seek their happiness in far-flung places, such as Thailand and Portugal (line 5). It is worth bearing in mind that this interviewee grew up during Communism when people could not (normally or easily) travel to Thailand, or even Portugal, and that those places might still have retained an aura of wonder and exoticism to this day. This is supported by her opening remark in extract 3 where she says that the idea that she can just go and cross the border at the spur of the moment "is still new to me" (lines 1-2).

Extract 1: Damals war die Welt noch in Ordnung
1 aber UNSere familie war nicht so reich/ die wohnten auf der wieden/ wieden . gazda
2 utca . haben sie schon . einmal gesehen ... /wo die katholische kirche ist/ die st michael
3 kirche/ und eh MEINe großeltern haben beide dort gelebt/ - eh ich sage immer damals
4 war . eh die welt noch in ordnung/ der vater- der GROSSvater stammte von wieden 16
5 die großmutter von wieden 15 [beide lachen]/ und eh die sind nicht nach thailand
6 gefahren oder nach portugal um eine frau zu finden sondern – es war im nebenhaus ein
7 passendes mädchen/ und sie haben dann auch die goldene hochzeit miteinander gefeiert/

1 but our family wasn't that rich. They lived on the Wieden. Wieden, Gazda utca have
2 you seen that? Where the Catholic church is. St. Michael's church. And my
3 grandparents both lived there. I always say back then the world was still in good order.
4 Grandfather came from Wieden 16, grandmother from Wieden 15 (both laugh). And
5 they didn't go to Thailand or Portugal to find a wife but there was a suitable girl in the
6 house next door. And they celebrated their golden wedding anniversary together.

In extract 2 below, a different interviewee also describes how the world of her childhood has vanished, and how she and her family now find ways of making a living. Crucially, this is the first example which shows how the previously exclusively nationally (Hungarian, Austrian) defined spaces are undermined by economic pressures.

In this example it is not so much the street names which are indexical of the old world, since they are predominantly given in Hungarian (first) but the name of the town. In line 2 she refers to Ödenburg, where there had been an old and rich culture that she observed as a child in the beautiful architecture of Ujteleki utca/Neustift Gasse, Gazda utca/Wieden, and Balfi utca. However, in line 3 she talks about the Germans who were allowed to stay in the town after 1946 as "the richest in Sopron, those who could stay", which marks a shift not only in name, but more importantly in population and culture. Nowadays the former inhabitants of "these beautiful houses" have gone, as have their old culture and customs, and houses and flats are now bought and done up by people from abroad (mainly Austria) who live in Sopron and take advantage of the geographical proximity to Vienna where they work (lines 7-11). Interestingly, their practice of living in Sopron and commuting to Austria is put into perspective by comparison with the interviewee's brother, who also works in Austria during the day, to come home only in the evening (lines 11-13). Her narrative thus constructs this particular community of people who live in one place (Sopron) and work in another (Austria), for whom the old categories of nationality (Austrian citizens and Hungarian citizens with German nationality/ cultural identity) and residency seem to become increasingly irrelevant. Their uniting factor is the common practice of commuting across the (former) border for work.

Extract 2: Wohnen und arbeiten I
1 ha die sind ja schon- jaa ich weiß nicht wieviele hundert jahre die ujteleki utca na die
2 neustift gasse- und die in . ödenburg . die was die gazda utca war die WIEden die ist am
3 aller- dort ist mein vater auch- des sind die allerreichesten gewesen in der- . eh . in
4 sopron was dort . geblieben sind/ ja . gazda utca WIEden/ ... ja . wieden . und die balfi
5 gasse . balfi utca des AUCh . die sind ja schon so- . ha die wieden ist nicht so alt die
6 gasse aber die . eh . die ujteleki utca und die balfi utca sind schon ich weiß nicht
7 wieviele hundert jahre alte/ die gassen/ . weiß noch wie ich so ein kleines mädchen
8 gewesen bin alleweil alleweil sind wir dort durchgegangen und alles/ des- . sind schöne
9 hauser- schöne häuser gewesen/ aber jetzt auch weil jetzt machen sie alles/ naja
10 überhaupt jetzt von österreich kaufen viele jetzt eh eh häuser hier/ und nicht nur häu-
11 wohnungen auch/ ... ja nach dem brauchen sie in kein hotel ziehen . eh . in die EIGene
12 wohnung/ I: machen die viel- machen die lang urlaub hier dass sich des rentiert? K: ja/
13 ha da . öfters kommen sie/ weil sie- ist ja das nicht weit/ ha des . wien ist von hier 80
14 90 kilometer ((oder ich weiß-)) oder nicht einmal so viel/ des ist ja . mein bruder von
15 hier 25 kilometer arbeitet er . in ((auto)) auch/ alle tage fährt er in der früh und auf die
16 nacht kommt er/ des ist eh nicht weit/

1 They are, I don't know how many hundreds of years old, Ujteleki utca, Neustift Gasse
2 and the – in Ödenburg what was Gazda Utca, the Wieden, that was the most, my father
3 also was there, they were the richest in Sopron, those who could stay. Yes, Gazda Utca,
4 Wieden. Yes, Wieden and the Balfi Utca too, they are already, well Wieden is not as
5 old, the lane, but Ujteleki utca and Balfi Utca are I don't know how many hundreds of
6 years old. I remember when I was a little girl we often went along there and those were
7 nice houses. But now they also do everything ((up)). Well especially now, many people
8 from Austria buy houses here. Not only houses but flats too. They don't need to stay in
9 a hotel, they have their own flat. I: Do they stay here for so long that it is worth their
10 money? K: Yes, they come here a lot, because it isn't that far. Vienna is about 80 or
11 90km from here, or I don't know, maybe less. It's well, my brother works 25km from
12 here. In the car, every day he drives there in the morning and at night he comes back.
13 It's not far.

3 Mental maps: Present absences and absent presences

Looking deeper into the way people socially construct their space through their symbolic experiences, it is worth analysing how they conceptualise "space", in particular how different spaces are represented in people's mental maps. This is important, because the relationship between people's mental maps and official representations of space on maps can reveal different experiences of space, memories of earlier itineraries and place names that are no longer represented. According to de Certeau (1988, 121), official maps claim to monopolise geographical knowledge and how it is articulated and visualised, to the extent of "colonising space" and constituting a "totalising stage". In Sopron this meant that after 1945 streets and landmarks were renamed if they did not have a Hungarian name, and official maps no longer represented German names of landmarks and streets, which then only continued to exist in people's memories and stories. Alexander (2007) provides a very useful conception of the multitude of connections between real places and people's memories. His analysis follows Deleuze and Guattari (1992, 13-14), who see maps as open and connectable with multiple entryways, whose representation is potentially reversible and susceptible to constant modification. The use of different street names can therefore be indexical of different times, different states of the community and, sometimes, a sign of subversion. The current official Hungarian street map of Sopron contains ambiguities between what is depicted, what can be found in the material topography and what still exists in people's memories and stories. Some places that are relevant for the community of German-speakers are no longer represented in German, or only through their Hungarian name. In the words of Alexander (2007), they are "present absences". In other cases, names or features are represented on the map but they did not appear on the territory itself. These cases are "absent presences", such as a street name referring to a neighbouring town, which was cut off by the iron curtain so that the connection between both towns could not be experienced in reality and only existed in people's memories. The following extract deals with such an absent presence, and how the connection to the previously unreachable town could be reinstated through the physical act of cycling down the road and reaching the town on the other side of the border.

Extract 3 is from the same interview as extract 1, and here the interviewee talks about how she realised the regional connections her home town Sopron has had with other places in the Burgenland. She is talking about Somfalvi ut/ Schattendorfer Straße, a street name that still existed on the map, but that no longer led anywhere in material geography until the fall of the iron curtain in 1989. In lines 10-11 she says she never thought "why it is called Schattendorfer Straße", the name was taken for granted and unremarkable, in particular as the geographical reference point was unreachable. In the words of Alexander (2007, 509), it existed only "suggestively on some half-forgotten plane of the imagination". A chance cycling tour across the border to Schattendorf in Austria helps re-position the town of Sopron in the wider regional geography and the regional cultural/political space that gives relevance to the old street name again. The connection has been made by the physical act of cycling along the street and experiencing where it leads to, thus taking the knowledge out of the realm of the imagination and memory, and turning it into something that can be located in the material topography of the region and actually experienced. Her narrative exemplifies an experience of difference which subverts the static and authoritative nature of the official map and it shows how her own geographical knowledge has been reconfigured; it now encompasses a much wider region than the town itself and the (Hungarian) space that was confined by the border.

As with the example of the cross-border commuters, her story shows how Sopron's space is no longer exclusively nationally (Hungarian) defined, but that other and older regional reference points are gaining more significance.

Extract 3: Schattendorfer Straße
1 aber dass mir heute in der früh einfällt dass ich nach schattendorf hinüberfahren möchte
2 . und mit dem fahrrad . das ist für mich noch immer neu/ dass man hier in sopron jetzt
3 die möglichkeit hat und hier und auch dort und überall – und dieses ausflugsziel
4 herrentisch war auch versperrt/ und und . lange zeit . noch nicht vor kurzem war das vor
5 ein paar jahren . als wir noch nicht bei schengen waren da hat man in agfalva/ agfalva .
6 kennen sie? {I: ja/ agendorf} in agendorf war die grenze für einen tag offen/ wenn es
7 kirchtag war in agendorf oder in schattendorf/ dann . war es möglich zu fuß hinüber zu
8 gehen oder mit dem fahrrad/ und dann bin ich einmal über agendorf hinübergefahren
9 und ich habe gedacht na gut ich bin schon in österreich jetzt fahre ich nicht gleich
10 zurück sondern ich versuche über . diesen ausflugsziel herrentisch zu kommen/ das ist
11 ein schöner ausflug/ in österreich/ ... aber wir haben- wie zum beispiel es gibt auch
12 einen somfalvi ut . eh . schattendorfer straße in sopron/ ich hab in meinem ganzen
13 leben nie daran gedacht warum das schattendorfer straße heißt/ und jetzt als ich mit
14 dem fahrrad dort weiterfahren kann weiß ich wenn ich diesem weg folge dann komm
15 ich in schattendorf an/

1 But that I could think in the morning, today I would like to go to Schattendorf, that is
2 still new for me. That we now have this opportunity here in Sopron, and here and there
3 and everywhere. The landmark Herrentisch was closed off, too. And for a long time, not
4 long ago, a couple of years ago when we weren't part of Schengen yet, in Agfalva – do
5 you know Agfalva? {I: yes, Agendorf} – in Agendorf the border was open for a day.
6 Where there was a village fete in Agendorf or in Schattendorf people could go across on
7 foot or on a bike. And I went across once, via Agendorf, and I thought, well now I am
8 in Austria for once I won't go straight back but I'll try to go via Herrentisch, the
9 landmark, that would be a nice trip. In Austria ... But we also have, for example there is
10 also the Somfalvi Ut, um Schattendorfer Straße in Sopron. My whole life I never
11 thought why it is called Schattendorfer Straße. And now that I can go along there on
12 my bike, I know that if I follow this road I get to Schattendorf.

4 A material ethnography of Sopron's linguistic landscape

The last part of this chapter will focus on the symbolic relevance of the material surroundings and, in particular, the representation of different languages in the physical environment and how they are emotionally received. For this purpose we will discuss examples from the linguistic landscape in Sopron, especially which languages are used where and by whom. Following Landry and Bourhis (1997, 25) a linguistic landscape is defined by "the language of public road signs, advertising billboards, place names, street names, commercial shop signs and public signs on government buildings, of a given territory, region or urban agglomeration", and it is the one aspect of the social, economic and technological production of space that lends itself to observing multilingualism in the public sphere of a given locality. In particular we will look at the economic and social investment that was necessary to produce particular signs, where in the city they are located, and what kinds of goods and services they offer. The examples are taken from public signage marking out street names in both Hungarian and German, as well as advertising billboards which are designed to sell particular services to cross-border tourists from Austria.

Figure 1 shows the bilingual street signs on "Gazda utca/Wieden", which several interviewees have referred to. As we have already explained, it is one of the most important historic settlement areas of ethnic Germans and thus was one of the prime locations for displaying bilingual street signs. Image 2 is taken from the town centre, where most street names are also given in both languages. The bilingual street signs were initiated by the local German minority association, who based their claim on the 1993 Act on the Rights of National and Ethnic Minorities, which grants national minorities the right to use their native languages and their names in the public sphere (Office for National and Ethnic Minorities in Hungary 2005, 1). The German street names were taken from old street registers in the city archives in order to represent streets and places historically accurately. However, due to the high material production cost of these signs, which have to be made to the same design and standard as the monolingual Hungarian signs, there was a limit to how many signs could be acquired, and hence only selected streets were given bilingual signs (according to personal communication from members of the local government). The value of these bilingual signs is largely symbolic. On a practical level, members of the local German minority do not require these signs, neither for learning the street names nor for orienting themselves within the town. And for tourists the German street names have no practical purpose either, because they are not represented on any publicly available street map. It is therefore a symbolic gesture to acknowledge the presence of the German minority, and it may enable both ethnic Germans and German-speaking tourists to apprehend and read the multilingual society and history of the town (Stroud/Mpendukana 2009, 380). This may also be the reason why the name of the town is given both in Hungarian (first) and German (second) on entering the town (Figures 3 and 4), whereas on leaving (on the opposite side of the road) it is only named in Hungarian.

Figure 1: Gazda utca/Wieden: Bilingual street sign. The bilingual sign follows the same design as monolingual street signs on the corner opposite, indeed anywhere in the city centre. They are quite sturdy enamel rectangles, mounted on a cast iron plate, which require specific resources for creating and putting them up on the walls.

Figure 2: Templom utca/Kirchgasse and Fö tér/Hauptplatz: Bilingual street signs in the town centre, on the main square.

Figure 3: Sopron/Ödenburg: Bilingual sign on entering Sopron coming from the direction of Fertőrákos.

Figure 4: Sopron: Monolingual Hungarian sign on leaving town on the opposite side of the road from Figure 3.

Figures 5-7 below are examples of advertising billboards which contain representations of the German language, either on its own or together with Hungarian text. German-language advertising signs are mainly situated in the town centre and on the two main roads into the town for cross-border tourists: Lackner Kristof utca to and from the motorway to Vienna, and the road leading to and from the station. What is obvious when analysing the semiotics of these signs is that although there is a vast difference in the material standards of production between different signs, they all represent "localised, face-to-face interactions and local economic arrangements" (Stroud/Mpendukana 2009, 381). In other words, they all centre around locally produced goods (e.g. wine) and services (especially beauty, dentistry and catering), which are attractive to consumers from Austria due to the comparatively low labour costs in Hungary. The production of these multilingual advertising signs is down to the initiative of individual traders or service providers, but as we can see the economic investment these local business people can make varies considerably. Some signs match the standard of high quality advertising billboards produced by national or international corporations, whereas others are hand-written to reflect the daily changing offers in the local café.

Looking at the languages used in the advertisements in Figures 5-7, one can distinguish three different audiences for the three different services offered. The dental treatments advertised in Figure 5 are prominently announced in German, with a Hungarian translation in a smaller, darker font underneath, which reflects that the prime customers for this kind of cosmetic dentistry predominantly come from Austria. The discounted beauty treatments in Figure 6, however, are first advertised in Hungarian (on the left hand side of the poster) and then in German, where the text in both languages is set in the same font, size and colour. The provider is the same as in the board selling dental crowns (Figure 5). The two languages side by side suggest that beauty treatments, especially when discounted, are also taken up by local Hungarians. The advertisement for banking services in Figure 7 is exclusively in Hungarian, since loans and other credit services do not (easily) trade across borders.

In Figure 8 the rooms and restaurant are advertised in German first, and then in Hungarian, but the text is the same in both languages, and it is set in the same font and colour. The text in Figure 9 is exclusively in German, which is interesting, since the Stadion café is not the prime location for tourists. On the other hand, it is situated on the main road where tourists drive through on their way into and out of Sopron. Therefore it might make sense to advertise in German to attract this particular group of people, whereas locals may already be familiar with the location if and when they attend sports events at the Stadium.

Figure 5: Rosengarten Zahnklinik: This billboard advertises dental crowns at top prices. The poster is mounted outside a shopping centre on Lackner Kristof utca, next to the posters in Figures 6 and 7. The advert uses both German and Hungarian, but German is used in first place, on top of the Hungarian caption, and the font, size and colour of the German text is designed to stand out, in contrast to the smaller, darker Hungarian text.

Figure 6: Rosengarten Beautysalon: This poster shows discounted beauty treatments advertised by the same provider as the dental crowns in Figure 5. It uses both Hungarian and German. Because we read from left to right, Hungarian is therefore used in first place, and German in second. The font, colour and size of writing in both languages are identical, as is the meaning of the text.

Figure 7: Erste Bank: This billboard advertises the services of the Erste Bank, which operates all over Hungary and, indeed, central Europe. The text is exclusively in Hungarian (except for the name of the bank), reflecting that banking services are not (as yet) traded across borders.

Figure 8: Selmeci Gasthaus: Bilingual sign advertising a local B&B; the sign is industrially produced, made to order according to the specifications of the owners/managers of the B&B. One can see that the writing has partly been corrected. It stands in contrast to the high standard graphics and print quality of the two larger billboards next to it, which offer soft drinks and recycling appeals that are not related specifically to Sopron.

Figure 9: Eiskaffee: Handwritten advertising sign outside the Stadion café on Lackner Kristof utca.

Attempts at gauging how people perceive this linguistic landscape and whether it "creates new ways for people to apprehend and understand the city" (Stroud/Mpendukana 2009, 380) are difficult, and it is impossible to represent all the different responses here. Yet it is worth taking up the interviewee from extract 2 again, and what she has to say about the symbolic experience of this linguistic landscape, the opportunities this particular aspect of the local economy grants to those who can speak (enough) German to take advantage of those opportunities, but also the persistent precariousness of the local economy.

Extract 4 starts with her description of her own incredulousness of the fact that it is now possible to use the German language in public in this way. She does not at first differentiate between the different kinds of public signage; it seems to be a more general reaction to the presence of the German language. In lines 15-17 she expresses her surprise and her sense of amazement and wonder that it should be possible, reiterating twice that "it's unbelievable" (line 16) and "nobody can believe this" (line 17). Her reaction is made more poignant by her wish to be able to share this with her late mother who died before 1989 and the revival of German (line 17). Only then does she refer to commercial signs she has seen, where German is mainly used, and Hungarian only in second place, which may be an important symbolic reversal of the Hungarian(-only) language policy between the 1940s and the 1990s. Even if these advertisements are not directed at her as one of the prime consumers, she still perceives their presence, which evokes positive emotional responses. In lines 19-21 she refers to the economic opportunities for those who can speak German, as local shops now look for attendants who are able to communicate with tourists. Her narrative is punctuated twice by the phrase that "everything is different now" (line 19) and "it's different now" (line 21), and both times the story then turns from one level of experience to another. After her own appreciation, and the general sense of the benefits of speaking German, she comes to talk about the economic situation which is still precarious due to the disappearance of local factories and employment, which drives many people to work across the border in Austria. Interestingly, this also requires people to have good German language skills and it could be seen as an opportunity for people to improve their living standards, but it is given a more sombre tone of necessity rather than opportunity. Moreover each level of her story is connected to her personal experience, first through her own view of the linguistic environment, then through her sister-in-law's experience of the benefits of German language skills in the local commercial sector, and finally through her brother's situation who has been working in Austria for many years. This gives the story more significance and credibility as it allows her to share different kinds of experiences and to integrate them into a particular narrative.

Extract 4: Wohnen und Arbeiten II

17 I: und wenn sie so durch die innenstadt gehen fällt ihnen des auf dass des da jetzt
18 schon so straßenschilder aber auch andere so so von von geschäften dass da jetzt viel
19 auf deutsch angeschrieben steht? K: ja/ des ist schon lang jetzt/ des ist schon fünf
20 sechs sieben jahr ist des schon/ ja ja/ jetzt ich hätt mir sowas nicht aus- eh manchesmal
21 schau ichs mir an sag ich na das gibts ja nicht/ wenn meine mama jetzt eh eh aufwacht
22 und des sehen tat . des glaubt ja gar kein mensch/ schens geschäfte da seh ich
23 ausgeschrieben ist deutsch nach dem ungarisch/ sowas hab ich auch schon gesehen
24 {lacht}/ mit- halt jetzt ists alleweil ganz anders/ und . immer . eh . so eine nehmens auf
25 die was deutsch auch sprechen können/ meine schwägerin nimmt . alleweil so eine auf
26 die was . ja in den geschäften . muss es so ja sein die was . na . keine doktorin . ha na .
27 die was in der- ist sie . na . wo man die arzneien kriegt {I: in der apotheke} in der
28 apotheke muss es sein/ und die müssen alle deutsch können/ in jedem geschäft/ ((na
29 und)) jetzt ist es schon anders/ also die verdienen mehr ((nicht))/ {lange pause} und
30 hier sind so viele fabriken gewesen/ ha ich wa- . etwa 15 20/ und ist keine fabrik mehr/
31 ein oder zwei {pause} I: was machen die leute jetzt stattdessen? Also was arbeiten die
32 jetzt? K: ja . da sind auch viele die keine arbeit haben/ aber viele gehen draußen
33 arbeiten/ auf der grenze/ ha die- wir haben viele diese bekannten die was alle schon 15
34 16jahre draußen arbeiten und die sind aber alle angemeldet/ so wie mein bruder auch .
35 der zahlt alles und . so tut er arbeiten/

14 I: And when you go through the town centre, do you notice the street signs and other

15 shop signs that a lot is written in German? K: Yes, it's been a long time now. 5, 6 or 7
16 years now. Yes, yes. I didn't, sometimes I look at it and I say it's unbelievable. If my
17 Mama came back now and saw this – nobody can believe this. You see, I see shops
18 where things are written in German and then in Hungarian. I've seen that. Well,
19 everything is different now. They always choose those who can speak German, too.
20 My sister-in-law takes […] and they all have to be able to speak German. In every
21 shop. And it's different now. They earn more. There were so many factories here,
22 about 15 or 20 and now there aren't any. One or two.
23 I: What do people do now instead? I mean, where are they working now? K: Well,
24 there are many who haven't got any work, but many go and work across the border .
25 We know many people who have been working abroad for 15, 16 years, but it's all
26 above the board. Like my brother, he pays everything and that's how he works.

5 Conclusion

Throughout this chapter I have argued that the configuration of space in Sopron
is changing, due to social, economic and material factors that come together to
open up new possibilities for movement, work and symbolic experiences. The
pressures and opportunities through economic integration and globalisation
encourage the movement of people, goods and services between Austria and
Hungary. The removal of the physical border (which includes legal barriers to
work) allows people to live in Sopron and work in Austria, and this possibility
does not distinguish between Austrian or Hungarian citizens but instead it
constitutes a group of people who are united by this particular practice.
Moreover, the difference in labour costs and short geographical distances make
Sopron a convenient location for cross-border service tourism from Austria,
which creates local work opportunities for those who speak enough German to
interact successfully with those tourists, and which also increases the presence
of the German language in the local linguistic landscape. On the other hand,
people's memories and descriptions of place also show that these political and
economic transformations – and with this a loss of previously stable and reliable
social relationships – have led to a sense of fragmentation and precariousness.
Yet the accounts of people's social interactions, geographical movements and
emotional experience also show that they are adept at using the spaces that have
opened up through possibilities of travel, commuting and – not least – seeing the
presence of German. Therefore it is possible to conclude that "space" is being
reconfigured, changing from previously nationally defined, (officially)
monolingual space to a permeable, multilingual one that allows for new social
and geographical connections. This transforms the social space and creates new
symbolic meanings for memories and experiences people use to discover new
ways to apprehend and understand the city through their own agency
(Stroud/Mpendukana 2009, 380).

References

Alexander, Neal (2007): Mapping junkspace: Ciaran Carson's urban cartographies. In: Textual Practice 21, 3, p. 505-532

Bahloul, Joëlle (1996): The Architecture of Memory. A Jewish-Muslim Household in Colonial Algeria 1937-1962. Cambridge: Cambridge University Press

de Certeau, Michel (1988): The Practice of Everyday Life. Berkeley: University of California Press

Deleuze, Gilles/Guattari, Félix (1992): A Thousand Plateaus. Capitalism and Schizophrenia (trans. Brian Massumi). London: Continuum

Duranti, Alessandro (1997): Indexical speech across Samoan communities. In: American Anthropologist 99, 2, p. 342-354.

Landry, Rodrigue/Bourhis, Richard (1997): Linguistic landscapes and ethnolinguistic vitality: An empirical study. In: Journal of Language and Social Psychology 16, p. 23-49

Low, Setha (2009): Towards an anthropological theory of space and place. In: Semiotica 175, 1, p. 21-37

Office for National and Ethnic Minorities (2005): National and ethnic minorities in Hungary. Updated 31 January 2005. Budapest

Schlögel, Karl (2009): Im Raume lesen wir die Zeit. Über Zivilisationsgeschichte und Geopolitik. Frankfurt/Main: Fischer

Stroud, Christopher/Mpendukana, Sibonile (2009): Towards a material ethnography of linguistic landscape: Multilingualism, mobility and space in a South African township. In: Journal of Sociolinguistics 13, 3, p. 363-386

Terdiman, Richard (1993): Present Past: Modernity and the Memory Crisis. Ithaca: Cornell University Press

PATRICK STEVENSON

Language (hi)stories:
Researching migration and multilingualism in Berlin

Abstract

The chapter draws on research in inner city districts of Berlin characterized by a high degree of migration and multilingualism. It is concerned with ways in which individual migrants reflect on how their experience with language has shaped their transnational life worlds. I explore this theme through the language biographies of inhabitants of a single apartment block, which in its changing ethnic and linguistic composition reflects the shifting ethnolinguistic mosaic of the city.

1 Introduction

Like other global cities, Berlin has a long history of inward migration, absorbing incomers as diverse as Huguenot and Bohemian refugees in the 17th and 18th centuries on the one hand and post-1945 migrant workers from the Mediterranean rim and socialist states such as Cuba, Mozambique and Vietnam on the other (see, for example, Read/Fisher 1994; Weiss/Dennis 2005). All of these earlier migrations have left their traces in every aspect of social and cultural life – from cuisine to vernacular speech – and on the toponymic designations of streets and districts, enduring markers of influences that in many cases are no longer evident synchronically (see Figure 1). However, the social and demographic composition of Berlin today is so heterogeneous and fluid that it almost seems to be defined by the confluence of strangers from all corners of the earth. Furthermore, contemporary migration flows are now often more particularized, more random, than the organized patterns of religious flight or labour recruitment in the past (Gogolin 2010; Vertovec 2007, 2010).

Figure 1: Contemporary street sign in Berlin, indicating its previous (Czech) name

This chapter aims to make a contribution from a linguistic perspective to our understanding of some of the consequences of increased transnational mobility over the last 20 years. It focuses on the increasingly heteroglossic environment of Berlin but its methodological orientation extends its relevance to diversifying urban contexts elsewhere. The broader aim of the research underlying the present discussion is to understand the complexity of the migration experience in migrants' own terms and to gain insights into what Gogolin and Meyer (2010, 525) call the "linguistic texture of multilingual societies".

2 Sociolinguistic complexity and experience with language

Recent research on the increasing complexity of urban societies has highlighted a range of dimensions of diversity in terms of language knowledge and linguistic practices (Blommaert 2010, 2013). On the one hand, for example, comprehensive "home language surveys" reveal the vast number of languages used in major European cities (Extra/Yağmur 2004; Brizić/Hufnagl 2011), and Eversley et al. (2010) map the 233 languages attested by London schoolchildren to show their spatial distribution. On the other hand, many studies have been devoted to research on innovative styles of "mixed" language use ("multiethnolects", "(trans)languaging"), both in face-to-face interaction and in mediated forms (Dirim/Auer 2004; Freywald et al. 2011; Keim 2008; Pennycook 2010; Wiese 2012; Androutsopoulos 2007, forthcoming; Busch 2004; Kosnick 2007). In this chapter, I suggest that these demographic and interactional approaches can be complemented by a biographical perspective in order to develop a more refined, multi-dimensional understanding of the phenomenon.

I adopt here a particular orientation on what Busch (2010, 58) calls "experience of/with language" (*Spracherleben*), by which she means

> how people living in multilingual contexts perceive and evaluate the particularity of their linguistic knowledge and what experiences, feelings or ideas they associate with it. Or to put it another way: how they – in relation to others or to themselves – experience, position and represent themselves as multilingual. What we're concerned with is the relationship between the experience of/with language and individual life stories on the one hand, and historical-social configurations with their constraints, power structures, discourse formations and language ideologies on the other. (My translation)

This approach entails a speaker-centred, biographical perspective that tracks ways in which linguistic resources are compiled, enhanced or discarded in the course of an individual's life (Blommaert/Backus 2011). Applied to the experience of contemporary migrants in Berlin and other metropolitan cities, it means exploring how experiences with language shape transnational life worlds or, more figuratively still, what Brizić (2006) calls "the secret life of languages".

Inspired by research in sociolinguistics (e.g. Block 2006; Burck 2005) and social anthropology (e.g. Bahloul 1996; Bezirksamt Neukölln 1996a, b; Miller 2008), as well as the documentary journalism of Irina Liebmann (2002), my project explores these ideas through the language biographies (Franceschini 2010; Franceschini/Miecznikowski 2004; Nekvapil 2000, 2003; Stevenson/Carl 2010) of inhabitants of a single apartment block in an inner city district of Berlin. The building is the domicile of a random collection of "intimate strangers" (Mac Giolla Chríost 2007, 15), almost all of whom have a migration background, and in its changing ethnic and linguistic composition it reflects the shifting ethnolinguistic mosaic of the city. The ultimate aim of the study is to compose a kind of biography of the house, but I will concentrate here on developing the idea of life (hi)stories as language stories. I want to show briefly what doing "biographical work" means in this context and how narrating experiences with language involves creating stories of biographical transformation (Treichel/Bethge 2010, 113).

I will focus my discussion on just two inhabitants, "Marek" and "Beata", both of whom are Polish first generation migrants. This choice was prompted in part by Eva Hoffman's (1991) memoir of "leaving" Polish and "coming into English". Marek and Beata both "came into German" at an early formative stage in their lives and they tell me their life stories in this learned language.

However, they also use their intermittent contact with their first language to configure their personal trajectories in different ways: Marek in the form of a dramatization, a kind of play in two acts, and Beata as a means of working through her relationship with her mother – very much like Canadian writer Nancy Huston, who chose to write in French in order to detach herself from her mother, who had abandoned her:

> La langue française était … moins chargée d'affect et donc moins dangereuse … Elle m'était égale. C'était une substance lisse et homogène, autant dire neutre. Au début … cela me conférait une immense liberté dans l'écriture – car je ne savais pas par rapport à quoi, sur fond de quoi, j'écrivais … La langue française … ne me parlait pas, ne me chantait pas, ne me berçait pas, ne me frappait pas, ne me choquait pas, ne me faisait pas peur. Elle n'était pas ma mère. (Huston 1999, 64)

I will describe what I think was happening in the conversations I had with Marek and Beata in terms of how they appeared to be using their experiences with language as a structural device in creating "a life" (Linde 1993). Both stories deal with particular language practices in particular places, and how the association between practices and places is either enabling or inhibiting.

3 Life (hi)stories: Marek and Beata

At the time of the interview, Marek is 41, a moderately successful businessman (car dealer and property owner), who first came to what was then West Berlin in 1977 at the age of 7. His father had defected during a business trip two years earlier and finally managed to bring his wife and son to join him. Apart from a period of about 18 months in the 1990s, Marek has lived in Berlin since that time. However, his life story evolves around two cycles of migration, each one shaped by moments of rupture and crisis and their resolution. In one way or another, all of these moments entail linguistically mediated actions that change the configuration of his life world.

The first cycle begins with his arrival in Berlin, the first major dislocation in his life. At that time, he only spoke Polish but his father arranged daily German lessons with a nun after school and himself spoke German with his son to help him learn. Marek's mother never learned German and so spoke only Polish with him. He settled well and eventually left school at 16 to join the police force, his "dream job". However, the end of his training coincided with the *Wende* of 1989-90, which turned out to be a significant turning point for him too. This was "a very tough time": in the space of 3-4 years both of his parents died, he left the police, returned to school to do his leaving certificate, began studying and had a short-lived marriage, which ended after the birth of a son. He then had a chance encounter with an older Polish couple, and went to live with them in Poland for a year and a half, doing odd jobs involving translating and interpreting on a casual basis.

The second cycle begins after he married again (a young Polish woman he met during his short stay in Poland) and returned to Berlin. He began to re-establish himself there in a catering business but then suffered "the most important event in my life", a work accident that resulted in permanent injury and the loss of his job. He and his wife had a daughter but this marriage also ended in separation, and he became socially withdrawn. From this point, his life world becomes focused sharply on the development of a new business (exporting used cars to Poland) and sharing the upbringing of his daughter with his ex-wife. Both of these activities involve maintaining close translocal relationships in Poland.

The narration of these two migratory cycles binds tightly together what Baynham (2006, 188) refers to as "the intricate relationships between space, time and agency, through which historical time and social space create opportunities, moments where certain kinds of agency become possible". This is where I think the transformative effects of his story telling become apparent: it is composed of fragments or episodes that are knitted together with a kind of spatial and temporal logic, and this is built on repeated border-crossings, both physical/social ones and linguistic ones. In popular and even in academic discourses, migrants such as Marek are often positioned as inhabiting a liminal space between two societies, but he draws a sharp line between his Polish and his Berlin worlds, and it is this caesura that gives meaning to the repeated acts of border crossing (see Extracts 1 and 2).[1] He positions himself in his narrative securely within both social milieus, but in very different ways, and he ties them together through personal, affective practices on the one hand and professional, transactional ones on the other.

Extract 1
Marek: Well, whenever I was together with my Dad, German would be used, but as soon as my Mum came into the room then Polish would be spoken, that was the rule. And now it's similar, you know, my wife, we're separated now, and whenever my daughter goes to my wife she speaks Polish with her, and when she comes to me she speaks German with me.

Extract 2
Marek: In Poland, [my daughter] speaks Polish, here she speaks German ... She switches over, we drive across the border into Poland and then we start speaking Polish with each

[1]   The conversations with Marek and Beata were conducted in German but due to space constraints extracts are given here not as transcripts but as English translations. The German transcripts can be found in a more wide-ranging discussion of the relationship between different approaches to the complexity of contemporary urban multilingualism in Stevenson (2013).

other, you know, it's a smooth transition, sometimes we don't even notice that we switch languages, that was very important to me.

Cycle 1

The private spaces in Marek's life world are almost entirely monolingual (he speaks German in Berlin with his daughter, childhood friends and neighbours, and Polish in Poland with his daughter, in-laws and wider social circle), the public ones generally bilingual (mediating between German suppliers and Polish buyers). This symmetrical arrangement has developed as a result of moving between two places that have changed in character for him with each turning point in his life. The Polish village of his childhood is idealized as a harmonious world of community and trust. From here he was abruptly extracted and deposited in the strange social and linguistic limbo of Berlin, where he was "completely without language", with no appropriate linguistic resources, and reliant on older, bilingual children (see Extracts 3 and 4).

Extract 3

Marek: That was a very tough time, I have to say. I was taken out of Poland, that was possible, the permission for us to go was there within two weeks. Before that it had always been no no no. And then basically it meant leaving my old class completely, all my friends, the whole family – I come from P., I was born in P. We lived very harmoniously there, the whole family, my mother had, the whole family was there, it was in an older part of town, just like here really, she knew everyone there. When I was a little boy, I would go into a shop and get the food on a tab, without paying. That was just such a harmonious way of life, and then it was suddenly gone, completely completely gone ... My life consisted then only of school and going home ... So yeah, it was a really tough time.

Extract 4

Marek: At the beginning, I can remember sitting there in the class, I mean I've got all my friends from primary school, I'm still in touch with my best friends, and they still remember the time when I would sit there in the school and didn't know anything, and at break time I didn't know what to do and they still remember that ... And the memory keeps coming back, you know, they remember that time when I came into the class and completely without language and I would sit there amongst them basically completely helpless and so someone from one of the older classes had to come and tell me what was what.

So this was an alien and confining world that gradually evolved into a space of opportunity and self-fulfillment when his developing bilingualism acquired value as social capital (see Extract 5).

Extract 5

Marek: At that time, in '89, the Wall had come down and there were, no it was in '88 already, those markets were always there. The Poles came with products from Poland and they set up those basically illegal markets where they sold stuff, meat, all sorts of handmade things, and that wasn't allowed, in such big numbers, and cigarettes were probably traded too, which was forbidden, and alcohol, which was forbidden. And then of course an interpreter was always needed, you know, who would [talk to] the people with the micro- with the megaphone. And I took on that role, which was hard for me because, well, they were sort of my compatriots, you know, and you often had to shoo them away. But I did that with the megaphone and then after three months I got a language badge, that I could work with the police as an official interpreter. I mean, there was nothing written down but I was allowed to [do that] with the megaphone, I could interpret at the police station, and I was really proud because I was about 18, I think, and suddenly I was with the boss on the truck. And it [i.e. being bilingual] was an advantage for me at that time ... and the knowledge, it was an advantage for me to have that, at the level of perfection that I had through my mother, that I hadn't forgotten it.

But this opportunity came at a cost. He had had to renounce his Polish citizenship to join the police force, and his first chance to exploit his bilingual repertoire required him to act, quite literally, as the voice of the German state authority by controlling illegitimate cross-border trading by Poles (this was just before the *Wende*). The traders are positioned as others ("Poles") and his relationship with them is ambivalent ("sort of my compatriots"). He had to tell them to leave, a "German" police officer issuing commands in Polish through a megaphone. In the context of his narrative, there is also an ironic foreshadowing here of his own later cross-border activities.

The deaths of his parents in rapid succession immediately after the *Wende* are represented in his story as the first of two calamities that determined his subsequent life course. This is followed by a series of crises, mentioned earlier, which is condensed into a short passage in the narrative, before he dwells at greater length on his first return to Poland in his mid-20s. The country of his birth is accessible to him thanks to his knowledge of Polish, that his mother had so assiduously helped him to maintain, and Poland now becomes a place of refuge, security and family warmth (see the end of Extract 6 below).

Cycle 2
The second act of migration begins with his return to Berlin with his second wife, with whom he later had his daughter "Ania". Berlin is rediscovered as a place of opportunity, as he tries to build a new career as an entrepreneur and develops a thriving social life through sport. Both of these are cut short by the second calamity, the accident in which he suffered permanent injury and which resulted in the loss of his job and his social withdrawal. At this point, Berlin again becomes a tightly circumscribed space in his life world, and public and private seem to merge in the house, where he is property-owner (several of the flats belong to him) and house committee-member and where his own flat is both his office and a home for his daughter.

But now, both public and private ties link him with Poland in ways that create spaces of mutual dependency. This complex turn in his life story is facilitated by the sophisticated linguistic resources at his disposal and underpinned by a personal language policy. With this policy, he is replicating with his daughter (now the same age that he was when he first arrived in Germany) the same process of bilingual development he had experienced himself (see again Extracts 1 and 2). Berlin is Ania's multicultural and multilingual home (her schoolmates are mostly Russians, Arabs, Argentinians, Italians) and his commercial base. The small Polish town that is Ania's grandparents' monolingual home is also the base of Marek's commercial partner; and it is a lively, gregarious, social space for Marek. His personal relationship to a prominent local figure (his father-in-law) and his business activities offering job opportunities in Berlin to local workers provide routes to social engagement that are not available to him in Berlin (see Extract 6).

Extract 6
Researcher: And when you went back to Poland at that time, did you have the feeling that you, how shall I put it, that you had gone home, to your real home [*Heimat*], or
Marek: oh dear
Researcher: or wasn't it like that?
Marek: oh dear
Researcher: I mean, you've lived most of your life in Germany.
Marek: Well, it's still the case that I, whenever I go to Poland, still, well it varies, I really feel different when I'm there. I mean, my behaviour changes a bit, I notice that myself, like, when I speak to people, it's partly because I have several people around me there, you know, here I'm more of a loner, and there *this* person comes along, and then *this* person
Researcher: you have more company
Marek: more company. This person greets me, this one sees me, another one stops me, "come with me", and it's just a completely different way of living together, because I [know] the people, it's a small village, a town, 4000 people, my father in law, grandpa, he's Head of Culture, so people know me, everyone knows my face basically, and so when I'm there I feel completely different from here, because there everyone wants to talk to you, everyone has something to say. I've also done up the apartment a bit, and I took on *that* worker from Poland, from X, where my wife comes from, then I took on *that* worker, I sorted something out for *them*. I'm just the sort of person who can't say no and I've done people so many favours that they all have positive memories of me, and so maybe that creates a stronger sense of Heimat than is really there, you know.
Researcher: mhm, mhm.
Marek: But when I went back to Poland that time it was nice. My parents were dead, my relationship here had collapsed, I didn't have any contact with my son any more, and there, with my friend, he had a mother, he had a father, and they took me in like their own son. We would sit together over lunch, we would sit at the breakfast, have breakfast together, and I did feel at h- more at home, perhaps not in Pol-, in my Heimat, but at home, well probably also a bit in my Heimat, but sitting together at the breakfast table, at lunch, you were cooked for, it was just a different life from here in
Researcher: a nice sense of family
Marek: exactly exactly exactly. The Poles *are* very hospitable. Although I was a stranger they welcomed me with open arms, and for a year I really enjoyed that life, with their son, it was a sort of Heimat, that's true.

The development and deployment of his linguistic repertoire therefore both influence and reflect the "rhythm" of Marek's life, indexing the evolution of a complex subjectivity at crucial moments in his life story. In the telling of his story, Marek constructs himself as a historical actor: participating in repeated acts of migration across the German-Polish border under radically changing historical conditions, playing an active part in regulating this border during the *Wende*, and subsequently engaging in transnational, or translocal, practices across it in both personal and professional capacities.

At the same time, however, his narrative relates to the wider social discourses of integration and belonging. His life world becomes first more diffuse through his Berlin socialization, then more focused through his injury and subsequent isolation and withdrawal, and finally bifurcated into a spatially differentiated existence as self-conscious "loner" in Berlin and busy social "man of action" in Poland. He represents himself as fully integrated into the Polish community where his daughter's grandparents live *and* fully integrated into the hyperlocal community of the Berlin apartment block through his flat-ownership and membership of the house committee.

The wider social world of Berlin, by contrast, is peripheral in his story. Although he says he is more comfortable speaking German than Polish, he appears to be more at ease in the Polish social environment. Yet the country of his birth has a particular meaning for him now that has to be worked out through narrative means (see Extract 6 again). He is discomfited by the offer of "*Heimat*" as a descriptive category, it does not appear to be relevant for him: more important are concepts such as home, the communal meal table, recognition and acceptance, and the ability to play an active role in the construction of community.

Beata is about the same age as Marek but first came to Berlin in 1991, not long after the *Wende* and shortly before Marek returned to Poland for the first time. She constructs her life as a story of alienation. As with Marek, place and physical relocation play an important role in her story, but in her case in the (re-) negotiation of personal relationships. In almost every respect, her life world diverges from Marek's. It is true that, like him, she also depicts her move to Germany as an act of flight but in her case it is not a journey *with* her mother to re-form a family unit, it is an escape *from* her mother – "I ran away, from my family, from my mother" – and from her mother's tongue. And she, too, develops a closer affinity to the German language than to Polish, but she goes further than Marek and presents it as a refuge and a new home (positively attributing to the learned language the concept of *Heimat* that Marek finds problematic: see Extract 7).

Extract 7
Beata: I think I found a particular way into the German language and it's sort of become my Heimat. I mean, I feel much better disposed towards German than Polish … I feel

very good in the German language, it's, the Polish language is not a Heimat, it's a demand, a challenge.

For her, in fact, the move to Berlin appears to be a definitive and permanent resettlement. Her emergent linguistic repertoire does enable her to (re-)establish ties with the country of her birth, but Poland and Polish seem to remain distant and foreign. She studied art history in Berlin, which led her to discover a vocation in contemporary art, and to her first work experience, at an institute for cultural exchange. This opportunity resulted in an unexpected encounter with Polish, which by this time had become an unfamiliar language: arranging the transfer of an exhibition from Germany to Poland (see Extract 8).

Extract 8
Beata: My first task there was to hire out an exhibition to Poland, I actually had to make phone calls, I'd never talked about costs in Polish before, and having to translate everything into Polish, I'd never done that. And that was the first time, in my favourite area, that I was suddenly confronted with the Polish language.

Beata begins and ends her story with accounts of linguistic failure. Each of these is related, directly or indirectly, to her problematic personal relationship with her mother. Why did she move to Berlin? To get away from her mother, but also (she says) to compensate for the inadequate proficiency in German that had given her a poor result in her school-leaving certificate. She has studied and worked for 20 years in a German-speaking environment, and this has enabled her to acquire a high level of fluency and confidence in German. This equips her with a metalanguage to articulate her own earlier experiences: her account is peppered with analytical concepts in German. So what is interesting here is that the development of emotional maturity and emotional literacy go hand in hand. But at the end of her story, she talks of how she remains on mutually unfamiliar territory with her mother when she tries to engage with her on an emotional level in Polish, which ends quite literally in tears (see Extract 9).

Extract 9
Beata: Well, for example, that reconciliation with my mother was actually absurd. We, she visited me once and we had a conflict
Researcher: she visited you here?
Beata: yes, very often, but one time when she visited me there was a conflict situation, and she can't speak at all, she cried and left, you know, and I can't cope with that any more, it was, she treated me like when I was little, but that's not on any more. Then I bring her back and try to console her and I work with a dictionary, you know, because I, because everything I want to say, about feelings, I have to translate from German.

The emotional distance between Beata and her mother does not appear to have diminished in this time. But what has changed is that Beata now positions herself as an active "figure" in her story world (in Goffman's [1981] sense of the term), rejecting the passive stance of the child (see Extract 10) and adopting the parental stance of controlling and consoling; and she may still lack the linguistic knowledge to express her feelings freely in Polish but she now has the interlinguistic skills and the experience of moving between languages to manage the situation.

Extract 10
Beata: well, my mother stood there so to speak with really strong muscles, she used force and so on, so I just didn't dare to speak, to express my wishes and, um, I won mainly when I said nothing at all, when I was completely quiet, silent.
Researcher: right, mhm, you withdrew.
Beata: exactly, but that's also to do with the fact that I never really learned the Polish language naturally, the Polish language was always more linked with school, where you had to write, where you had to put on performances, although I loved reading, I just absorbed everything.

Between these two points of conflict, Beata develops a narrative in which her experience with language is conditioned by discrete social spaces and intimately bound up with emotional and intellectual confinement, on the one hand, and liberation, on the other. Poland is represented as the problematic family space in which both she and her mother grew up in a linguistically impoverished environment, and in her Polish life world men are figures who are either inarticulate or silent or else leave; it is the women who act (see Extracts 11 and 12).

Extract 11
Beata: well, I prefer to talk in German than in Polish.
Researcher: you prefer that?
Beata: because it doesn't take so much effort, I mean ... but it may be partly because when I left Poland I had a language problem, you know, well, not a language problem but ... I was conscious that I couldn't articulate myself, I didn't know how to express my ideas, I wanted to draw all my ideas out of myself all at once because at home I was never really allowed to speak properly, you know ... My mother can't talk either, I mean in her relationship with her mum there was always something that, her mother put herself in the centre and had no one around her but was always alone and always talked about herself ... She had three children and all of the children suffered from language problems. One of them, my youngest uncle, stammers, a lot. My mother, she hardly says anything, I mean when she does say something, when she wants to get her way, it's mostly by shouting ... And my mother's oldest brother, I don't know, he can't express himself, he's always searching for words and then he gives up, because he lacks the words.

Extract 12
Beata: My family was always somehow, well, bereft of men, I mean condemned to being robbed of men, it was robbed by fate. My grandma lost her husband in the Second, after the Second World War, well not after it but he died quite early, then she was alone the whole time and brought up the children without their father. And then my mum also, well my father also didn't, he left her, and then she married another man, but he also comes, I think they were together for 15 years, then he also left her. And in this relationship, I

mean my relationship with my mother, he really had no voice, I mean I wasn't his child, he had nothing to say about my fate, at that time.

By contrast, her Berlin life world is a kind of emotional exile. By learning the foreign language German, Beata finds a means of establishing a new level of personal autonomy, first as a student and then as an independent curator of art exhibitions. What begins as a place of refuge becomes a space of discovery and opportunity, and the void left by the missing men in her Polish world is filled here not by men but by an engagement with creative and "intellectually active" Polish women, whose creative work also draws heavily on their experience as artistic outsiders in Germany (see Extract 13).

Extract 13
Beata: Well, for example, we're working now on an exhibition ... and it's called "from woman to woman" and altogether six women will take part, six female artists, who are active in different art forms. We have painters, photographers, we have sculptors, performance artists, so six, three come from Poland and three are Poles but they live in Germany. And then we want to bring them together and see what topics they work on and because they express how important it is, what it means, to be a woman in art ... Polish women who live in Germany, and how they accepted what was offered to them here and how they remained together.

In this way, Beata is able to interrogate her own gendered experience of otherness – both in Poland and in Berlin – by transforming it into an artistic exploration: the themes of the exhibitions she curates are the central themes of her own life story. And at the same time, she creates a particular social category – Berlin-Polish art curator – within a particular cultural milieu into which she can narratively insert herself.

4 Conclusions

In his recent discussion of sociolinguistic complexity, Blommaert (2013, 10-13) highlights the paradoxical way in which historical processes of language use and development are elided in the course of everyday interaction in the here and now and argues that "[e]very synchronic act of communication is a moment in which we synchronize materials that each carry very different historical indexicalities". He goes on to argue that the role of sociolinguistic analysts is to keep the historicity of language processes and practices, their "layered simultaneity" (Blommaert 2005, 126), visible:

[T]he task of analysis is not to *reduce* complexity – to reiterate, in other words, the synchronization of everyday understanding – but to *demonstrate* complexity, to unfold the complex and multifiliar features and their various different origins that are contained in synchronized moments of understanding. [My emphasis]

The complex systems that Blommaert refers to here incorporate many different forms of linguistic expression and behaviour, from spoken interactions to linguistic landscaping. In this chapter, I have tried to add a metalinguistic dimension to the portrayal of sociolinguistic complexity in the context of an urban environment characterized by a very high degree of mobility and multilingualism. By doing detailed "biographical work" with Marek and Beata, I have sought to demonstrate the sociolinguistic complexity of their individual life stories but also to show how reflections on language use can reveal differentiated historicized layers of experience with language that would otherwise remain submerged within the synchronic wrapping of the "multilingual migrant".

Both Marek and Beata have experienced migration from Poland to Berlin as "flight", but under different historical conditions and for different purposes. Their life worlds are both heteroglossic, not merely locally in Berlin but also translocally in the different ways in which they sustain or recreate relationships of various kinds, personal and professional. Both construct accounts of their transnational migration experiences that show the transformative effects of linguistic actions, but in different ways. And both use their narratives to construct a sense of self that is built on linguistically mediated experiences.

I have said nothing about the stories of the other inhabitants of the apartment block – the young Polish-Turkish couple, for example, the retired English soldier, the Thai restaurant owners, the Russian bar proprietor, or the Israeli, French and Indian flat-sharers. Between them, they provide rich evidence of complexity and diversity in terms of linguistic repertoires, ethnicity, occupation, religious traditions or age profiles – all under one roof. However, my discussion here has focused deliberately on two people of the same age, ethnicity and linguistic repertoire but with a crucial difference in their migration trajectories. I chose to do this in order to attend to a specific dimension of diversity that emerges in the biographical particularity of their experiences with language: in the ways they talk about different journeys between, out of and into different languages and the life worlds they constitute.

References

Androutsopoulos, Jannis (2007): Ethnolekten in der Mediengesellschaft: Stilisierung und Sprachideologie in Performance, Fiktion und Metasprachdiskurs. In: Fandrych, C./Salverda, R. (eds): Standard, Variation und Sprachwandel in germanischen Sprachen. Tübingen: Narr, p. 113-155

Androutsopoulos, Jannis (forthcoming): Networked multilingualism: Some language practices on Facebook and their implications. In: International Journal of Bilingualism

Bahloul, Joelle (1996): The Architecture of Memory: A Jewish-Muslim Household in Colonial Algeria, 1937-1962. Cambridge: CUP

Baynham, Mike (2006): Narratives in space and time: Beyond "backdrop" accounts of narrative orientation. In: Atkinson, P./Delamont, S. (eds): Narrative Methods, Vol. 2, Narrative Applications. London: Sage, p. 176-196. Originally in: Narrative Inquiry 13, 2, p. 347-66

Bezirksamt Neukölln (ed.) (1996a): Schillerpromenade 27, 12049 Berlin: Ein Haus in Europa. Opladen: Leske & Budrich

Bezirksamt Neukölln (ed.) (1996b): Ein Haus in Europa: Stadtkultur im Museum. Opladen: Leske & Budrich

Block, David (2006): Multilingual Identities in a Global City. Basingstoke: Palgrave

Blommaert, Jan (2005): Discourse: A Critical Introduction. Cambridge: CUP

Blommaert, Jan (2010): The Sociolinguistics of Globalization. Cambridge: CUP

Blommaert, Jan (2013): Ethnography, Superdiversity and Linguistic Landscapes. Bristol: Multilingual Matters

Blommaert, Jan/Backus, Ad (2011): Repertoires revisited: "knowing languages" in superdiversity. Working Papers in Urban Language and Literacies 67

Brizić, Katharina (2006): The secret life of languages. Origin-specific differences in L1/L2 acquisition by immigrant children. In: International Journal of Applied Linguistics 16, p. 339–362

Brizić, Katharina/Hufnagl, Claudia Lo (2011): Multilingual cities "Wien" Bericht zur Sprachenerhebung in den 3. und 4. Volksschulklassen. Vienna: Österreichische Akademie der Wissenschaften

Burck, Charlotte (2005): Multilingual Living. Basingstoke: Palgrave

Busch, Brigitta (2004): Sprachen im Disput: Medien und Öffentlichkeit in multilingualen Gesellschaften. Klagenfurt: Drava

Busch, Brigitta (2010): Die Macht präbabylonischer Phantasien. Ressourcenorientiertes sprachbiographisches Arbeiten. In: Zeitschift für Literaturwissenschaft und Linguistik 160, p. 58-82

Dirim, Inci/Auer, Peter (2004): Türkisch sprechen nicht nur die Türken. Berlin: de Gruyter

Eversley, John et al. (2010): Language Capital: Mapping the Languages of London's Schoolchildren. London: CILT

Extra, Guus/Yağmur, Kutlay (eds) (2004): Urban Multilingualism in Europe. Clevedon: Multilingual Matters

Franceschini, Rita (ed.) (2010): Sprache und Biographie. Special issue of Zeitschrift für Literaturwissenschaft und Linguistik 160

Franceschini, Rita/Miecznikowski, Johanna (eds) (2004): Leben mit mehreren Sprachen/Sprachbiographien. Bern: Peter Lang

Freywald, Ulrike/Mayr, Katharina/Özçelik, Tiner/Wiese, Heike (2011): Kiezdeutsch as a multiethnolect. In: Kern, F./Selting, M. (eds): Ethnic Styles of Speaking in European Metropolitan Cities. Amsterdam, Philadelphia: Benjamins, p. 45-73

Goffman, Erving (1981): Forms of Talk. Pennsylvania: University of Pennsylvania Press

Gogolin, Ingrid (2010): Stichwort: Mehrsprachigkeit. In: Zeitschrift für Erziehungswissenschaft 13, p. 529-547

Gogolin, Ingrid/Meyer, Meinert A. (2010): Editorial. In: Zeitschrift für Erziehungswissenschaft 13, p. 525-528

Hoffman, Eva (1991): Lost in Translation: Life in a New Language. London: Minerva

Huston, Nancy (1999): Nord perdu suivi de Douze France. Arles: Actes sud

Keim, Inken (2008): Die "türkischen Powergirls": Lebenswelt und kommunikativer Stil einer Migrantinnengruppe in Mannheim. Tübingen: Narr

Kosnick, Kira (2007): Migrant Media: Turkish Broadcasting and Multicultural Politics in Berlin. Bloomington: Indiana UP

Liebmann, Irina (2002): Berliner Mietshaus. Berlin: Berlin Verlag

Linde, Charlotte (1993): Life Stories: The Creation of Coherence. New York, Oxford: OUP

Mac Giolla Chríost, Diarmait (2007): Language and the City. Basingstoke: Palgrave Macmillan

Miller, Daniel (2008): The Comfort of Things. Cambridge: Polity

Nekvapil, Jiři (2000): On non-self-evident relationships between language and ethnicity: How Germans do not speak German, and Czechs do not speak Czech. In: Multilingua 19, p. 37–53

Nekvapil, Jiři (2003): Language biographies and the analysis of language situations: On the life of the German community in the Czech Republic. In: International Journal of the Sociology of Language 162, p. 63–83

Pennycook, Alastair (2010): Language as a Local Practice. London: Routledge

Read, Anthony/Fisher, David (1994): Berlin. Biography of a City. London: Hutchinson

Stevenson, Patrick (2013): SprachGeschichten mit Migrationshintergrund: demografische und biografische Perspektiven auf Sprachkenntnisse und Spracherleben. In: Deppermann, A. (ed.): Das Deutsch der Migranten. Berlin, Boston: de Gruyter, p. 193-221

Stevenson, Patrick/Carl, Jenny (2010): Language and Social Change in Central Europe: Discourses on Policy, Identity and the German Language. Edinburgh: Edinburgh University Press

Treichel, Bärbel/Bethge, Katrin (2010): Neue europäische Mehrsprachigkeit. Zum Zusammenhang von Sprache und Biographie in europäischen Lebensgeschichten. In: Zeitschrift für Literaturwissenschaft und Linguistik 160, p. 107-128

Vertovec, Steven (2007): Super-diversity and its implications. In: Ethnic and Racial Studies 30, 6, p. 1024-1054

Vertovec, Steven (2010): Towards post-multiculturalism? Changing communities, conditions and contexts of diversity. In: International Journal of Social Science 61, 199, p. 83-95

Weiss, Karin/Dennis, Mike (eds) (2005): Erfolg in der Nische? Die Vietnamesen in der DDR und Ostdeutschland. Berlin: Lit Verlag

Wiese, Heike (2012): Kiezdeutsch: Ein neuer Dialekt entsteht. Munich: Verlag C.H. Beck

Notes on Contributors

Angélique Bouchés-Rémond-Rémont is a PhD student in linguistics and a member of the research group GEPE (Groupe d'Etudes sur le Plurilinguisme Européen) which is part of the research unit EA1339LiLPa (Linguistique, Langue, Parole) at the University of Strasbourg. She also teaches English at the University of Lorraine-ENSTIB. Her research focuses on family language policy and on the English language in francophone families who live in France, as well as on parental beliefs about languages and the learning/teaching of foreign languages in France.

Jenny Carl is a post-doctoral researcher and teaching fellow at the University of Southampton. Her main interest is the construction of identities, public discourses and the German language in Central and Eastern Europe. Major publications on the subjects are *Language and Social Change in Central Europe: Discourses on Policy, Identity and the German Language.* Edinburgh University Press 2010 (with P. Stevenson) and *Language, Discourse and Identity in Central Europe: The German Language in a Multilingual Space.* Palgrave Macmillan 2009 (co-edited with P. Stevenson).

Yan-Zhen Chen is a PhD student in linguistics and member of research units UR1339 LiLPA-GEPE of the University of Strasbourg and LCMI of the University of Luxembourg. She currently lectures in the Department of Chinese Studies of the University of Strasbourg. Her PhD thesis, entitled "The teaching of Chinese as a third or fourth foreign langue in a *'classe de seconde'* in Alsace: The role of plurilingual competence", analyses whether the current definition of plurilingual competence is a relevant notion in the teaching of this language.

Ingrid de Saint-Georges is an Associate-Professor at the University of Luxembourg. Her main areas of interest are in the field of workplace learning and communication. Her recent book publications include *Multilingualism and Multimodality: Current Challenges for Educational Studies* (with J.-J. Weber; Sense Publishers, 2013), *Les objets dans la formation et l'apprentissage: Usages, rôles et significations* (with D. Adé; Octarès, 2010), *'Vos mains sont intelligentes': Interactions en formation professionnelle initiale* (with L. Filliettaz & B. Duc, Cahiers des Sciences de l'Education).

Valérie Fialais est enseignante en maternelle dans un site bilingue français-allemand en Alsace depuis 1995. Après un master en Didactique des Langues ("L'enseignement bilingue paritaire franco-allemand en maternelle: Approches didactiques et pédagogiques de la memorization", juin 2012), elle est actuellement en doctorat à l'Université de Strasbourg en co-tutelle avec l'Université Goethe de Francfort ("Enseigner en classe bilingue à New York et à Francfort: deux modèles de double immersion en question").

Büşra Hamurcu est doctorante en Sciences du langage au sein du laboratoire DYSOLA (Dynamiques Sociales et Langagières) de l'Université de Rouen. Ses travaux de recherche portent sur l'acquisition (bilingue) du langage et le développement langagier dans le contexte familial et scolaire des enfants d'origine turque de 3 à 5 ans, scolarisés en maternelle, en France. Elle s'intéresse également à la gestualité et aux situations d'étayage dans les interactions adulte-enfant.

Christine Hélot is professor of English at the University of Strasbourg. As a sociolinguist and teacher educator she has published widely in English and French in the fields of bilingual education, language policy, intercultural education and children's literature, including *Développement du langage et plurilinguisme chez le jeune enfant.* (2013, Éditions erès avec M.-N. Rubio), *Linguistic Landscape, Multilingualism and Social Change* (2011, Peter Lang with M. Barni, R. Janssens and C. Bagni), *Language Policy for the Multilingual Classroom: Pedagogy of the Possible* (2011, Multilingual Matters with M. O' Laoire), *Empowering Teachers Across Cultures* (2011, Peter Lang with A.-M. de Mejia).

Kristine Horner is Reader in Luxembourg Studies and Multilingualism at the University of Sheffield, where she is Director of the Centre for Luxembourg Studies. She has published widely in the areas of language politics, language ideologies, multilingualism and migration studies, including special issues of *Language Problems and Language Planning* (Benjamins, 2009) and the *Journal of Germanic Linguistics* (Cambridge University Press, 2011). Her most recent major publication is *Introducing Multilingualism: A Social Approach* (with J.-J. Weber; Routledge, 2012), and she is currently writing a monograph on language testing and the discourses of endangerment, integration and citizenship.

Tímea Kádas Pickel est enseignante de Français Langue Seconde dans un collège en Alsace depuis 2007. Après un master en Didactique des Langues obtenu en 2009 («Les effets à court et moyen terme du type d'activité d'appentissage sur l'acquisition du lexique verbal en Français Langue Seconde»), elle est actuellement en doctorat à l'Université de Strasbourg en co-tutelle avec l'Université du Luxembourg («L'intégration des élèves nouvellement arrivés en France dans le système scolaire français. Etude du contexte social et éducatif»).

Joanna Kremer is a postgraduate research student based at the Centre for Luxembourg Studies in the Department of Germanic Studies at the University of Sheffield, U.K. She has given presentations at the Multilingualism and Mobility workshop held at the University of Luxembourg in July 2013, at the FGLS conference in Cambridge in January 2014, and with Dr. Kristine Horner at the HISON conference at the University of Sheffield in February 2014.

Annie Flore Made Mbe is a PhD student at the Universities of Luxembourg and Strasbourg. Her research project focuses on family language policy, especially in highly multilingual families, and is provisionally entitled "Etude sociolinguistique sur les pratiques linguistiques au sein de familles multilingues vivant au Grand-Duché de Luxembourg".

Carol W. Pfaff is Professor Emerita of Linguistics at the John F. Kennedy Institute for North American Studies and continues to teach at the Institute for Intercultural Education at the Freie Universität Berlin and as guest professor at universities in Europe and the USA, most recently as the Carl Schurz Guest Professor at the University of Wisconsin, Madison (spring 2013). She has published widely in the areas of sociolinguistics and language policies related to linguistic minorities in the USA and in Germany. Her research in Berlin focuses on the language development in Turkish, German and English of children and adolescents of Turkish background.

Pascale Prax-Dubois est enseignante, chargée de mission au CASNAV, dispositif d'accueil et de scolarisation pour élèves migrants, à La Réunion. Dans le cadre d'une thèse en cours (Université de Strasbourg/Université de Rouen), elle a publié plusieurs articles concernant l'éducation plurilingue en contexte insulaire postcolonial, et plus particulièrement la scolarisation d'élèves migrants en milieu créolophone (2009, 2011), les biographies langagières d'élèves plurilingues (2012), l'émancipation des enseignants par le biais d'expérimentations d'éveil aux langues (2011, 2014) et la co-construction d'une mallette pédagogique par les acteurs de terrain (2014).

Stefan Karl Serwe is a doctoral candidate at the Institute for Research on Multilingualism at the University of Luxembourg. In his dissertation project he explores the complex conditions that prompt immigrant entrepreneurs to draw on the multiple resources in their language repertoires to successfully operate their businesses in a largely monolingual setting on Germany's geographical periphery.

Patrick Stevenson is Professor of German and Linguistics at the University of Southampton. His research interests include sociolinguistics, multilingualism, language policy and the politics of language. His book publications include: *Language and German Disunity: A Sociolinguistic History of East and West in Germany, 1945-2000* (OUP, 2002), *Language Ideologies, Policies and Practices: Language and the Future of Europe* (co-edited with C. Mar-Molinero; Palgrave, 2006), *Discourses on Language and Integration: Critical Perspectives on Language Testing Regimes in Europe* (co-edited with G. Hogan-Brun and C. Mar-Molinero; Benjamins, 2009), *Language, Discourse and Identity in Central Europe: The German Language in a Multilingual Space* (co-edited with J. Carl; Palgrave, 2009), *Language and Social Change in Central Europe: Discourses on Policy, Identity and the German Language* (with J. Carl; Edinburgh University Press, 2010).

Jean-Jacques Weber is Professor of English and Education at the University of Luxembourg. He has published widely in the areas of discourse analysis, multilingualism and education, including *Flexible Multilingual Education: Putting Children's Needs First* (Multilingual Matters, 2014), *Introducing Multilingualism: A Social Approach* (with K. Horner; Routledge, 2012), *Multilingualism, Education and Change* (Peter Lang, 2009) and *Multilingualism and Multimodality: Current Challenges for Educational Studies* (co-edited with I. de Saint-Georges; Sense Publishers, 2013).

Anna Weirich est collaboratrice scientifique à l'Institut des langues et littératures romanes à l'Université Goethe (Francfort-sur-le-Main). Dans le cadre du projet de recherche «Dynamique Langagière en Moldavie» et de son doctorat en sociolinguistique, elle a sondé les répertoires linguistiques et l'apprentissage des langues dans les contextes d'emplois multilingues en Moldavie. En outre elle s'intéresse aux interdépendances entre langue et genre (en Moldavie et ailleurs) et soutient le blog https://gramaticamea.word press.com.

INDEX

Sprache, Mehrsprachigkeit und sozialer Wandel
Language, Multilinguism and Social Change
Langue, multilinguisme et changement social

Herausgegeben von / Edited by / Edité par Jürgen Erfurt

Bd./Vol. 20 Jules Ronjat: Le développement du langage observé chez un enfant bilingue. Commenté et annoté par Pierre Escudé. Transcription graphique d'Hervé Lieutard. 2014.

Bd./Vol. 21 Kristine Horner/Ingrid de Saint-Georges/Jean-Jacques Weber (eds.): Multilingualism and Mobility in Europe. Policies and Practices. 2014.

www.peterlang.com